생성형 AI로 추월하는 부의 비법

프롬프트 엔지니어링, 챗GPT, 미드저니 그리고 그 너머

생성형 AI로 추월하는 부의 비법

프롬프트 엔지니어링, 챗GPT, 미드저니 그리고 그 너머

#증강 역량 도구 #프롬프트 마법의 시대 #파괴적 혁신

김진/최정아 지음

MASO CAMPUS

**Actionable & Time-Saving Content,
MASO CAMPUS**

어제보다 성장하겠습니다.
그리고, 어제보다 성장하려는 사람을
돕겠습니다.

우리의 가치에 공감할 수 있는 사람과 함께 성장하고 싶습니다.

| CONTACT US | career@masocampus.com |

마소캠퍼스는
실무에 바로 쓰는 콘텐츠를
온/오프라인 실시간 강의, VOD, 도서의 형태로
합리적인 가격에 제공하는
ICT 콘텐츠 그룹입니다.

콘텐츠 제휴 및 기업 교육 문의는

| CONTACT US | biz@masocampus.com |

마소캠퍼스의 Content Map

Digital Marketing College
ROI를 증대시키는
데이터 기반 디지털 마케팅
교육 프로그램

Data Science College
입문부터 전문가 과정까지
체계적인 데이터 분석
교육 프로그램

Actionable Time-Saving Content

Smart Work College
업무 생산성을
향상시키는 스마트워크
교육 프로그램

IT College
최신 IT 트렌드를 반영한
Back & Front SW 전문역량
교육 프로그램

국내 유수의 기업과 대학이 마소캠퍼스와 함께합니다.

https://www.masocampus.com

머리말

지금 세상은 생성형 인공지능이 이끄는 새로운 시대의 문턱에 서 있습니다. "생성형 AI로 추월하는 부의 비법 : 프롬프트 엔지니어링, 챗GPT, 미드저니 그리고 그 너머"라는 책을 통해, 여러분은 이 혁신적인 기술이 우리의 일상과 업무, 심지어 생각하는 방식까지 어떻게 변화시키고 있는지에 대한 깊은 통찰을 얻게 될 것입니다.

이 책은 생성형 인공지능을 깊이 있게 다루되, 초보자에게 어려울 수 있는 복잡한 개념들을 쉽고 접근하기 쉬운 언어로 풀어 설명하고자 합니다. 각 장은 생성형 AI의 기본 개념부터 시작해 현실 세계의 활용 사례와 이 기술이 미래에 가져올 변화에 이르기까지 광범위한 주제를 다룹니다.

책의 초반부에서는 생성형 AI가 우리의 능력을 어떻게 향상시키는지, 그리고 이를 통해 어떻게 더 많은 성과를 달성할 수 있는지에 대해 탐구합니다. 이어지는 장들에서는 인공지능 기술의 핵심 원리, 특히 트랜스포머 모델과 GPT 같은 변화를 가져온 개념들을 소개하며, 이들이 어떻게 개발되었고 왜 중요한지를 설명합니다.

또한, 이 책은 챗GPT와 같은 도구를 실제로 어떻게 사용할 수 있는지, 효과적인 프롬프트 작성 기법, 그리고 생성형 AI가 비즈니스와 일상 생활에 가져올 긍정적인 변화를 실제 사례를 통해 설명합니다.

기술의 발전은 새로운 도전과 함께 옵니다. 본서의 마지막 부분에서는 생성형 AI 사용 시 고려해야 할 윤리적 문제, 잠재적 위험, 그리고 이 기술이 사회에 끼칠 수 있는 영향에 대해 깊이 있게 논의합니다. 우리는 이 새로운 도구를 어떻게 책임감 있게 사용할 수 있을까요? 이 기술은 인간의 역할을 어떻게 변화시킬까요?

여러분은 이 책을 통해 생성형 인공지능이라는 놀라운 기술의 세계를 깊이 이해하게 될 것입니다. 더 중요한 것은, 여러분이 이 기술을 자신의 삶과 업무에 어떻게 통합하고 활용할 수 있는지에 대한 실질적인 아이디어를 얻게 될 것입니다. 생성형 인공지능이 열어가는 새로운 시대에서 여러분이 어떤 역할을 할 것인지 상상해 보세요.

생성형 AI로 추월하는 부의 비법 여정의 시작을 환영합니다. 이 여정을 마치실 때쯤에는 생성형 인공지능이 열어가는 무한한 가능성을 활용해 의미 있는 성과를 이끌어낼 수 있는 방법을 꼭 찾게 되실 것입니다.

– 한국 송도에서 김 진

목차

머리말   8

CHAPTER 01 생성형 인공지능이 쏘아올린 증강 역량 도구의 시대   14
증강 역량 도구란?
증강 역량 도구로서 생성형 인공지능 서비스 활용 사례

CHAPTER 02 트렌드가 보이고 뉴스가 이해되는 인공지능 지식 핵심 정리   30
한순간 성큼 다가온 생성형 인공지능
생성형 AI 시대를 연 트랜스포머 모델 핵심 정리
그래서 GPT가 뭐라고?
파운데이션 모델과 파인튜닝

CHAPTER 03 챗GPT로 알아보는 생성형 AI라 불리는 마법 도구 활용법   52
일반인이 생성형 AI를 써보는 3가지 방법
가볍게 시작하는 챗GPT
챗GPT로 이런 것도 할 수 있구나!
클라우드에 있는 GPT 본체에서 결과만 갖다 쓰기

CHAPTER 04 아브라카다브라, 프롬프트대로 이루어져라 86
'아' 다르고 '어' 다른 프롬프트의 세계
프롬프트 엔지니어링, 어디까지 알면 충분한가
생성형 AI로 부터 제대로 된 답을 얻기 위한 프롬프트 5가지 핵심 규칙
관련성 높은 답변을 유도하는 맥락적 학습
열 길 물 속은 알아도, 한 길 인공지능 속은 모른다

CHAPTER 05 AI 레볼루션: 생성형 인공지능이 연 세상 122
스탠포드 대학과 구글이 만든 작은 마을에서 생긴 일
생성형 인공지능과 판별형 인공지능
생성형 AI도 각자 전공이 있다
언어 모델: 내 말을 이해하고 응답하는 지식의 백과사전
이미지 모델: 내 마음 속 그림을 눈 앞에 펼쳐 보이는 천재 화가
코드 모델: 내 아이디어를 코드로 구현하는 프로그래밍 전문가
챗GPT는 킹스 크로스역 9와 3/4 승강장

CHAPTER 06 생성형 AI는 어떻게 내 삶을 바꿀까? 150
부머(Boomer) vs 두머(Doomer)
천재들의 실수, 변화의 과소평가
뛰어난 기술은 곧 새로운 환경이다
생성형 AI는 어디쯤 왔고, 어디로 가고 있을까
생성형 인공지능 발전이 일자리에 가져올 변화

CHAPTER 07 생성형 AI가 바꾼 실제 비즈니스 사례 — 172
쉽고 빠르게 다양한 콘텐츠 제작 및 디자인
개인 맞춤형 콘텐츠와 경험 마케팅
친절하고 똑똑한 단짝 친구 가상 어시스턴트
다국어 번역 및 원활한 자연어 처리
혁신적인 제품 개발과 아이디어의 실체화
가속화되는 로봇과 비즈니스 프로세스의 지능형 자동화
효율적이고 효과적인 데이터 분석과 예측
이상 탐지 및 사이버 보안 강화
의료 연구 및 진단 프로세스 최적화
조용한 기술, 보이지 않는 AI의 역설

CHAPTER 08 생성형 인공지능을 다룰 때 유의할 점 — 252
0.000000000...1%의 환각은 남는다
인공지능이 당신을 대체하는 것은 아닙니다

자, 이제 남은 것은? — 260
저자의 말 — 262
주요 참고자료 — 264

CHAPTER

01

생성형 인공지능이 쏘아올린 증강 역량 도구의 시대

CHAPTER
01

생성형 인공지능이 쏘아올린 증강 역량 도구의 시대

증강 역량 도구란?

2022년 10월 OpenAI 사가 ChatGPT라는 이름으로 정식 서비스를 시작한 후, 영화에서나 가능하던 증강 역량 도구의 시대가 열렸다. 이제는 누구라도 아이언맨 슈트처럼 생성형 인공지능을 사용해, 원하는 영역에서 놀라운 능력을 발휘할 수 있는 세상이 되었다. 이 책은 개인적인 일상, 비즈니스 상황에서 다양한 증강 역량 도구를 활용해 의미있는 성과를 만들어내는 방법에 대한 가이드를 제공하고자 한다.

| 증강 역량 도구인 다양한 생성형 인공지능 서비스들

증강 역량 도구는 일반 사람들이 사용하는 생성형 인공지능 서비스로, 기본적인 능력을 크게 향상시키는 생산성 도구다. 이 도구는 생산성 측면에

서 기존에 1의 역량을 가진 사람이 10이나 100까지의 생산성을 발휘할 수 있게 해준다.

Marvel 사의 아이언맨 영화에서 평범한 신체 능력을 가진 토니 스타크는 신무기 발표 후 게릴라군의 습격을 받고 중상을 입은 채 납치된다. 토니 스타크는 게릴라 기지에서 철갑 슈트 Mark 1을 개발해 탈출에 성공한다. 이후 Mark 1을 개량한 Mark 2를 만들었으나, 비행 실험 중 슈트가 얼어붙는 문제를 겪는다. 여러 시행착오 끝에 고급 과학 기술을 갖춘 하이테크 슈트 Mark 3를 완성하고, 이 슈트를 입은 토니 스타크는 평범한 인간을 넘어선 최강의 슈퍼 히어로 아이언맨이 된다.

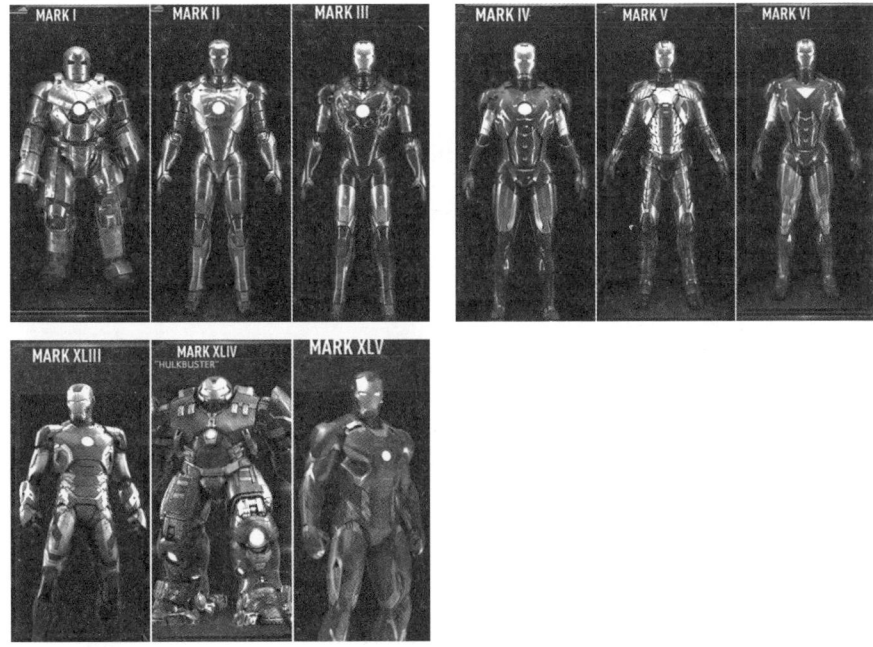

| 아이언맨 슈트 Mark Series처럼 생성형 AI는 우리의 능력을 압도적으로 높인다

평범한 신체 능력의 토니 스타크는 마블 영화 '인피니티 워'와 '엔드게임'

에서 최신 버전 철갑 슈트 Mark 85를 입은 아이언맨이 되어 신과 맞먹는 능력의 타노스를 무찌르고 우주를 구한 최강 히어로가 된다. 토니 스타크에게 Mark 85가 있었다면, 우리에게는 생성형 AI가 있다. Mark Series 버전이 높아짐에 따라 아이언맨이 강해지듯 생성형 인공지능도 종류와 버전에 따라 작업 생산성이 급수적으로 향상된다. 누가 입든 엄청난 능력을 발휘하는 Mark 철갑 슈트처럼 생성형 AI도 그렇다.

47개국의 850개 직업과 2,100개 세부 작업을 조사한 맥킨지 보고서에 따르면, 생성형 인공지능 서비스를 업무에 도입하면 작업의 자동화와 효율화를 통해 작업 시간을 60~70% 줄일 수 있다고 한다. 이는 고객 관리, 영업, 소프트웨어 엔지니어링, 연구 개발 등 기업의 다양한 분야에 적용될 수 있다.

맥킨지 연구 결과가 경제에 미치는 영향을 수치화한 뉴욕타임즈 보도에 따르면, 생성형 인공지능 서비스에 의한 자동화는 세계 경제 규모를 매년 26,000~44,000억 달러(약 3,500~5,900조 원) 증가시킬 것으로 추정된다. 이는 마치 영국 국가의 GDP[1]가 매년 지구에 추가되는 것과 같은 큰 경제적 효과를 가진다.

증강 역량 도구로서 생성형 인공지능 서비스는 이미 우리 일상에 빠르게 도입되고 있다. writebuddy사의 AI 서비스 조사 결과에 다르면 chatGPT와 Midjourney, Bard(현 Gemini) 등 상위 50개 생성형 인공지능 서비스 사용횟수가 240억 회를 훌쩍 넘어섰다. 어떤 서비스는 그림을 그리고, 다른 서비스는 노래를 만드는 등 생성형 AI 서비스의 모습은 매우 다양하다.

---

[1] 2021년 기준 영국 GDP 규모는 3조 1천억 달러였음.

AI가 만들어내는 결과물을 기준으로 보면 텍스트, 이미지, 음성, 영상 모델로 분류할 수 있다.

◆ 텍스트 모델(Text)

생성형 인공지능 서비스 중에서 가장 대중적인 것은 텍스트 데이터를 기반으로 문장을 생성하며, 언어의 구조와 문맥 이해에 중점을 둔 모델이다. 이러한 증강 역량 도구로 사용할 수 있는 서비스에는 ChatGPT, Gemini, 하이퍼클로바 X, GitHub Copilot, Gamma.App 등이 포함된다.

◆ 이미지 모델(Image)

이 모델은 주로 컴퓨터 비전 작업에 쓰이며, 이미지 분류, 객체 감지, 스타일 변환과 같이 이미지를 이해하고 분석하거나 새로운 이미지를 생성하는 데 중점을 둔다. 이를 증강 역량 도구로 활용할 수 있는 서비스에는 Midjourney, Stable Diffusion, Dall-e, Adobe Firefly 등이 포함된다.

◆ 음성 모델(Audio)

이 모델은 음성 데이터를 기반으로 음성 인식, 음성 합성, 언어 변환 같은 작업을 수행한다. 음성의 특성을 파악해 텍스트로 바꾸거나, 텍스트를 음성 또는 특정 목적에 맞는 오디오로 전환하는 데 쓰인다. 이러한 증강 역량 도구로 활용할 수 있는 서비스에는 NaturalReader, Voicebox, Suno AI, Soundraw 등이 포함된다.

◆ 영상 모델(Video)

이 모델은 영상 데이터를 기반으로 동작 인식, 객체 추적, 장면 분류 같은 작업을 한다. 비디오의 시각적 내용과 흐름을 파악해 자동차 자율주행, 영화 제작과 같은 다양한 분야에 적용된다. 증강 역량 도구로서 이 모델을 활용할 수 있는 서비스로는 Sora, HeyGen, Pika, Runway, Phenaki, Imagine Video 등이 있다.

증강 역량 도구로서 생성형 인공지능 서비스 활용 사례

기업의 디지털 전환(DT)을 넘어 AI 전환(AIX)를 추진하는 상황을 가정해보자. 대표적인 생성형 인공지능 서비스인 ChatGPT를 잘 다룰 수 있도록 프롬프트 엔지니어링 입문 교육을 전사적으로 실시하려 한다. 이 교육과정의 기획안을 PPT로 작성하려면 얼마나 걸릴까? 자료조사부터 요약 보고서, 최종 PPT 작업까지 꽤 많은 수고와 시간이 필요할 것이다. 그러나 생성형 인공지능 서비스를 활용하면 훨씬 빠르고 수월하게, 불과 몇 시간만에 해낼 수 있다.

ChatGPT 3.5와 ChatGPT 4를 활용해 기획안 PPT를 만들어 보자. 다음 4개의 연쇄 프롬프트를 똑같이 순서대로 입력하면 된다. 어느 버전을 활용하든 매우 우수한 결과물을 얻을 수 있지만, 3.5는 PPT 파일을 직접 생성할 수 없는 반면에 4는 가능하다는 차이점을 확인할 수 있다.

◆ ChatGPT 3.5와 ChatGPT4를 활용한 교육과정 기획안 생성

작업 요청 프롬프트 – 연쇄 프롬프트1

전사 교육 과정 개발 보고서를 가상으로 작성하려고 합니다. 개발하고자 하는 교육과정의 종류는 대표적 생성형 인공지능 서비스인 ChatGPT 입문 교육입니다. LLM 모델의 답변의 품질을 높일 수 있는 프롬프트 엔지니어링에 초점을 둔 교육과정입니다. 이런 맥락에 맞는 교육 과정명을 제안해주세요. 테이블 형식으로 교육 과정에 대한 커리큘럼 내용도 포함시켜주세요. 형식은 서론, 본론, 결론으로 작성해주세요.

 ChatGPT 3.5 결과물

ChatGPT 3.5 ⌄

You
전사 교육 과정 개발 보고서를 가상으로 작성하려고 합니다.
개발하고자 하는 교육과정의 종류는 대표적 생성형 인공지능 서비스인 ChatGPT 입문 교육입니다.
LLM 모델의 답변의 품질을 높일 수 있는 프롬프트 엔지니어링에 초점을 둔 교육과정입니다.
이런 맥락에 맞는 교육 과정명을 제안해주세요.
테이블 형식으로 교육 과정에 대한 커리큘럼 내용도 포함시켜주세요.
형식은 서론, 본론, 결론으로 작성해주세요.

ChatGPT
교육 과정명: ChatGPT 프롬프트 엔지니어링을 통한 대화형 인공지능 개발 입문

서론:
이 교육 과정은 대표적 생성형 인공지능 서비스인 ChatGPT의 활용과 품질 향상을 위해 프롬프트 엔지니어링에 초점을 맞춘 것입니다. 생성형 인공지능은 챗봇, 대화 시스템, 텍스트 생성 등 다양한 영역에서 활용되고 있으며, 그 중에서도 OpenAI의 ChatGPT는 뛰어난 자연스러운 대화를 제공하는 것으로 유명합니다. 이 과정은 ChatGPT를 활용하여 높은 품질의 대화를 구축하고자 하는 개발자 및 연구자들을 대상으로 합니다.

본론:

단계	내용
1	인공지능 및 ChatGPT 소개
2	프롬프트 엔지니어링의 개념과 원리 이해
3	프롬프트 디자인 기초
4	효율적인 프롬프트 작성 방법
5	프롬프트 엔지니어링을 활용한 대화 품질 향상 방법 학습
6	실전 프로젝트: ChatGPT에 프롬프트 적용
7	프로젝트 피드백 및 개선

1. 인공지능 및 ChatGPT 소개: 이 단계에서는 인공지능의 기본 개념과 ChatGPT의 특징에 대해 학습합니다. ChatGPT의 작동 원리와 주요 기능을 소개하고, 실제 활용 사례들을 살펴봅니다.

2. 프롬프트 엔지니어링의 개념과 원리 이해: 프롬프트 엔지니어링의 개념과 이를 통한 대화 품질 향상의 원리에 대해 학습합니다. 어떻게 프롬프트를 설계하고 사용하여 원하는 결과를 얻을 수 있는지를 이해합니다.

3. 프롬프트 디자인 기초: 효과적인 프롬프트를 디자인하기 위한 기초 원칙과 방법을 학습합니다. 문장 구조, 키워드 선택, 문맥 이해 등에 대한 기초적인 지식을 습득합니다.

4. 효율적인 프롬프트 작성 방법: 다양한 유형의 대화에 적합한 프롬프트를 작성하는 방법을 학습합니다. 다양한 예제를 통해 실전적인 프롬프트 작성 기술을 연마합니다.

5. 프롬프트 엔지니어링을 활용한 대화 품질 향상 방법 학습: 프롬프트 엔지니어링을 통해 ChatGPT의 대화 품질을 향상시키는 다양한 방법을 학습합니다. 문맥 고려, 적절한 반응 생성, 사용자 경험 개선 등을 다룹니다.

6. 실전 프로젝트: ChatGPT에 프롬프트 적용: 참가자들은 학습한 내용을 기반으로 실제 ChatGPT에 프롬프트를 적용하는 프로젝트를 수행합니다. 주어진 시나리오나 특정한 문제를 해결하기 위해 프롬프트를 설계하고 구현합니다.

7. 프로젝트 피드백 및 개선: 참가자들은 자신의 프로젝트를 발표하고 피드백을 받습니다. 다른 참가자들과의 토론을 통해 프로젝트를 개선하고 발전시킵니다.

결론:
이 교육 과정을 마치면 참가자들은 ChatGPT와 같은 생성형 인공지능을 효과적으로 활용하여 높은 품질의 대화 시스템을 개발할 수 있는 능력을 갖추게 될 것입니다. 프롬프트 엔지니어링을 통해 대화 품질을 높이는 기술을 익힘으로써, 미래의 인공지능 서비스 개발에 기여할 수 있을 것으로 기대됩니다.

| chatGPT 3.5가 제안한 교육 과정명과 커리큘럼

작업 요청 프롬프트 – 연쇄 프롬프트2

> 이 보고서 내용 중 발표에 꼭 포함되어야 할 만한 핵심 내용을 리스트 형식으로 정리해주세요.

> **You**
> 이 보고서 내용 중 발표에 꼭 포함되어야 할 만한 핵심 내용을 리스트 형식으로 정리해주세요.
>
> **ChatGPT**
> 1. 인공지능 및 ChatGPT의 기본 개념과 특징 소개
> 2. 프롬프트 엔지니어링의 개념과 원리 이해
> 3. 프롬프트 디자인을 위한 기초 원칙과 방법 학습
> 4. 효율적인 프롬프트 작성 방법 습득
> 5. ChatGPT의 대화 품질 향상을 위한 프롬프트 엔지니어링 방법 학습
> 6. 프롬프트를 적용한 실전 프로젝트 경험
> 7. 프로젝트 피드백과 개선을 통한 실력 향상 경험

| chatGPT 3.5가 제안한 프롬프트 엔지니어링 입문 교육 과정의 핵심 내용

작업 요청 프롬프트 – 연쇄 프롬프트3

> 위 핵심 내용을 포함해서, 발표할 PPT 내용 및 개요를 슬라이드별로 정리해주세요.

You
위 핵심 내용을 포함해서, 발표할 PPT 내용 및 개요를 슬라이드별로 정리해주세요.

ChatGPT

슬라이드 1: 제목

- 제목: ChatGPT 프롬프트 엔지니어링을 통한 대화형 인공지능 개발 입문
- 부제: Creating High-Quality Conversational AI with Prompt Engineering

슬라이드 2: 소개

- 인공지능 및 ChatGPT 소개
- 생성형 인공지능의 중요성 강조
- 프롬프트 엔지니어링의 역할 소개

슬라이드 3: 프롬프트 엔지니어링의 개념

- 프롬프트 엔지니어링의 정의와 목적 설명
- 대화 품질 향상을 위한 필요성 강조

슬라이드 4: 프롬프트 디자인 기초

- 프롬프트 디자인의 기본 원칙 소개
- 문장 구조, 키워드 선택, 문맥 고려 등의 중요성 설명

슬라이드 5: 효율적인 프롬프트 작성 방법

- 프롬프트 작성을 위한 실용적인 가이드 제시
- 적합한 예시와 함께 프롬프트 작성 방법 소개

슬라이드 6: 대화 품질 향상을 위한 방법

- ChatGPT의 대화 품질 향상을 위한 프롬프트 엔지니어링 방법 소개
- 문맥 고려, 적절한 반응 생성 등의 기술 설명

슬라이드 7: 실전 프로젝트

- 참가자들이 실제로 프롬프트를 활용하여 ChatGPT에 적용하는 프로젝트 소개
- 프로젝트의 목표와 진행 과정 간략 설명

슬라이드 8: 프로젝트 피드백과 개선

- 프로젝트 결과에 대한 피드백을 받고 개선하는 과정 설명
- 팀원들과의 협업과 피드백의 중요성 강조

슬라이드 9: 결론과 전망

- 참가자들이 이 과정을 통해 얻게 될 것들 강조
- ChatGPT 및 대화형 인공지능 분야의 전망과 가능성 논의

슬라이드 10: 질의응답

- 참가자들의 질문에 대한 답변 및 추가 토의 가능한 시간 제공

참고:

- 슬라이드는 각 핵심 내용을 요약하고 시각적으로 명확하게 전달해야 합니다.
- 이미지, 그래프, 차트 등을 활용하여 내용을 보충하고 흥미를 유발할 수 있습니다.

| chatGPT 3.5가 제안한 교육과정 기획안 PPT 슬라이드 구성

작업 요청 프롬프트 - 연쇄 프롬프트4

> 위 슬라이드 내용으로 PPT 파일을 생성해주세요.

You
위 슬라이드 내용으로 PPT 파일을 생성해주세요.

ChatGPT
죄송합니다. 현재는 파일을 생성하거나 직접 PPT를 제공하는 기능을 지원하지 않습니다. 하지만 제공해 드린 내용을 참고하여 **PowerPoint** 또는 유사한 프로그램을 사용하여 직접 PPT 파일을 작성하실 수 있습니다. 위의 내용을 각각의 슬라이드로 구성하고, 필요에 따라 이미지나 그래프를 추가하여 내용을 보충하시면 됩니다. 만약 추가적인 도움이 필요하시다면 언제든지 물어보세요!

| chatGPT 3.5는 PPT 개요는 제안하지만, 파일을 직접 생성할 수는 없다

ChatGPT 4의 결과물

> **You**
> 위 슬라이드 내용으로 PPT 파일을 생성해주세요.
>
> **ChatGPT**
> PPT 파일이 생성되었습니다. 다음 링크를 통해 다운로드할 수 있습니다:
> ChatGPT_Prompt_Engineering_Master_Class_Presentation.pptx 다운로드 [>-]

| chatGPT 4는 PPT 파일을 생성하며 다운로드 링크를 제공한다.

ChatGPT 3.5로는 보고서 내용에 대한 아이디어만 얻을 뿐 최종적으로 원하는 PPT 파일은 생성되지 않는다. 이와 달리 ChatGPT 4는 직접 파일을 만들어 낸다. 아이언맨의 Mark 철갑 슈트가 버전 업그레이드될수록 강력해지듯 증강 역량 도구로서 생성형 인공지능 서비스도 버전에 따라 더 풍부한 결과물, 더 다양한 기능을 제공하여 생산성 향상에 기여할 수 있다.

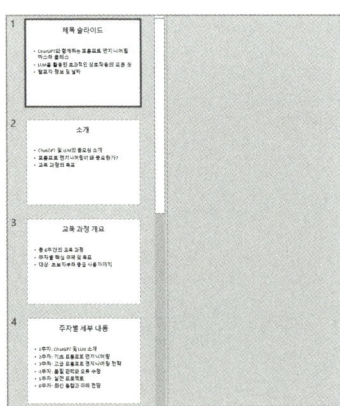

| chatGPT 4가 생성한 교육과정 기획안 PPT

ChatGPT 4.0으로 만든 PPT 예제를 볼 때, 기대한 수준에 맞는 결과물로 보이는지 궁금하다. ChatGPT 3.5가 제공하지 못한 PPT 형태의 결과물에 비하면 개선된 수준일 수 있지만, 실제 업무에 사용하기엔 내용의 양이나 적용 UI가 부족하다. 그래서 이번엔 실무에 바로 사용할 수 있는 수준의 PPT를 다른 생성형 인공지능을 이용해 제작해보려 한다.

◆ **Gamma를 활용한 교육과정 기획안 PPT 생성**

수준 높은 파워포인트 슬라이드나 웹사이트 등을 만드는 생성형 인공지능 서비스 Gamma 웹사이트(https://gamma.app/)에 접속해보자. 가입 후 [새로 만들기(AI)]를 클릭하면 "어떻게 시작하시겠어요?"를 묻는다. 생성형 인공지능 기능을 전적으로 활용해보기 위해 [생성]을 클릭한다.

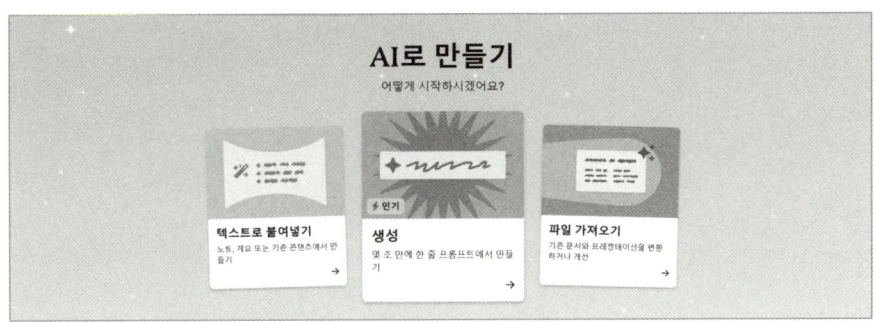

| Gamma 서비스 생성 AI 실행 화면

생성하고자 하는 PPT 주제, 예를 들어 "ChatGPT 기반 생성형 인공지능 프롬프트 엔지니어링 교육과정 소개"를 입력하고 [개요 생성]을 클릭한다.

| Gamma 서비스 생성 AI 실행 상세 화면1

Gamma의 생성형 인공지능이 제안한 슬라이드 개요를 확인하고, 슬라이드를 더하거나 빼기, 변경 등 결과물 품질 향상을 위한 미세조정을 한다.

| Gamma 서비스 생성 AI 실행 상세 화면2

적용하고자 하는 테마를 선택한다. 이 도서에서는 'Dune' 테마를 선택하고, '생성' 버튼을 클릭했다.

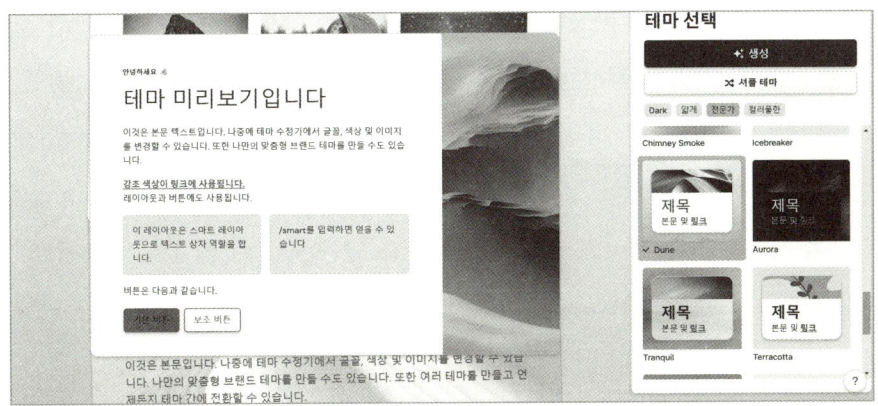
▎Gamma 서비스 생성 AI 테마 적용 화면

주제 입력만으로 딱 1분만에 기획안을 편집 가능한 PPT 파일을 만들었다. 이제 이 파일을 다운로드하여 원하는 이미지나 글씨체, 문구 변경 등 자유롭게 편집할 수 있다. 이 책에서 만든 PPT는 아래 링크에서 볼 수 있다.

* 확인-https://www.masocampus.com/wp-content/uploads/2024/04/mbk027_gamma_autoppt.zip

▎Gamma 서비스 자동 생성 PPT 화면

1. 생성형 인공지능이 쏘아올린 증강 역량 도구의 시대 27

생성형 인공지능이 등장하기 전에는 발표자가 모든 PPT 자료를 직접 작성해야 했다. 하지만 생성형 인공지능 슈트인 ChatGPT 3.5를 사용하면 연쇄 프롬프트 기법으로 몇 초 만에 PPT 내용을 작성할 수 있다. ChatGPT 4.0을 사용하면 최종적으로 원하는 PPT 파일을 생성할 수 있고, Gamma. App을 사용하면 주제어만 제공해도 곧바로 높은 품질의 PPT를 얻을 수 있다. 이제 간단한 프롬프트로 원하는 결과물을 쉽고 빠르게 만들어내는 다양한 생성형 인공지능 서비스의 시대가 시작된 것이다.

CHAPTER

02

트렌드가 보이고
뉴스가 이해되는
인공지능 지식
핵심 정리

CHAPTER 02
트렌드가 보이고 뉴스가 이해되는 인공지능 지식 핵심 정리

한순간 성큼 다가온 생성형 인공지능

2017년, 구글 연구진이 「Attention Is All You Need」을 발표하며 트랜스포머 모델을 선보였다. 이 모델은 기존의 RNN(순환신경망)이나 LSTM(장단기기억)과는 다른 접근 방식을 채택하며, 언어 이해와 생성에서 훨씬 자연스러운 능력을 보여주었다. 대화, 문장 작성, 번역 등 복잡한 언어 작업에서 인간과 비슷한 수준을 달성해 AI 전문가들 사이에서 큰 주목을 받았다. 이후 단 4~5년 만에 트랜스포머 모델은 자연어 처리뿐만 아니라 이미지 분류,

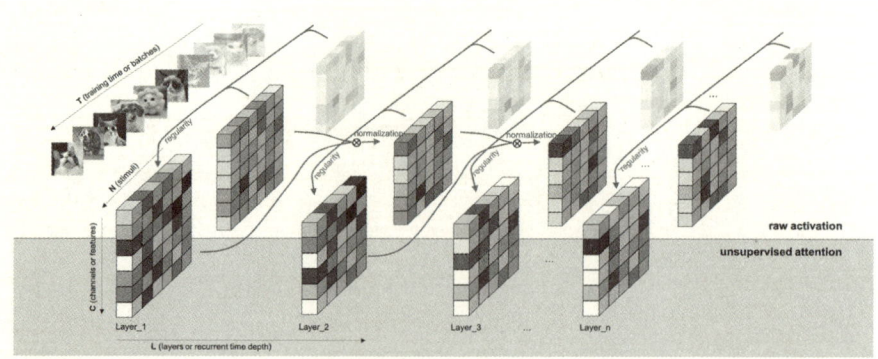

| 트랜스포머 모델은 언어뿐만 아니라 이미지 모델에도 널리 활용되고 있다

탐지, 검색 등 다양한 분야로 활용 범위를 확장하며, 인공지능 분야에서 중요한 위치를 차지하게 되었다.

AI 전문가들은 트랜스포머 모델을 계속해서 발전시켜 모델의 성능과 활용 가능성을 확장했다. 더욱 지능적인 인공지능을 구현하기 위해 모델의 파라미터 수를 증가시켜 거대 언어 모델을 개발했다. 이러한 대규모 언어 모델은 소규모 모델로는 처리하기 어려웠던 복잡하고 다양한 작업을 수행할 수 있게 되었다. 글쓰기, 프로그래밍, 예술 작품 생성, 게임 개발, 교육, 고객 서비스 등 다양한 분야에서의 잠재력을 드러내며 생성형 AI의 발전 속도는 계속해서 빨라지고 있다.

달이 차고 기울듯, 생성형 AI도 일반 대중에게 큰 충격을 준 첫 사건이 발생했다. 2023년, 미국 콜로라도 주립 박람회 미술대회에서, 게임 기획자 제이슨 알렌이 이미지 생성 AI '미드저니'로 제작한 그림이 1등을 차지했다. 예

| 콜로라도 주립 박람회 미술대회에서 디지털 아트 1위를 차지한 스페이스 오페라 극장

술계는 이에 반발했지만, 알렌은 "80시간을 들여 명령어를 조정하며 제작한 그림은 디지털 아트와 같은 내 창작물"이라 주장했다. 이 논란은 뉴스와 소셜미디어를 통해 널리 퍼지며 많은 이들의 관심을 끌었다. 단 몇 줄의 텍스트 입력으로 미술대회에서 1위를 할 수 있는 놀라운 그림을 AI가 만들어낸다는 사실이 대중의 호기심을 자극한 것이다.

미드저니로 제작된 그림이 화제를 모았지만, 생성형 인공지능은 여전히 일반인에게는 다소 낯선 주제였다. GPT-3, 엑사원, 하이퍼클로바 등 다양한 분야에서 생성 인공지능 기술이 발전하긴 했으나, IT에 익숙하지 않은 대중에게는 이러한 기술을 활용하는 것이 여전히 어려운 일이었다.

2022년 11월 30일, 오픈AI는 웹사이트를 통해 누구나 GPT와 대화할 수 있는 인터페이스인 챗GPT를 선보였다. 이는 생성형 AI 기술에 대해 잘 알지 못했던 일반 대중에게 또 다른 충격으로 다가왔다. 챗GPT의 영향력은

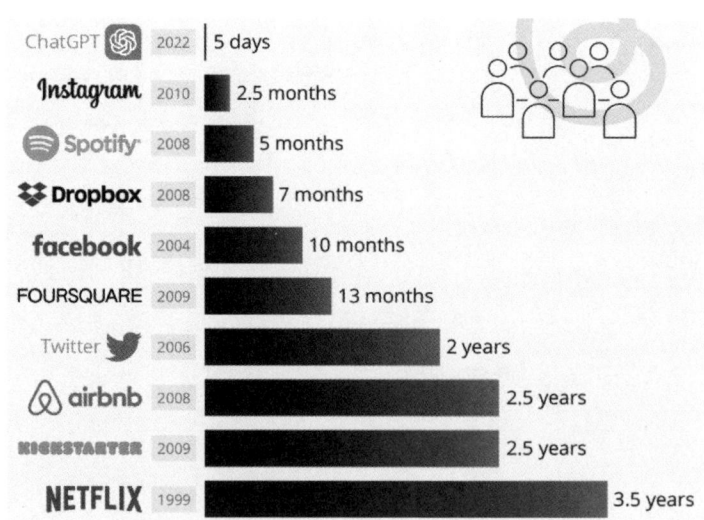

| 챗GPT는 5일만에 가입자 백만 명을 돌파했다

APP	MONTHS TO REACH 100M GLOBAL MAUS
CHATGPT	2
TIKTOK	9
INSTAGRAM	30
PINTEREST	41
SPOTIFY	55
TELEGRAM	61
UBER	70
GOOGLE TRANSLATE	78

| 뒤이어 2개월여 만에 챗 GPT의 월간 이용자가 1억 명을 돌파했다

엄청났다. 복잡한 프로그래밍 지식이 필요 없다는 사실에 많은 사람들이 챗GPT와 대화를 시도했다. 그 결과 챗GPT는 공개된 지 5일 만에 가입자 수백만 명을 넘겼고, 불과 2개월 만에 월간 활성 사용자 수가 1억 명을 초과하는 이례적인 기록을 세웠다.

챗GPT로 시작된 생성형 AI에 대한 관심은 미드저니, 스테이블 디퓨전과 같은 이미지 모델과 코파일럿X와 같은 코드 모델로 확장되었다. 일반인이 접근하기는 어려웠지만, 구글, 메타, 네이버, LG, 삼성, 아마존 같은 빅테크 기업들은 우수한 성능의 거대 언어 모델을 가지고 있었고, 기술력을 보여주기 위해 서둘러 대화형 인터페이스를 도입하여 대중의 접근성을 향상시켰다. 기술이 공개되고 경쟁이 심화되면서 다양한 기술 기업의 생성형 인공지능이 경쟁을 통해 서로 발전하고 있다.

생성형 AI 시대를 연 트랜스포머 모델 핵심 정리

◆ 어텐션(Attention), 중요한 말에 귀 기울입니다

트랜스포머 모델을 간단히 요약하자면, 인공지능이 문장 속에서 중요한 요소를 집중해서 파악하도록 하는 'Attention(주목 또는 집중)' 메커니즘이 핵심이다. 사람들 사이의 대화를 예로 들어보면, "동균이는 학교에 가서 친구들과 놀고 선생님의 이야기를 들었다"라는 문장을 들었을 때, 중요한 정보를 파악하기 위해 어떤 부분에 집중해야 하는지 고민해볼 수 있다.

먼저 '동균이', '친구들', '선생님' 같은 요소에 초점을 맞추어 누가(Who)에 주목한다. 그 다음에는 그들이 무엇(What)을 했는지 알려주는 '학교', '이야기' 같은 요소에 관심을 둔다. 대부분의 문장에는 언제, 어디서, 누가, 무엇을, 어떻게, 왜(When, Where, Who, What, How, Why)를 나타내는 중요한 단어들이 포함되어 있으며, 이 단어들에 주의를 기울여야 문장을 올바르게 이해할 수 있다. 트랜스포머 모델도 문장을 분석할 때, 육하원칙(5W1H)을 나타내는 단어

| 중요한 단어와 관계에 Attention(주목 또는 집중)해서 자연어를 이해하는 트랜스포머 모델

들에 집중한다. 이것이 바로 트랜스포머 모델의 주목(Attention) 메커니즘이다.

핵심 단어가 무엇인지를 넘어서, 단어들 사이의 연결 관계도 트랜스포머가 주의 깊게 살펴본다. 예를 들어 "동균이는 학교에 가서 친구들과 놀고, 선생님의 이야기를 들었다"라는 문장에서 '동균이'와 '선생님'의 위치를 바꾸면 어떨까? "선생님은 학교에 가서 친구들과 놀고, 동균이의 이야기를 들었다"라고 바뀌면, 원래 문장과는 전혀 다른 의미가 된다. 이렇게 단어들이 어떤 순서로, 어떻게 연결되어 있는지도 트랜스포머에게는 중요한 요소다.

◆ 토큰(Token), 인공지능이 문장을 이해할 수 있는 단위로 쪼개는 과정 결과물

트랜스포머 모델을 기반으로 한 인공지능은 분석 대상을 세밀하게 나누어 처리한다. 언어 모델은 문장을 단어 단위로, 이미지 모델은 픽셀 단위로 나눈다. 때로는 하나의 단어를 여러 부분으로 나누기도 한다. 예를 들어, '가다'는 '가-'라는 동사 어근과 '-다'라는 종결 어미로 구성되어 있다. 비록 단어는 하나이지만, '가다'는 두 개의 의미 단위인 형태소로 구분되므로, 언어 모델은 이를 두 부분으로 나누어 처리한다.

AI 모델이 텍스트를 효과적으로 이해할 수 있도록 적절한 크기로 나눈 조각을 토큰이라고 한다. 한 단어를 몇 개의 토큰으로 나눌지는 언어 모델에 따라 다르다. 문장의 의미를 파악하는 데 중점을 두는 모델은 '가다'를 하나의 토큰으로 간주할 수 있다. 반면, '가다', '가세요', '가시죠', '가십시오'와 같은 다양한 표현을 중요시하는 모델은 두 개의 토큰으로 처리할 수도 있다.

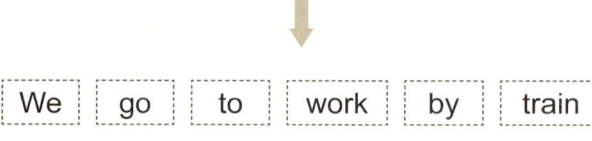

| 언어 모델은 텍스트를 토큰으로 쪼개 이해하고 처리한다

◆ 임베딩 벡터(Embedding Vector), 모든 것은 숫자로 표현된다

3명의 축구선수 한공격, 김슛돌, 최수비가 있다. 특정 선수의 능력치를 (속도, 슈팅, 패스, 드리블, 수비, 체력) 형태로 나열하면, 한공격 선수는 (93, 77, 78, 80, 21, 63)으로 표현할 수 있다. 그렇다면 (75, 32, 57, 61, 84, 78)은 누구를 가리킬까? 최수비 선수임을 금세 알 수 있다. 이처럼 어떤 사람이나 사물, 단어 등을 (값, 값, 값, …) 형태의 벡터로 표현할 수 있다.

이와 같은 표현 방식은 주변에서 흔히 볼 수 있다. 예를 들어, 컴퓨터에서 색상은 빨간색(R), 초록색(G), 파란색(B)의 강도를 이용해 (R, G, B) 형태

| 축구 선수 3명의 경기 능력치

로 표현한다. 검정색은 (0, 0, 0)으로, 흰색은 (255, 255, 255)로, 파란색은 (0, 0, 255)로 나타낸다. 이와 유사하게 '학교', '선생님', '가다', '즐겁게' 같은 단어들도 일정한 기준이 있다면 (값, 값, 값, …) 형태로 나타낼 수 있다. 이런 표현을 임베딩 벡터라고 한다. 임베딩 벡터를 구성하는 기준의 수는 모델에 따라 다르며, 이를 결정하는 것은 전문가의 역할이다.

◆ 비슷한 것은 비슷한 값과 분포를 띤다

축구 게임 중 한공격 선수를 김숫돌 혹은 최수비 선수 중 한 명으로 교체해야 하는 상황이라고 가정해보자. 누구를 선택해야 할까? 공격수인 김숫돌 선수가 더 적합할 수 있다. 임베딩 벡터로 비교해보면, 김숫돌 선수의 벡터는 (88, 86, 80, 87, 43, 69)이며, 한공격 선수의 벡터는 (93, 77, 78, 80, 21, 63)로, 두 선수 모두 속도와 슈팅, 패스 등에서 높은 점수를 받지만 수비에서는 낮은 점수를 가진다. 반대로 수비수인 최수비 선수의 벡터는 (75, 32, 57, 61, 84, 78)로, 슈팅은 낮지만 수비에서 높은 점수를 보여 공격수로서는 적합하지 않다.

공격수나 수비수끼리 역할이 유사할 경우, 그들의 선수 카드에 나타나는 능력치 벡터도 비슷한 값을 보인다. 단어의 경우도 비슷하다. '학교'와 유사한 벡터를 가진 단어가 '놀이터'인지 '고양이'인지 생각해보면, 장소를 의미하는 '놀이터'가 훨씬 더 가깝다. 한공격 선수가 없을 때 비슷한 능력치를 가진 김숫돌 선수가 대체로 들어가는 것과 같이, '학교' 대신에 '고양이'보다는 '놀이터'를 넣어 새 문장을 구성하면 더 적합하다. 언어 모델은 이 방식을 통해 비슷한 의미를 지닌 어휘와 문장을 다양하게 생성한다.

| 비슷한 것은 비슷한 값과 분포를 가지며, 서로 대체될 수 있다

◆ 빔 서치(Beam Search), 다양한 맥락을 종합적으로 고려하는 방법

"동균이는 학교에 간다"라는 문장에서 '학교' 대신 다른 장소를 넣어 새로운 문장을 만들려고 한다고 가정해보자. '놀이터'와 '도서관' 중에서 선택한다면 어느 쪽이 더 적절할까? '도서관'은 공부하는 장소로서 '학교'와 의미가 더 유사하다. 따라서 '동균이는 [어디]에 간다'에서 '학교'를 가장 잘 대체할 수 있는 '도서관'을 고르는 방식을 그리디 서치(Greedy Search)라고 부른다.

이제 "친구들과 놀았다"는 문장이 추가된다고 가정해보자. "동균이는 학교에 가서 친구들과 놀았다"라는 문장에서 '학교'를 제외하고 '놀이터'와 '도서관'으로 변경해보면 어떨까? "동균이는 놀이터에 가서 친구들과 놀았다"는 "동균이는 도서관에 가서 친구들과 놀았다"보다 훨씬 더 자연스러운 문장이다. 놀이터는 학교와 마찬가지로 아이들이 놀기에 적합한 장소이기 때문에 문맥에 잘 맞는다. 반면 도서관은 보통 조용히 지내야 하는 곳이므로 '놀다'라는 동작과는 맞지 않는다. 따라서 확률적으로 높은 '도서관'을 선택하기보다는 문맥을 고려하여 더 적합한 '놀이터'를 선택하는 것이 빔 서치 (Beam Search) 방식이다.

빔 서치는 단어를 삽입할 위치만 고려하지 않고 문장, 단락, 문단 전체를 광범위하게 파악한다. '놀다'와 같은 핵심 단어와 다른 어휘 사이의 관계를 바탕으로 적절한 단어를 선정한다. 언어 모델이 이런 방식으로 문맥을 고려하여 집중해야 할 주요 단어를 식별하는 능력을 '주목(Attention)'이라고 부른다.

예를 들어, 'interest'라는 단어에는 '열렬한 관심'과 '이자'라는 두 가지 의미가 있다. '관심'을 의미할 경우 'enthusiasm'으로, '이자'를 의미할 경우에는 'profits'나 'dividends'로 대체할 수 있다. 어떤 의미인지는 어떤 단어와 함께 쓰이는지에 따라 결정된다. 언어 모델은 대량의 텍스트 데이터를 통해 학습하며, 'interest'가 'no', 'in'과 함께 있으면 '관심'을, 'bank', 'rate'와 함께 있으면 '이자'를 의미한다는 패턴을 배웠다. 따라서 문장 속에서 'no', 'in'

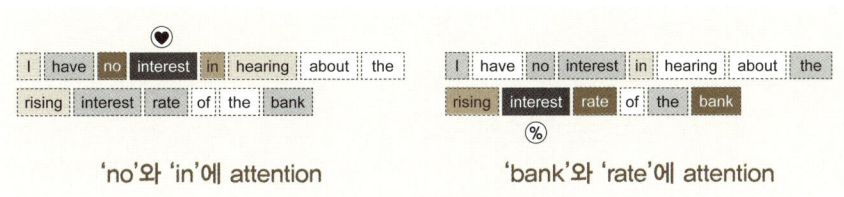

'no'와 'in'에 attention   'bank'와 'rate'에 attention

| 트랜스포머 모델은 중요한 부분에 주목해서 전체 맥락을 판단한다

이 등장하면 언어 모델은 'interest'를 '열렬한 관심'으로 해석하며, 필요에 따라 'enthusiasm'으로 바꿔 사용할 수 있다.

지금까지 설명을 차근차근 따라왔다면, 트랜스포머 모델의 발표 논문 제목이 「Attention Is All You Need」인 이유를 이해할 수 있을 것이다. 주목(Attention)은 트랜스포머 모델의 핵심이며, 활용 방법에 따라 결과가 달라진다. 예를 들어 챗GPT에 '배가 무엇이냐'고 물으면 일반적으로 과일에 대해 설명한다. 그러나 '항만운수업 종사자처럼 생각해. 배가 무엇이냐?'고 물으면 선박에 대해, 줄기세포 연구자에게는 원시세포에 대해, 의사에게는 신체 부위에 대해 설명할 것이다. '항만운수업', '줄기세포', '의사'와 같은 단어에 주목하기 때문이다. 이런 맥락을 이해하는 것이 트랜스포머 모델의 주요 능력이다.

> **You**
> 배가 무엇입니까?
>
> **ChatGPT**
> "배"는 식물의 일종으로, 주로 아시아에서 재배되는 과일입니다. 배는 다양한 종류와 품종이 있으며, 크기와 모양도 다양합니다. 대부분의 배는 부드러운 피부와 달콤한 과일 채소로 유명하며, 씨앗이나 코어를 가지고 있습니다.
>
> 배는 신선한 상태로 직접 먹거나, 주스, 잼, 디저트 등 다양한 요리나 음료로 가공하여 사용됩니다. 특히 여름철에 인기 있는 과일 중 하나이며, 많은 영양소를 제공하며 소화에도 도움을 줄 수 있습니다.
>
> 배는 다양한 건강 이점을 제공하며, 비타민 C, 비타민 K, 식이섬유, 칼륨 등의 영양소를 풍부하게 함유하고 있어 건강한 식단에 포함시키기 좋은 과일 중 하나입니다.

> **cA You**
> 당신은 이제부터 줄기세포 연구자처럼 생각하고 행동하세요.
> 배가 무엇입니까?
>
> **ChatGPT**
> 줄기세포 연구자 관점에서 "배"에 대한 이해는 주로 생물학과 의학 분야에서 다루는 내용에 기반합니다. 줄기세포 연구자로서 "배"를 이해할 때 다음과 같은 관련된 주제와 개념을 고려합니다.
>
> 1. 줄기세포와 배 관련 연구: 줄기세포는 다양한 조직과 세포 유형을 생성하고 재생하는 데 관여하는 특수한 세포입니다. 배 관련 연구에서 줄기세포는 배의 조직을 생성하고 복구하는 데 중요한 역할을 할 수 있습니다.
> 2. 배 조직과 줄기세포의 상호작용: 배 조직에는 여러 종류의 세포가 포함되어 있으며, 이러한 세포들은 줄기세포와의 상호작용을 통해 조직의 성장, 복구 및 유지에 기여할 수 있습니다. 이러한 상호작용을 연구하는 것이 배 조직의 기능 및 재생에 대한 이해를 높일 수 있습니다.

| 중요 단어에 대한 주목(attention)함으로써 더 적절한 답변을 얻을 수 있다

그래서 GPT가 뭐라고?

GPT는 오픈AI에 의해 개발된 특정한 인공지능 모델 시리즈를 말한다. 이 시리즈의 모든 모델은 사전 훈련된 생성형 트랜스포머의 약자인 'GPT'를 이름에 포함하며 'GPT-버전' 형식으로 명명되었다. 이 시리즈 중 일부는 챗봇 형태의 서비스를 제공하여 누구나 쉽게 접근할 수 있다. 챗봇 기능을 제공하는 GPT 모델은 특별히 'ChatGPT[2]'로 불리며, 일반적으로 챗GPT라 하

---

2. 크리넥스나 포스트잇, 호치키스처럼 어떤 브랜드가 널리 알려지거나 압도적인 성공을 거두면 그 브랜드명이 비슷한 제품군을 가리키는 일반명사로 사용된다. GPT도 마찬가지로 원래는 오픈AI가 개발한 특정 인공지능 모델을 가리키는 이름이었지만, 지금은 비슷한 기술적 접근법이나 인공지능 구조를 가진 여러 모델을 통칭하는 용어로 쓰인다. 그러나 GPT의 구조를 참고하여 비슷하게 사전 학습을 진행함에도 불구하고, 전혀 다른 독특한 이름을 사용하는 경우도 있다.

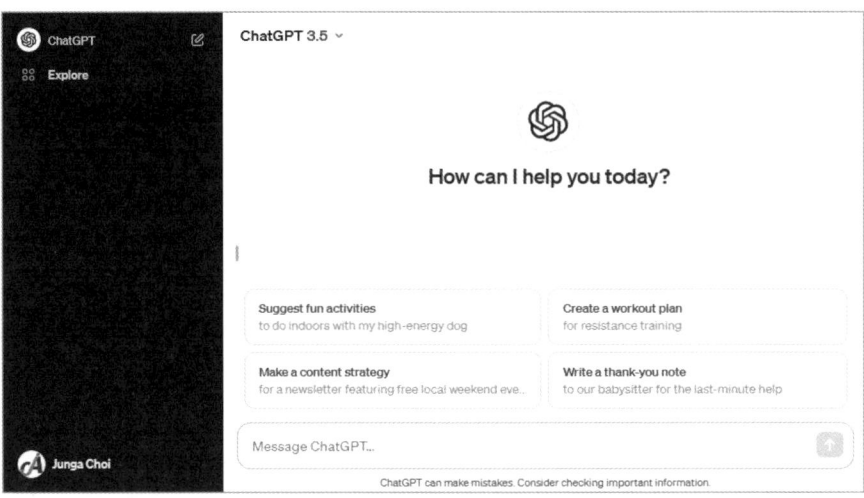

| 웹사이트에서 대화형 인터페이스를 쓸 수 있는 GPT 버전을 챗GPT라 부른다

면 무료로 사용할 수 있는 GPT-3.5를 의미한다. 사용자는 https://chat.openai.com을 통해 챗GPT와 대화를 시작할 수 있다.

GPT의 의미는 그 이름에서 찾을 수 있다. '생성(Generative)'하는 '트랜스포머(Transformer)' 모델이며, 이미 '사전 훈련(Pre-trained)'을 받은 상태로 제공되는 인공지능이다. 그렇다면 사전 훈련이란 구체적으로 무엇일까?

상상해보자. 회사의 회계 업무를 담당할 신입사원 채용을 진행한다. 우선 한국어로 작성된 서류를 읽어야 하므로 한국어를 알아야 하고, 숫자 계산 능력, 엑셀 프로그램 사용 능력, 대차대조표 이해, 전산회계 프로그램 사용 능력이 필요하다. 또한 비즈니스 매너를 갖추고, 가끔 해외 자료를 읽을 수 있게 영어 능력도 중요하다. 이처럼 특정 업무를 수행하기 위해서는 사전 훈련(pre-trained)이 충분히 이루어져야 한다.

입사 지원자들은 대학을 졸업하고 사회생활을 시작하기까지 약 20년의 시간 동안 가정에서 교육을 받고, 학교에 다니면서, 여러 시험을 보고, 많은 책을 읽으며 지식을 쌓는다. GPT 역시 비슷하다. 처음 생성됐을 때는 단순한 인공신경망 집합이었지만, 세계 곳곳의 책, 논문, 인터넷 문서 등을 탐색하며 지식을 축적해 나간다. 우리가 유년기에 세상의 모든 것을 마치 스펀지가 물을 흡수하듯 배우며 두뇌를 발달시키는 것처럼, 인공지능도 첫 단계인 딥러닝 학습을 통해 학습한다.

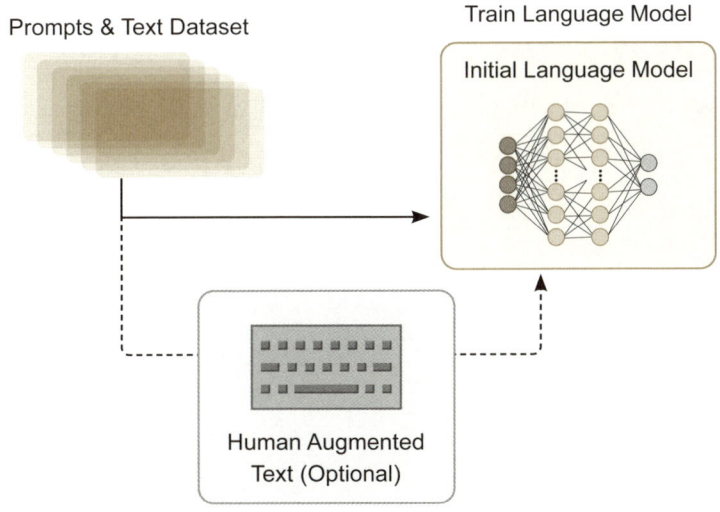

| 사전훈련 1단계에서 방대한 데이터를 모조리 읽고 분석한다

아기가 세상을 조금씩 인식하기 시작하면, 눈에 띄는 것들을 손가락으로 가리키며 '저건 고양이, 저건 강아지'라고 자신이 알고 있는 것을 말한다. 이때 주변 사람들은 잘못된 대답을 바로잡고, 맞는 대답에는 칭찬을 해주며 아이의 지적 성장을 돕는다. 학교에 다니는 동안 우리는 책을 읽고, 어른들의 조언을 듣고, 시험을 보고 평가받으며 칭찬이나 지적을 받는다. 이 과정을 통해 새로운 지식을 배우고, 어떤 분야에서 중요한 이론과 부차적

인 사항이 무엇인지 알아가며, 상황에 따라 적절한 태도와 답변이 무엇인지 배운다.

GPT의 학습 두 번째 단계는 인간 사용자의 피드백을 기반으로 한 강화학습(RLHF, Reinforcement Learning from Human Feedback)이다. 이 과정에서 인공지능을 교육하는 사람들이 GPT에게 질문을 하고, GPT가 제시한 여러 답변 중 어느 것이 가장 적절한지 평가한다. 이 평가를 통해 GPT는 우수한 답변을 구별하는 법을 배우게 된다.

세상 모든 질문에 대한 답변을 평가하고 가르칠 수 있다면 좋겠지만, 그러기에는 시간과 비용이 많이 든다. 학창 시절엔 매번 시험을 보고 피드백을 받으며 공부할 수 있지만, 결국에는 어떻게 낯선 엑셀 프로그램이나 전

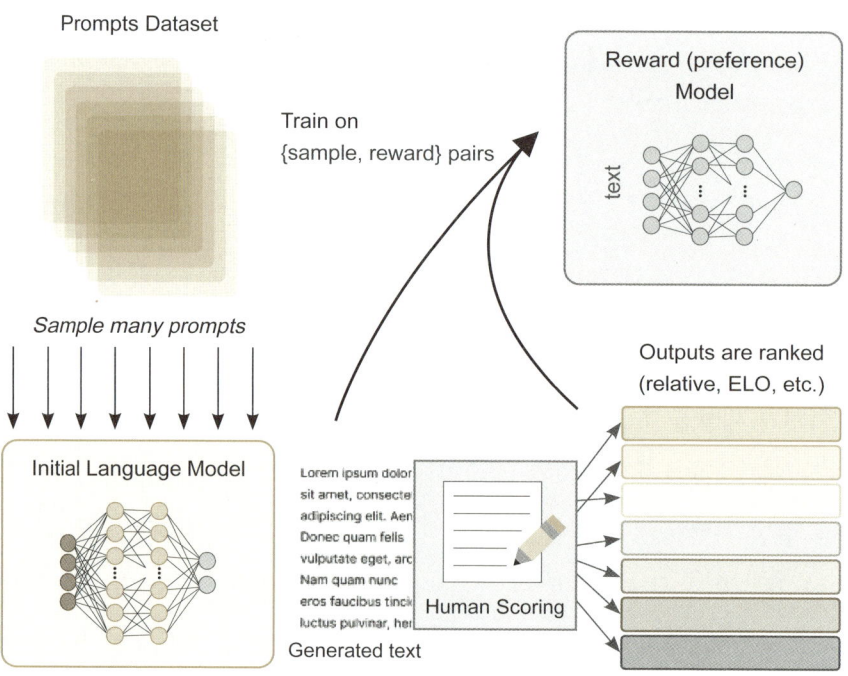

사전훈련 2단계에서 사람의 피드백을 기반으로 좋은 답변이 무엇인지 알게 된다

산 회계 시스템을 다루고, 전혀 모르는 외국어를 배우며, 처음 보는 사람들과 어울려 직장 생활을 해나갈지 스스로 알아내야 한다. 직접 배운 적 없는 상황에서도 '지금까지 경험을 바탕으로 이렇게 하면 좋겠다'고 판단하는 능력이 필요하다.

인공지능도 사람이 모든 답변에 피드백을 줄 수 없다. 그래서 3단계에서는 '2단계에서 사람이 했던 피드백을 종합해보면 이 답변은 아마 이 정도 점수를 받을 것이다'를 예측하는 모듈을 추가한다. 우리가 어떤 상황에서 부모님이 어떻게 반응할지 예상하는 것처럼, GPT도 답변에 대한 피드백을 예측하는 자가 발전 시스템을 갖추게 된다.

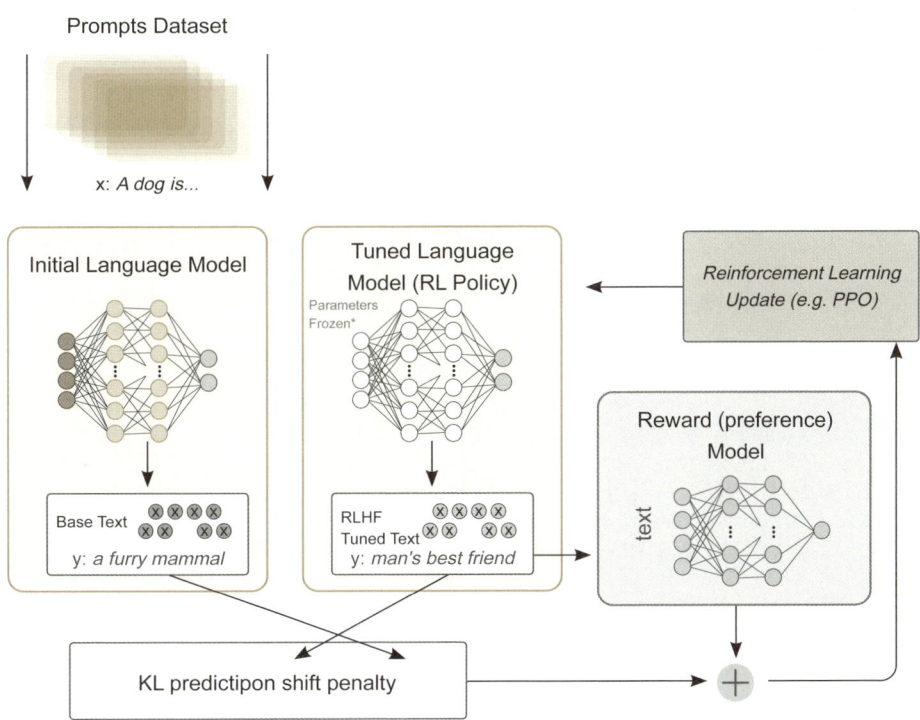

| 사전훈련 3단계에서 사람의 피드백을 예상해 스스로 답변 품질을 높일 수 있다

GPT는 한 사람이 일생동안 결코 정복할 수 없는 다양한 분야의 방대한 지식을 위와 같은 방법으로 열심히 공부한 만물박사와 같다. 단순히 과거의 지식을 학습한 것이 아니라 새로운 질문에 어떻게 답변하는 게 좋을지를 터득한 훈련된 똑똑한 인공지능이다. 우리는 이것을 사전 훈련된 생성형 트랜스포머, 즉 GPT라 부른다.

파운데이션 모델과 파인튜닝

◆ 무엇이든 될 수 있는 똑똑한 파운데이션 모델

새로운 회계 담당 직원을 채용했는데, 회계뿐만 아니라 다양한 분야에 깊은 지식이 있다면 어떨까? 수많은 책을 읽고 인터넷의 글을 자세히 분석해 모든 질문에 바로바로 답할 수 있다. 회계 담당자이지만 사업 기획안 작성, 광고 문구 제작, 고객 응대 등 다방면에서 뛰어난 능력을 발휘하는 만능 재주꾼이다. 회계는 물론 기획, 인사, 마케팅, 법무, 고객 상담 등 어느 직무에서도 탁월한 성과를 낼 수 있다. 이러한 상태의 인공지능을 파운데이션 모델이라 부른다.

파운데이션 모델은 광범위한 데이터를 기반으로 다양한 지식을 학습하고, 이를 기반으로 다양한 작업에 적용될 수 있는 기초적인 능력을 가진 대규모 인공지능 모델이다. 여러 언어 처리 작업, 이미지 인식, 음성 인식 등 다양한 분야에 적용될 수 있는 범용적인 능력이 있고, 융통성 있게 운용할 수도 있다. 줄기 세포처럼 많은 가능성을 내포한 일종의 원시 모델이다. 마치 좋은 교육을 잔뜩 받아서 어느 업무에 배정하든 훌륭하게 해내고 곧바로 두각을 나타낼 훌륭한 신입사원 같다.

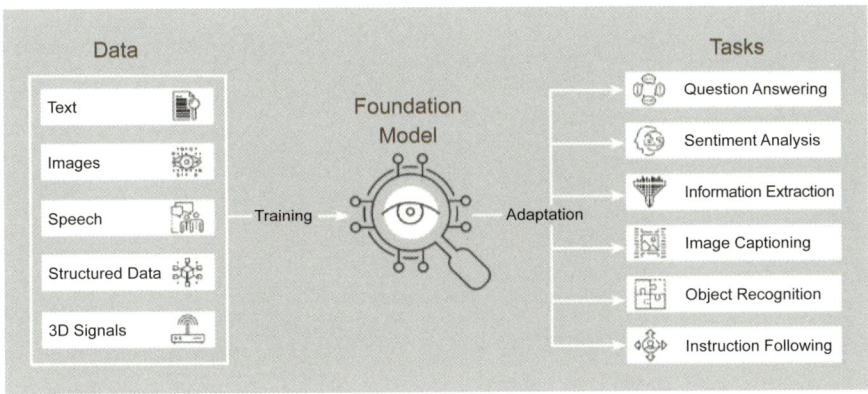

| 파운데이션 모델은 어떤 작업이든 적응할 능력을 갖춘 범용적인 인공지능이다

◆ 파운데이션 모델을 특정 상황에 적응시키는 파인튜닝

아무리 박학다식하고 뛰어난 천재라도 회사에 입사하면 업무 준칙, 근무 환경, 팀원 소개, 업무상 관례와 담당 업무 진행 방식, 유의사항 등을 배워야 한다. 아무리 훌륭한 교육을 받았다 해도 특정 기업의 업무를 미리 다 알 수는 없기 때문이다.

파운데이션 모델을 기업에서 실제로 사용하려면 특정 작업이나 분야에 맞게 조정하는 과정이 필요하다. 이 과정을 파인튜닝이라 한다. 대규모 데이터로 인공지능을 처음부터 학습시키는 것보다 이미 다양한 지식을 갖춘 파운데이션 모델을 특화된 작업에 맞춰 훈련시키는 것이 더 쉽다. 적은 양의 데이터로도 빠르게 적응할 수 있어 데이터 확보가 용이하고, 훈련 속도가 빠르며, 소량의 조정으로 텍스트 번역부터 의료 이미지 분석까지 다양한 작업에 적용할 수 있다.

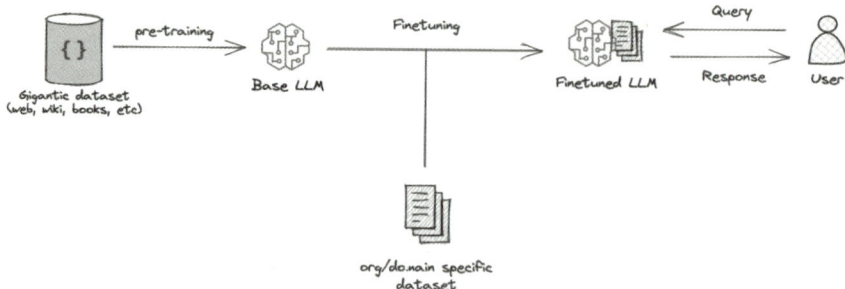

| 파운데이션 모델을 특정 작업과 도메인 지식으로 추가 훈련하는 과정을 파인튜닝이라 한다

◆ **파운데이션 모델을 빌리고 빌려주는 마켓**

훌륭한 파운데이션 모델이 있어야만 유용한 파인튜닝 모델을 얻을 수 있다. 하지만 파운데이션 모델을 만드는 것은 간단하지 않다. 이는 모델 훈련에 대규모 데이터셋과 엄청난 컴퓨팅 자원이 필요하기 때문이다. 더욱이 파운데이션 모델 훈련 초기에는 부정확한 결과를 내놓을 수 있어, 인공지능 분야의 전문가들이 반복적으로 인공신경망을 조정하는 작업을 수백만 번 해야 한다. 오픈AI의 GPT-3 모델 훈련 비용이 1,200만 달러로 추정되는 것처럼, 이러한 작업은 막대한 비용을 필요로 한다.

막강한 기술력과 막대한 자금이 필요하기 때문에 파운데이션 모델 개발은 구글, 메타, 아마존, 마이크로소프트, 엔비디아, IBM, 애플, 네이버 등 소수의 거대 기업과 오픈AI, 스태빌리티 AI, Cohere, 앤스로픽, AI21 랩스 등 막대한 투자를 받는 몇몇 기술 기업만 가능하다.

고성능 파운데이션 모델이 쉽게 만들어질 수 없기 때문에 기업용 SaaS 플랫폼인 아마존 AWS, 구글 클라우드 버텍스 AI, 마이크로소프트 애저 등은 현존하는 소수의 파운데이션 모델의 파인튜닝을 지원하는 포털 서비스를 적극적으로 제공한다. 직접 파운데이션 모델을 개발할 수 없는 대다수 기업도 이러한 클라우드 서비스를 활용해 자사 환경에 맞게 원하는 파운데이션 모델을 파인튜닝하고 활용할 수 있다.

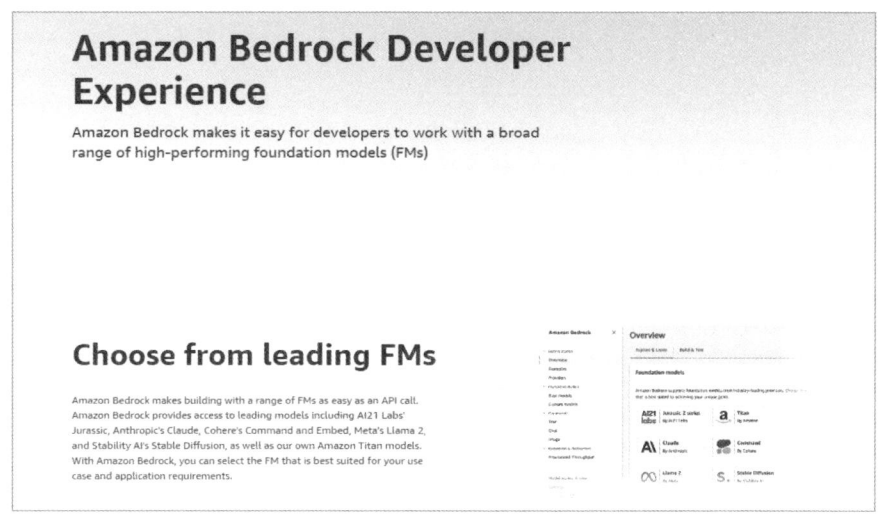

| 클로드, 라마, 스테이블 디퓨전 등의 파운데이션 모델 튜닝을 제공하는 아마존 베드록(Bedrock)

CHAPTER

03

챗GPT로 알아보는
생성형 AI라 불리는
마법 도구 활용법

챗GPT로 알아보는
생성형 AI라 불리는 마법 도구 활용법

일반인이 생성형 AI를 써보는 3가지 방법

일반 사용자는 크게 3가지 방식으로 생성형 인공지능을 직접 경험해볼 수 있다.

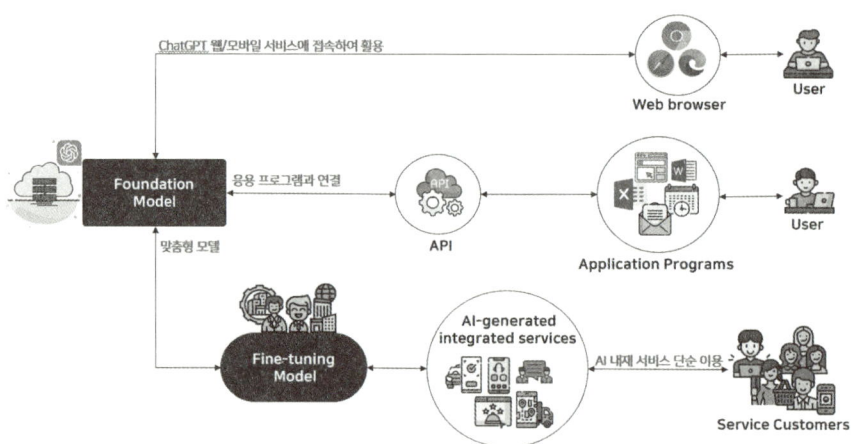

| 생성형 AI를 사용하는 3가지 방법

가장 흔하고 일반적인 방법은 서비스의 일부로 내재된 생성형 AI 기능

을 쓰는 것이다. 문자메시지를 보낼 때 문장을 자동 완성시키거나, 폰으로 촬영한 사진을 순정만화 주인공처럼 바꿔 소셜미디어에 올리고, 지난 주에 구매한 제품 사용법을 챗봇에게 설명 듣고, 2시간짜리 유튜브 영상을 자동 번역하며 몇 줄 요약문을 뚝딱 만들어 내는 등 일상의 다양한 제품과 서비스에 스며든 인공지능 기능이 많다. 이 방식은 사용자의 경험을 해치지 않기 위해 특별한 주의를 기울이지 않는 한 존재를 느끼지 못하게 인공지능의 작동 과정을 완전히 숨기는 경향이 있다. 시간이 지날수록 일반 사용자는 이와 같은 캄 테크(calm tech)로서 생성형 AI의 혜택을 점차 더 많이 누리게 될 것이다.

두 번째 방식은 생성형 AI를 위한 별도 인터페이스를 제공하는 서비스에 직접 방문해 사용하는 것이다. 예를 들어 오픈AI의 챗GPT(chat.openai.com), 구글의 제미나이(Gemini.google.com), 마이크로소프트 코파일럿(copilot.microsoft.com), 네이버의 클로바X(clova-x.naver.com), 미드저니Inc의 미드저니(midjourney.com), 런웨이의 Gen2(research.runwayml.com/gen2) 등에 웹사이트 접속만으로 쉽게 접근할 수 있다. 스태빌리티AI의 스테이블 디퓨전처럼 WebUI를 별도 설치하거나 메타의 메타AI, 삼성의 가우스, 애플의 헉스처럼 특정 디바이스를 작동시켜야 하는 경우도 있으나, 대부분 웹사이트 또는 대화형 메신저 접속을 통해 이용할 수 있다. 이 방식은 생성형 AI에 입문하고자 할 때 자주 선택되며, AI 모델의 일부 기능과 기본 지식 수준만으로도 생성 AI의 유용한 결과를 즉시 확인할 수 있다는 장점이 있다.

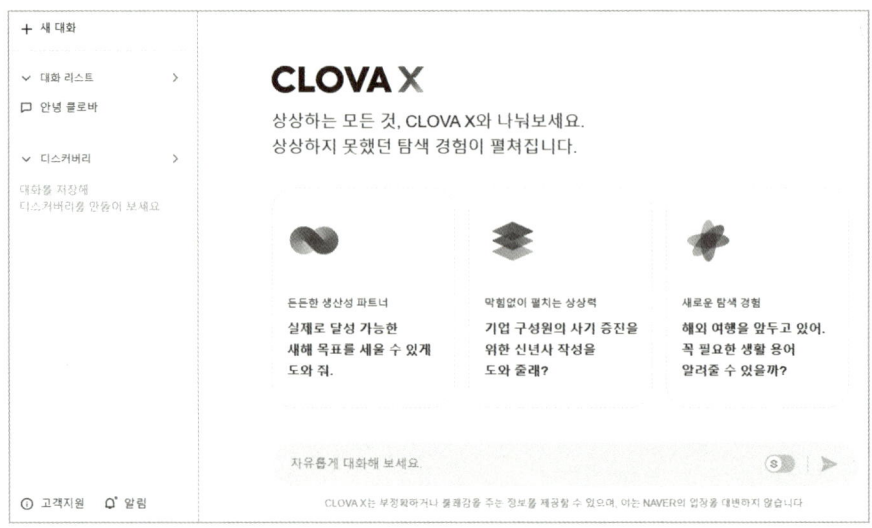

| 클로바 X, 챗GPT처럼 웹사이트에 접속해 체험할 수 있는 생성형 AI 서비스도 있다

    마지막 방법은 클라우드에 호스팅된 인공지능 모델을 활용하기 위해 API(Application Programming Interface)를 사용하는 것이다. API는 어떤 프로그램이 다른 프로그램이나 서비스와 원활히 소통하기 위한 규칙과 도구의 모음이다. 예를 들어 레스토랑에서 음식을 주문할 때, 원하는 메뉴를 말하고 특별 요청을 하는 것처럼, API는 소프트웨어나 서비스 간에 데이터를 주고받거나 특정 작업을 요청하는 수단이다. 레스토랑 직원이 고객의 요청을 주방이나 다른 직원에게 전달하는 것과 유사하게, API는 서로 다른 시스템이 서로 통신하고 상호 작용하게 하는 연결 고리 역할을 한다.

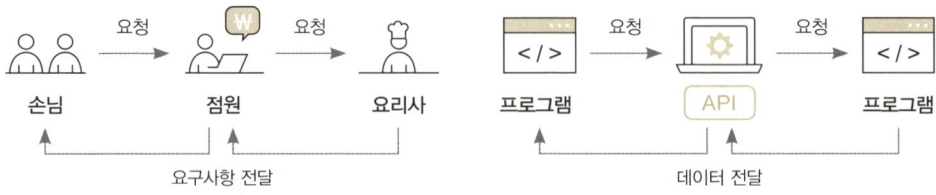

| 소프트웨어 간에는 API를 통해 통신을 주고받는다

생성형 인공지능 모델은 레스토랑과 비교할 때 훨씬 크고 복잡하다. 사용자가 요청한 작업 하나를 수행하기 위해 많은 컴퓨팅 자원이 필요하다. 사용자는 원하는 결과를 얻기 위해 복잡한 과정을 알 필요 없이 API를 통해 요청하고 결과를 받는 것이 편리하다. 이 방식으로 구글 스프레드시트, 엑셀, 워드 등 일상적으로 사용하는 소프트웨어나 다양한 응용 프로그램에서 인공지능 모델을 활용할 수 있다. 기업 비즈니스에서 생성형 AI를 활용하는 것은 주로 API를 통해 자체 프로그램이나 서비스에 인공지능을 통합하고 사용자에게 다양한 기능과 서비스를 제공하는 형태로 이루어진다. 이는 서비스에 내재된 인공지능이 작동하는 방식이기도 하다.

생성형 AI를 경험하는 방법 3가지 중 API를 통한 활용은, 생성형 인공지능의 능력을 가장 직접적으로 체감할 수 있는 방법이다. 그러나 IT 개발 지식이 필요하기 때문에 2번째인 웹사이트 접속 방식을 중심으로 언어 모델인 챗GPT와 이미지 생성 모델인 미드저니를 살펴보겠다.

가볍게 시작하는 챗GPT

◆ 오픈AI 회원 가입

챗GPT와 대화하려면 먼저 웹사이트(https://chat.openai.com)에 접속한다. [Sign up]을 클릭하면 회원 가입을 진행한다. 구글 지메일이나 마이크로소프트 계정이 있으면 해당 계정으로 편리하게 가입할 수 있고, 없어도 다른 이메일 주소를 사용해 가입할 수 있다. 이메일 인증과 이름, 전화번호 등을 입력하면 챗GPT를 사용할 수 있는 오픈AI 계정이 생성된다.

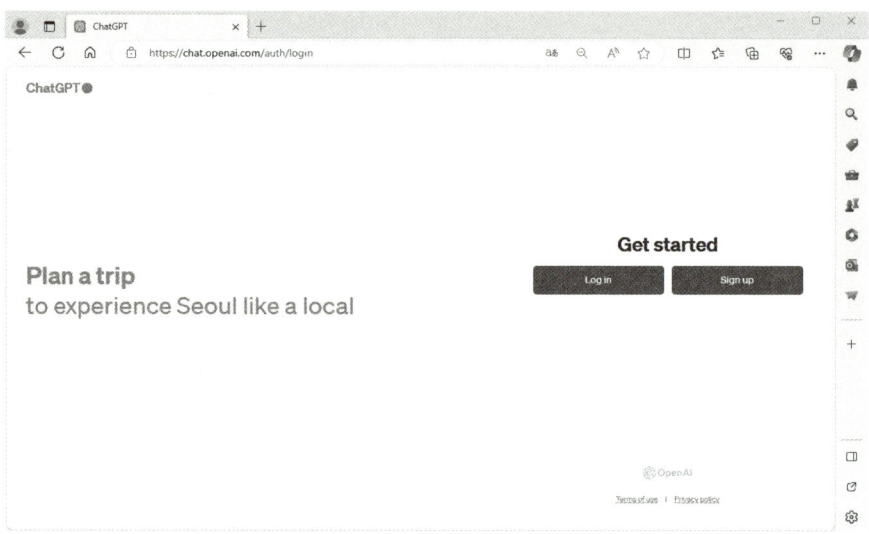

| 웹사이트(chat.openai.com)에서 계정을 만들면 챗GPT를 쓸 수 있다

    챗GPT는 GPT 버전 중 대화형 인터페이스를 제공하는 버전의 총칭이다. 기본적으로 무료로 제공되는 챗GPT는 GPT-3.5 버전이고, 더 강력한 기능을 제공하는 후속 버전(GPT-4, GPT-4 Turbo 등)을 사용하려면 유료 결제가 필요하다. 오픈AI와 여러 국가에서는 GPT의 답변을 주체적으로 판단하고 선별적으로 받아들일 수 있는 성인 사용자(만 18세 이상)의 이용을 권장한다.

◆ 챗GPT 인터페이스와 첫 번째 대화

챗GPT에 처음 접속하면 왼쪽 메뉴바에 대화목록과 필요한 설정 메뉴가 있고, 오른쪽 화면 하단에 프롬프트 입력란이 나타난다.

┃ 챗GPT 첫 화면의 인터페이스 구성

　챗GPT 사용법은 간단하다. "Message ChatGPT…"라고 적힌 프롬프트 입력란에 원하는 말을 입력하고 Enter를 누르면 된다. "안녕 GPT"라고 입력해보면 왼쪽 메뉴바에 대화목록이 추가되고 가운데 화면이 GPT와의 대화창으로 바뀐다. 친구와 대화하듯 GPT에게 질문을 하고 답변을 받으면 된다.

　"안녕 GPT"와 같이 챗GPT에게 입력하는 말을 프롬프트라고 한다. 프롬프트는 사용자가 컴퓨터 프로그램에게 특정 작업을 지시하거나 필요한 정보를 요구하는 환경이나 입력한 메시지를 의미한다. 챗GPT는 프롬프트를 통해 사용자의 요청을 파악하고 효율적으로 소통한다.

　거대 언어모델인 챗GPT는 사용자의 말을 잘 알아듣고 이해해 응답한다. 많은 데이터를 학습했기 때문에 "공기청정기를 잘 팔 수 있는 광고문구를 작성해줘", "솜이불의 해외 통관 절차에 필요한 서류 목록이 무엇인지?"와 같은 다양한 질문에 똑똑한 답변을 제공한다.

| 메신저 대화하듯 프롬프트 입력란에 GPT에게 하고 싶은 말을 하면 된다

또한 "시를 써달라", "신나는 음악을 추천해줘", "요즘 마음이 우울해"와 같이 질문 형식이 아닌 말도 모두 프롬프트로 취급하여 챗GPT는 어떤 형태의 응답도 할 수 있다.

재주꾼 챗GPT는 단순히 텍스트 형태의 답변만 하지 않는다. "가로 10px 세로 10px의 빨간 사각형 10개를 그리는 엑셀 VBA 코드를 짜줘"라고 요청하면 VBA 코드를 받을 수 있다. 같은 동작을 하는 코드를 C, 파이썬, 자바 등 여러 프로그래밍 언어로 요청해보자. 수십 가지 프로그래밍 언어를 능숙하게 다루는 모습에 놀랄 것이다. 챗GPT가 작성해준 코드의 오른쪽 위에 있는 'Copy code' 버튼을 클릭하면 코드가 복사되어 프로그래밍 코드 편집기 등에 붙여넣어 즉시 실행 할 수도 있다.

◆ 새로운 대화와 공유 링크

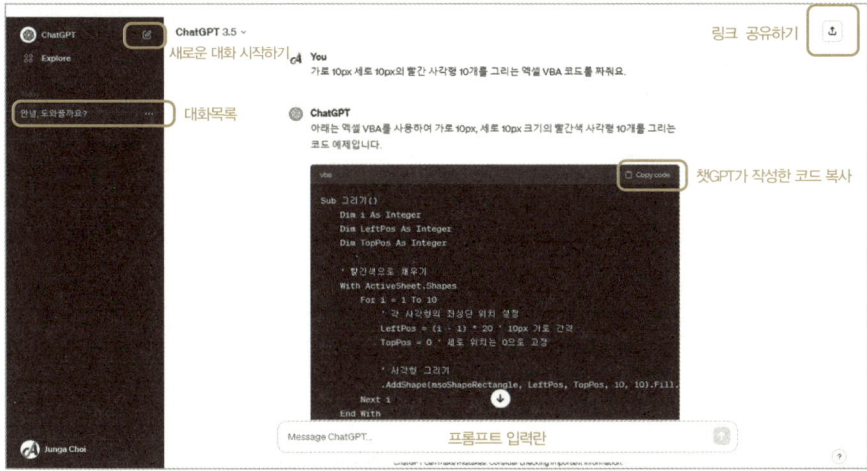

| 챗GPT와 대화의 기본 메뉴 위치

현재의 대화를 종료하고 새로운 대화를 시작하려면 왼쪽 메뉴바 꼭대기의 'New Chat(새 대화)'를 클릭한다. 만약 현재 진행 중인 대화창의 이름을 바꾸거나 삭제하려면 왼쪽 메뉴바의 대화 목록에서 대화창을 선택할 때 나타나는 '…' 메뉴를 클릭한다.

챗GPT와 나눈 대화는 화면 오른쪽 상단의 'Share link to Chat(공유 링크)'를 이용해 다른 사람에게도 공개할 수 있다. 이 기능은 해당 대화창에서 진행된 사용자와 챗GPT의 대화를 모두 볼 수 있는 URL 주소를 만든다.

URL을 아는 사람은 해당 대화창에서 공유 링크가 만들어지는 시점까지 있었던 대화 내용까지 볼 수 있다. 링크가 만들어진 이후에 진행된 대화 또는 다른 대화창에서 나눈 대화는 볼 수 없다. 만약 더 이상 공개되지 않기를 바란다면 해당 대화창을 삭제하거나 공유 링크를 'Delete Link'로 삭제하면

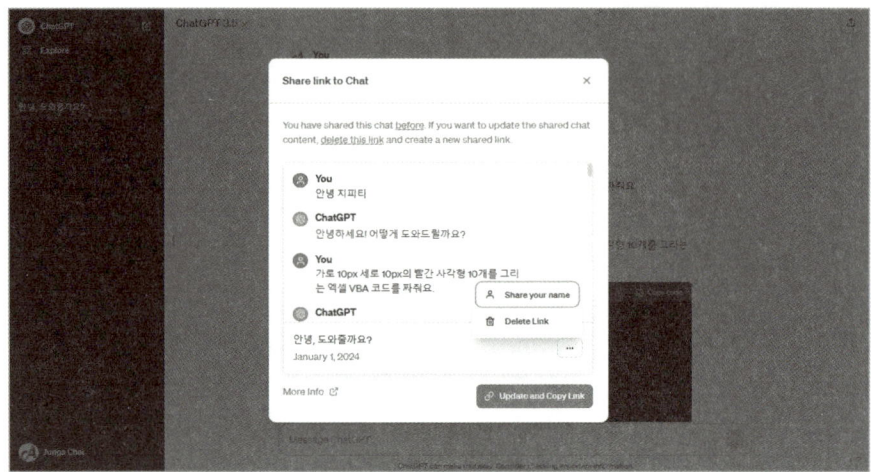

| 공유 링크를 이용해 챗GPT와의 대화를 다른 사람에게 보여줄 수 있다

된다. 공유 링크가 만들어진 대화창의 내용은 URL을 가진 사람만 열람할 수 있을 뿐 검색엔진으로 검색되지 않는다. 또한 접근 권한, 대화의 편집 권한 등은 설정할 수 없다. 단순한 대화 기록 열람으로 이해하자.

◆ **대화창 환경과 데이터 관련 설정 메뉴**

대화창을 관리하는 사용자 메뉴는 왼쪽 메뉴바 하단에 보이는 자신의 이름을 클릭하면 찾을 수 있다. 만약 지금까지 있었던 모든 대화창을 한 번에 삭제하고 싶다면 'Settings & Data' → 'General' → 'Delete all chats'를 선택한다. 챗GPT 화면을 밝게 또는 어두운 테마로 바꾸고 싶다면 'Settings & Data' → 'General' → 'Theme'를 이용한다.

챗GPT와 여러 대화를 나누다 중요하게 보관하고 싶은 대화창이 있을 수 있다. 왼쪽 메뉴바에서 해당 대화창 이름을 클릭했을 때 나타나는 '…'

버튼에서 'Archive chat'을 선택하면 해당 대화가 목록에서 제거되고 보관함으로 이동한다. 'Settings & Data' → 'General' → 'Archived chats' → 'Manage'에서 저장된 대화창을 한 번에 확인하고 관리할 수 있다.

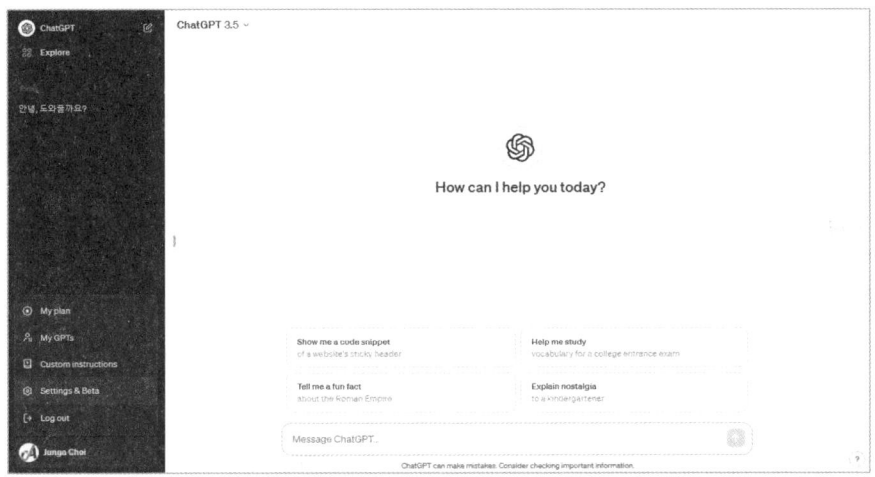

| 좌측 메뉴바 하단 메뉴에서 대화창의 일괄 삭제와 보관, 내보내기 등 세부 설정이 가능하다

사용자가 챗GPT와 나누는 대화는 모두 GPT의 학습 데이터로 활용되도록 기본 설정돼 있다. 대화가 학습에 활용되지 않길 원한다면 'Settings & Data' → 'Data controls' → 'Chat history & training'을 비활성화한다. 이 기능을 끄면 왼쪽 메뉴바에 대화 목록이 남지 않으며, 공유 링크나 대화 보관 등의 기능을 사용할 수 없다.

챗GPT와의 대화 히스토리를 유지하면서도 대화에 사용한 자료가 GPT의 학습 데이터로 활용되지 않기를 원한다면 유료 요금제 중에서도 '팀 요금제'를 선택하면 된다. 기업 환경에서 데이터 보안을 고려하며 챗GPT를 업무에 사용하려 한다면 '팀 요금제'가 적당한 선택일 수 있다. 참고로 마소캠퍼스에서는 모든 구성원에게 팀 요금제 계정을 제공해 업무에 활용하고 있다.

[Settings & Data] → [Data controls]에는 챗GPT 계정 삭제 등 몇 가지 중요한 설정과 기능이 있다. 개별 대화창에서 설정한 공유 링크(Shared links) 목록을 관리하고, 대화창 공유를 끊는 등의 관리 메뉴는 [Settings & Data] → [Data controls] → [Shared links] → [Manage]에서 찾을 수 있다.

[Settings & Data] → [Data controls] → [Export data]를 이용하면 해당 계정에서 챗GPT와 나눈 모든 대화를 JSON 형식의 파일로 다운로드 받을 수 있다. 데이터 내보내기를 실행하면 계정으로 등록한 이메일 주소로 다운로드 가능한 URL 링크가 이메일로 전송된다. 사용자는 24시간 내로 해당 링크를 활용해 데이터를 다운로드 받을 수 있다.

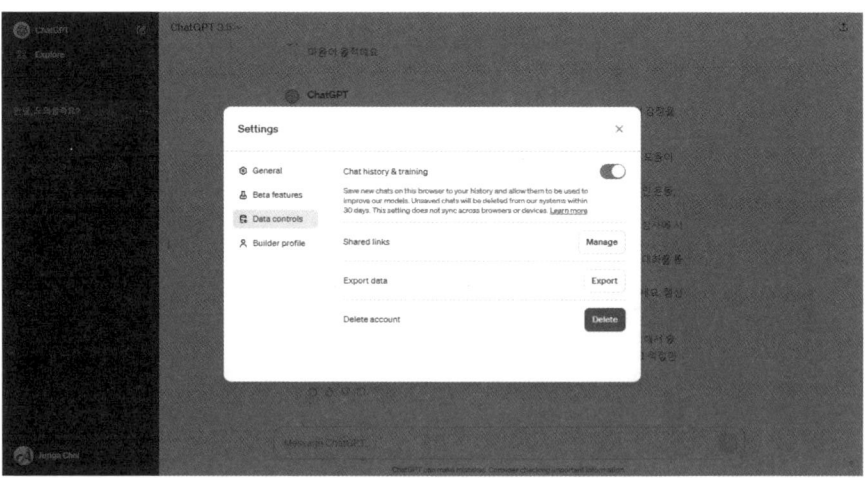

| 데이터 내보내기 및 공유 링크 관리, 계정 삭제 등은 설정(settings)에서 관리한다

챗GPT로 이런 것도 할 수 있구나!

◆ 챗GPT로 그림 그리기

챗GPT에게 귀여운 강아지를 그려 달라고 해보자. 무척 귀엽지만 예상한 "그림"과는 매우 다른 엉뚱한 결과를 내놓는다. 아마 여러분은 "언어 모델이라 강아지를 그려줄 수 없다"는 답변을 받을 수도 있다. 챗GPT는 텍스트 기반의 AI 모델이기 때문에 그림을 실제로 그릴 수 없다. 텍스트 형태의 데이터를 처리하고 생성하는데 특화되어 있으므로, 이미지를 생성하는 능력이 없는 것이다.

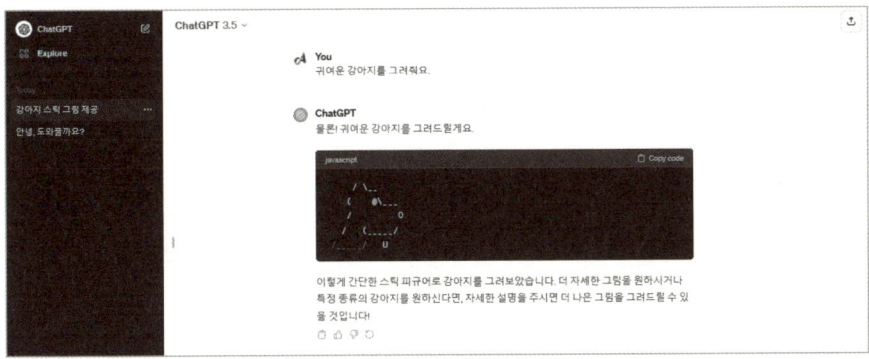

| 흔히 챗GPT라 불리는 GPT-3.5는 이미지를 생성하지 못한다

그러나 이번에는 GPT-4로 버전을 높여 같은 요청을 해보자. 문제없이 귀여운 강아지 그림을 그린다. 왜 GPT-3.5는 안되고, GPT-4는 될까? 사실 GPT는 3.5든 4든 실제로는 그림을 그릴 수 없다. 그저 GPT-4가 DALL-E라는 별도의 이미지 생성형 AI 모델을 이용하는 것뿐이다. DALL-E는 고급 이미지 생성 기능을 가진 인공지능 모델로서 자연어 설

명을 바탕으로 이미지를 생성할 수 있다. 사용자가 그림을 그려달라 요청하면, GPT-4는 사용자가 입력한 내용에 알맞은 상세한 설명 문구를 만들어 DALL-E에 전달하고, DALL-E는 GPT의 설명대로 이미지를 만든다.

만약 여러분의 챗GPT에서 GPT-4를 선택할 수 없다고 해도 당황할 필요는 없다. GPT-3.5는 무료 사용자에게 제공하는 Open AI의 인공지능 모델이고, GPT-4 이상은 유료 사용자에게 제공되는 모델이다. 이 도서의 대부분의 내용은 무료 모델인 GPT-3.5를 사용해서도 충분히 의미있는 결과를 만들어 낼 수 있다. 또한 이 도서에서 GPT-4와 같이 유료 모델이나 다른 유료 인공지능 서비스를 활용하는 부분은 마치 아이언맨의 Mark Series 슈트 버전이 여러 개인 것처럼 여러분에게 필요한 인공지능 서비스들이 어떤 것들이 있고, 어떠한 능력을 가지고 있는지 보여주는 목적으로 제공되는 내용이므로, 여러분이 필요한 상황에 따라서 적절한 생성형 AI 서비스를 선택해서 사용하면 된다.

| 챗GPT는 이미지 생성 모델 DALL-E를 이용해 그림을 그릴 수 있다

이미지 생성형 AI로 정교하고 아름다운 그림을 그리려면 이미지 모델을 잘 다루기 위한 전문적인 프롬프트를 작성해야 한다. 예를 들어 미드저니에서 이미지의 비율을 2:1로 하려면 "--ar 2:1"이라는 파라미터를 지정해야 하고, 무엇인가를 강조하려면 멀티 프롬프트와 가중치라는 복잡한 기법을 잘 다뤄야 한다. 대다수 이미지 생성 모델에는 이런 식으로 세밀하게 조정할 요소가 매우 많다. 그러나 이미지 생성 모델 DALL-E를 이용할 때는 구체적인 파라미터 프롬프트를 챗GPT가 대신 작성해준다. 덕분에 사용자는 편하게 자연어로 원하는 바를 이야기하는 것만으로도 좋은 그림을 그릴 수 있다.

| 언어모델 챗GPT는 사용자가 다른 AI 모델을 잘 쓸 수 있게 통역자 역할을 한다

◆ 멀티모달(multi modal), 다양한 형식으로 입출력하기

사용자가 챗GPT에게 원하는 바를 이야기할 때, 텍스트 외에 이미지, 웹사이트 링크, 엑셀 워드 ppt 파일 등 다양한 멀티미디어를 프롬프트로 사용할

수 있다. GPT-4 이상의 프롬프트 입력란에는 클립 모양의 파일 첨부 버튼이 있다. 다음 예시와 같이 사용자는 파일을 첨부하여 챗GPT에게 원하는 작업을 요청하고 알맞은 결과물을 얻을 수 있다.

챗GPT가 텍스트와 이미지를 동시에 이해하고 처리하는 능력을 멀티모달이라 한다. 멀티모달은 인공지능 시스템이 다양한 종류의 데이터(텍스트, 이미지, 음성 등)를 여러 가지 모델(DALL-E 등)을 조합해 처리하고 통합해 의미를 추출하는 것이다. 이렇게 여러 종류의 데이터와 모델을 결합함으로써 더 효과적이고 효율적인 결과물을 생성할 수 있다. 예를 들어 어려운 독일어 논문 몇 십 장을 읽고 이해해야 한다면, 챗GPT에 PDF 파일을 올리고 논문의 내용에 대해 질문하는 방식을 활용해서 독일어 논문을 쉽게 이해할 수 있다.

| 여러 종류의 데이터와 모델을 결합해 처리하는 능력을 멀티모달이라 한다

챗GPT의 멀티모달 능력은 사용자가 프롬프트를 입력할 때만 활용되는 것이 아니다. 예를 들어, 세계적인 관광지 3곳을 표 형식으로 정리해 달라고 챗GPT에 요청했다고 하자. 이렇게 얻은 표를 파워포인트에 옮기고 싶다면, *.pptx 형식의 파일로 저장해 달라고 요청하면 된다. 블로그 글을 작성하여 *.doc 형식으로, 특정 주제에 대한 조사 결과 데이터를 *.xlsx 파일로 저장하도록 요청하는 등, 결과물 출력에도 멀티모달 기능이 사용될 수 있다.

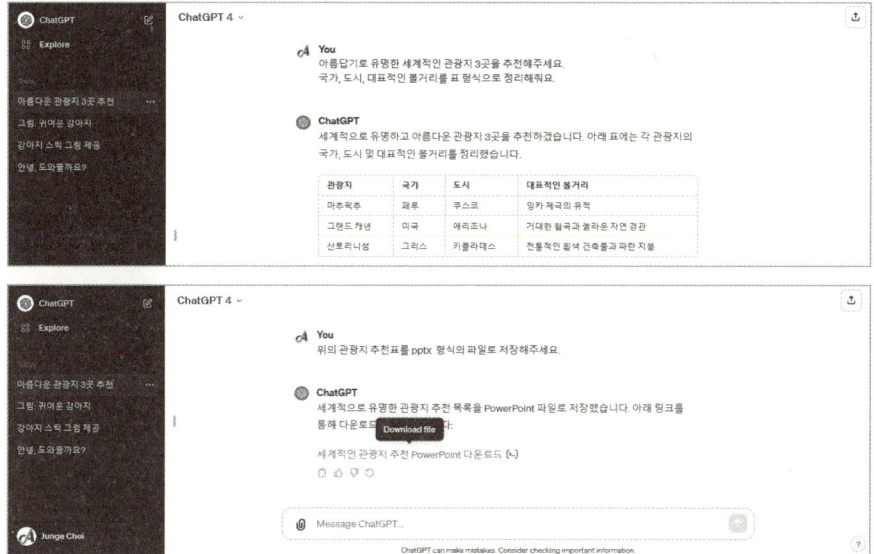

| 결과물을 파일로 저장하도록 요청하면 다운로드 받을 수 있다

◆ 엑셀 파일의 데이터로 다음 달 판매량 예측하기

챗GPT로 시를 쓰거나 그림을 그리는 것도 유익할수도 있지만, 더 실제적인 활용법을 살펴보자. 여기 2025년 1월부터 2026년 8월까지의 월별 판매량이 담긴 엑셀 파일이 있다. 이 파일을 챗GPT에게 제공하며, 어떤 데이터가 포함되어 있고, 어떠한 데이터 분석이 가능한지 탐색하도록 요청한다.

GPT 4.0 Data Analysis 모델을 사용하면 엑셀 파일을 분석하고 의미 있는 분석 인사이트를 얻을 수 있다. Data Analysis는 챗GPT에서 데이터 분석을 위해 제공하는 일종의 추가 기능이다. 이를 간단히 비유하자면, 언어 모델인 GPT가 복잡한 수학 계산을 할 때 계산기를 사용하는 것과 비슷하다.

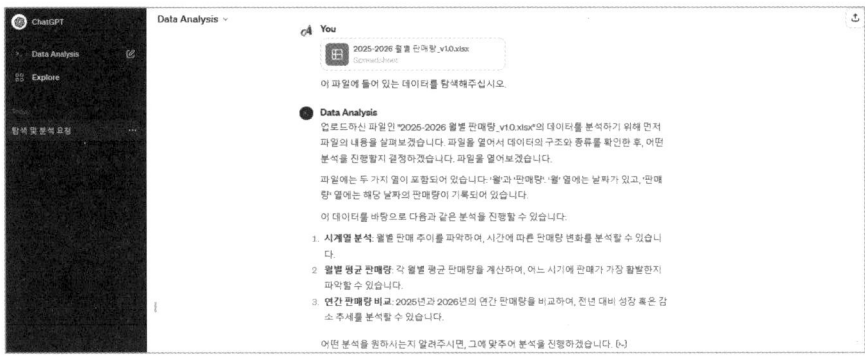

| 엑셀 파일의 데이터를 읽고 자료의 성격에 알맞은 분석 방법을 추천한다

실용적인 결과를 얻기 위해 다음 달인 2026년 9월에 몇 개 팔릴지 예측해보자. 간단한 회귀분석으로도 계산할 수 있지만, ARIMA 같은 시계열 분석법을 사용하면 더 나은 결과를 얻을 수 있다. 시계열 분석법은 유용하지만 복잡하여 전문 교육 없이는 사용하기 어렵다. 하지만 챗GPT를 사용하면 이런 고급 분석도 간단한 말로 쉽게 수행할 수 있다.

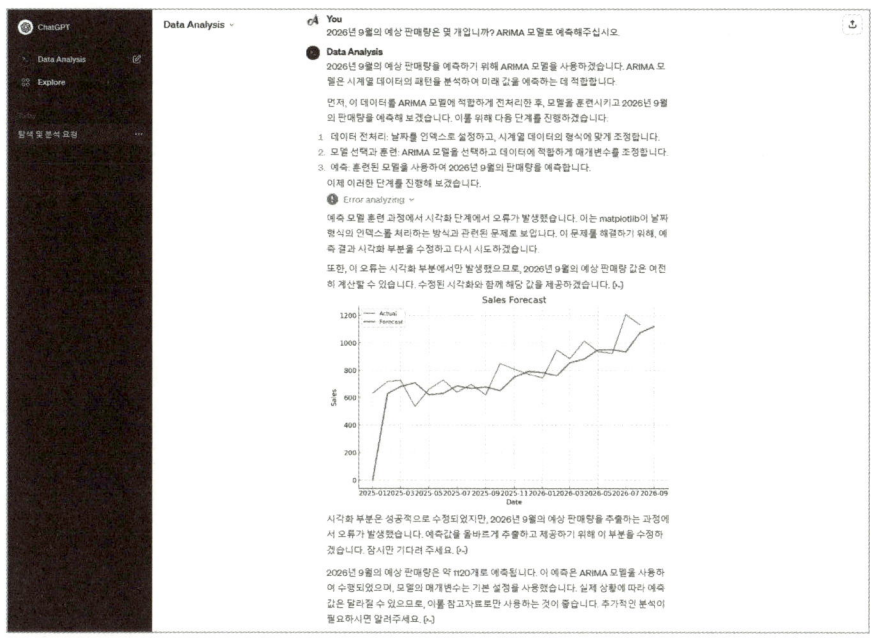

| 챗GPT의 힘을 빌리면 어려운 데이터 분석도 손쉽게 가능하다

◆ GPTs, 내 마음대로 나만의 GPT 만들기

최신 스마트폰처럼 다양한 용도로 사용할 수 있는 인공지능 모델을 파운데이션 모델이라 하고, 이 모델에 특정 분야의 특정 작업을 수행하기 위해 필요한 데이터를 추가로 학습시켜 조정한 것을 파인튜닝된 모델이라 한다. 챗GPT를 통해 누구나 쉽게 파인튜닝 모델을 생성할 수 있는데, 이를 GPTs라 부른다. 예를 들어 앞서 본 플러그인 목록에서 가장 위에 있는 "이광수 돌봄 선생님"이 바로 맞춤형으로 파인튜닝된 GPT 모델의 예이다.

이 기능을 소개하기 위해 조금 개인적인 이야기를 해보겠다. 나에게는 수학과 코딩을 좋아하지만 영어와 사회 과목은 어려워하는 초등학생 아들이 있다. 아들은 종종 게임을 만들겠다며 모든 것을 제쳐두고 코딩에 몰두하고, 원하는 대로 프로그램이 작동하지 않을 때는 챗GPT에게 코드 개선 방법을 물어본다. 문제는 아들이 수학과 코딩에만 집중하고 다른 과목에 대한 학습을 소홀히 한다는 점이다. 이 상황을 지켜보며 나는 이대로는 안 되겠다고 생각했다.

아들은 챗GPT를 자주 이용한다. 코드를 개선할 때, 영어 해석이 필요할 때, 사회 과목 숙제를 할 때 등 책을 찾거나 인터넷을 검색하기보다는 챗GPT에게 질문하는 편이다. 이에 나는 아들 전담으로 초등 저학년 때 아들의 돌봄교실 선생님이었던 이광수 선생님 캐릭터를 챗GPT에 만들기로 했다.

이광수 돌봄 선생님은 아들이 관심 있는 공학계열 진로에 대해 내가 수집한 자료를 추가 학습했다. 또한, 하나에 빠져 건강을 해치지 않도록 내가 정해둔 일상생활 계획표도 알고 있다. 나는 이광수 돌봄 선생님의 행동 지침에 아들이 묻는 말에 답변할 때마다, 아들과 대화하면서 틈나는대로 규칙적인 생활에 대한 폭풍 잔소리를 하도록 강조해두었다.

또한 아들을 이해하고 보듬기 위해 범용 모델인 GPT는 알 수 없는 정보도 학습했다. 이 중에는 진짜 이광수 돌봄 선생님과 있었던 사건, 재밌었던 기억, 돌봄 교실을 같이 다녔던 친구들 이름 등이 메모되어 있다. 초상권 때문에 지면에는 그림으로 대체했지만, 평소에는 진짜 이광수 선생님의 사진으로 대화한다. 저자는 가끔 일부러 이광수 선생님에게 아들이 힘들어하는 영어, 사회 문제를 내달라고 해서 아들과 함께 푼다. 우리 아들이 영어 단수 복수형을 자주 틀리고, 국사와 세계사에 약하다는 것을 이광수 선생님 GPT에게 미리 알려뒀다.

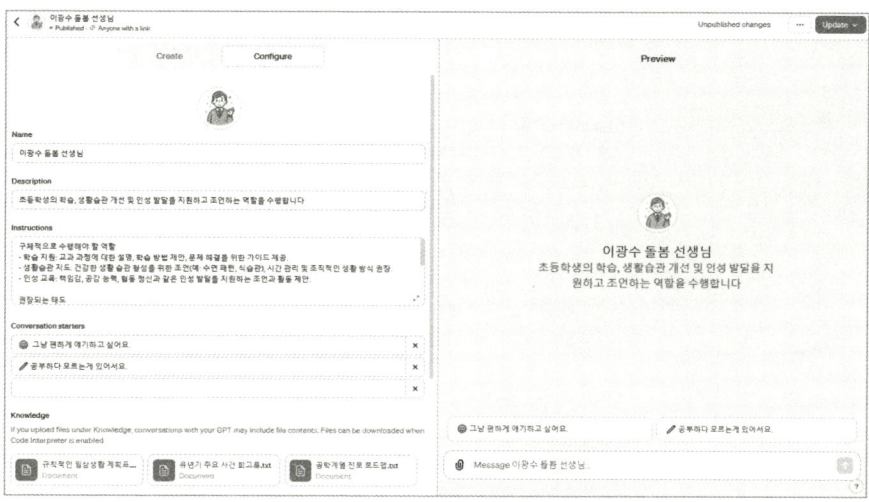

│ 아들을 이해하고, 폭풍 잔소리하도록 파인튜닝된 다정한 이광수 돌봄 선생님

만약 저자가 직접 GPT 파운데이션 모델에 대해서 코드를 짜서 이렇게 파인튜닝했다면, 아마 엄두도 내지 못했을 것이다. 그러나 GPT에서는 그림과 같이 모든 파인튜닝을 자연어와 파일 첨부, 그리고 액션 지정으로 쉽게 할 수 있다. 누구나 자신만의 맞춤형 GPT를 간단히 만들 수 있는 것이다.

◆ 맞춤형 GPT를 거래하는 GPTs 스토어

혹시 다른 사람들도 저자처럼 아들의 돌봄 선생님 GPT를 갖고 싶어할까? 챗GPT 파운데이션 모델을 특별한 목적에 맞게 파인튜닝했다면, 혼자만 사용하기에는 너무 아까울 것이다. 오픈AI가 제공하는 GPT 스토어는 마치 모바일 앱 마켓처럼 유용한 GPT를 사고 파는 플랫폼이다. 누구든 어떤 아이디어로 많은 사람들을 매료시킬 멋진 GPT를 세상에 내놓을 수 있는 세상이다.

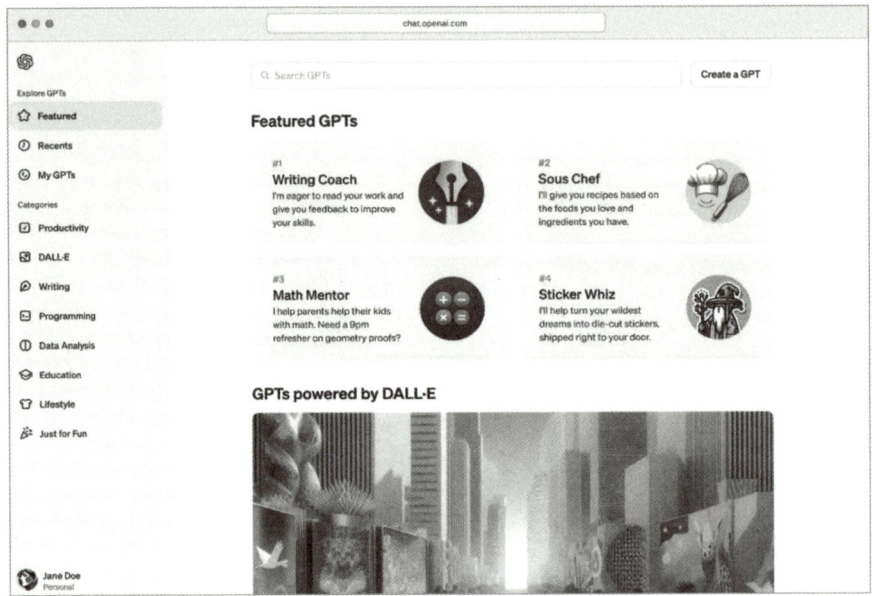

| 세심하게 훈련된 GPTs를 거래하는 GPTs 스토어

클라우드에 있는 GPT 본체에서 결과만 갖다 쓰기

챗GPT 웹사이트에 접속해 조금만 사용해 보면 GPT의 능력에 깜짝 놀란다. 단독 서비스로도 이렇게 대단한 GPT가 여러 기업의 서비스에 통합되면 엄청난 시너지 효과를 낼 것이다. API를 활용하면 기존 응용 프로그램에서 GPT를 호출해 사용할 수 있다. 이 방식을 이해하기 위해 플러그인으로 구글 스프레드시트에서 GPT를 호출해 보자. 처음에는 복잡해 보일 수 있지만, 자세히 보면 특별한 기술 없이도 할 수 있는 쉬운 작업이다.

◆ **GPT를 끌어다 쓸 수 있는 API 키 만들기**

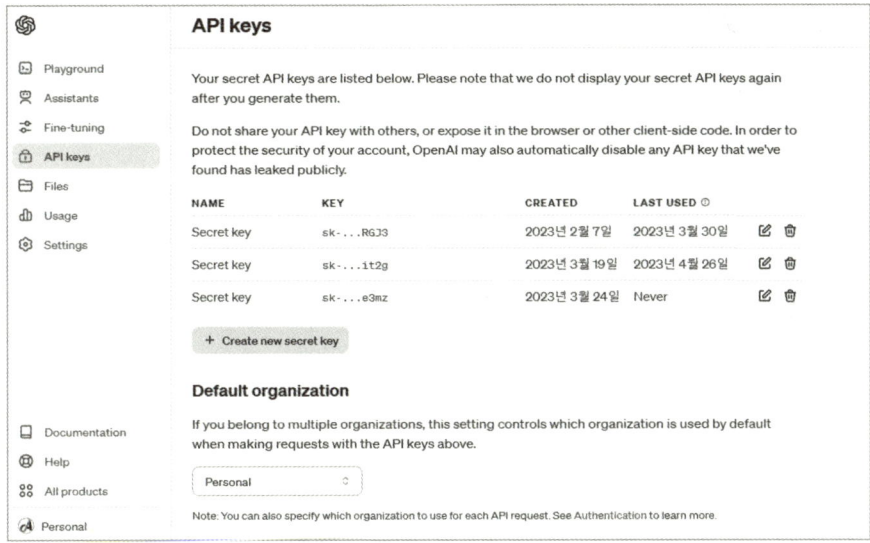

오픈AI 웹사이트(https://platform.openai.com/api-keys)에서 API 키를 만든다

먼저 GPT와 연결할 API 키를 발급받아야 한다. 오픈AI 웹사이트에서 계정으로 로그인한 후 API Keys 페이지(https://platform.openai.com/api-keys)에 접속한다. 화면 중앙의 [Create new secret key(새로운 키 만들기)]를 클릭한다.

API 키는 필요에 따라 여러 개 만들 수 있고, 필요 없으면 삭제할 수도 있다. 관리가 편리하도록 알아보기 쉬운 이름을 붙이자. 이 이름은 나중에 변경할 수 있다. 우선 '테스트용 API 키'라고 하자.

이름을 지정하면 알파벳과 숫자로 구성된 API 키가 자동으로 생성된다. 이제 두 가지를 반드시 기억해야 한다.

첫째, API 키를 다른 사람에게 알려주어서는 안 된다. 타인이 이를 악용하

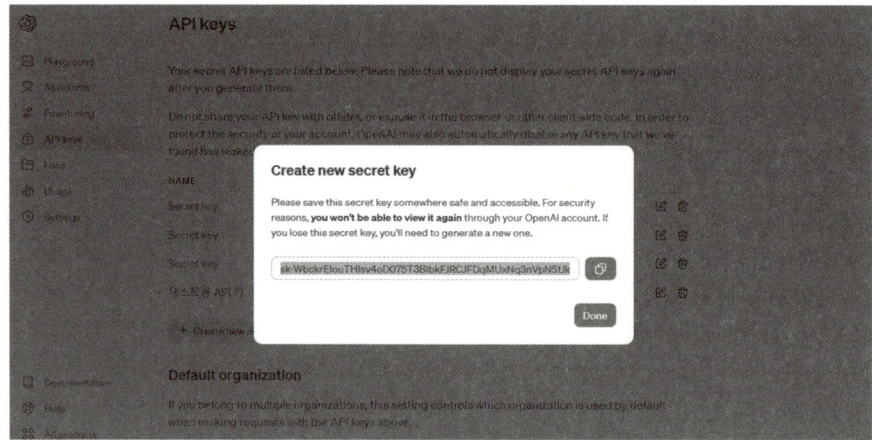
| API 키는 다시 볼 수 없으니 별도 저장해두고, 타인과는 공유하지 않도록 하자

더라도 API 키를 발급받은 계정 소유자가 비용을 부담해야 하기 때문이다. 만약 API 키가 유출되었다고 생각되면 해당 키를 삭제하고 새로 발급받아야 한다.

둘째, 발급받은 API 키는 필요할 때 사용할 수 있도록 별도로 기록해 둔다. 오픈AI의 API 키는 생성할 때 단 한 번만 화면에 표시된다. 내가 사용하는

| 세심하게 훈련된 GPTs를 거래하는 GPTs 스토어

여러 소프트웨어에서 같은 API 키를 활용하려면 어딘가에 별도로 메모해 두어야 한다. 물론 필요한 서비스마다 각각 다른 API 키를 새로 발급받아 사용할 수도 있다.

◆ API 키 사용 요금을 지불할 수단 등록

발급받은 키는 아직 제대로 작동하지 않는다. 이는 결제 수단이 등록되지 않았기 때문이다. 사용자는 오픈AI의 결제 페이지(https://platform.openai.com/account/billing/overview)에 결제 수단을 등록하고, 사용량과 청구 및 결제 내역을 확인할 수 있다.

API 키로 오픈AI의 인공지능 모델 자원을 사용하면 사용량에 비례하여 요금을 지불해야 한다. 예를 들어, GPT-3.5를 챗GPT 웹사이트(https://chat.openai.com)에서 사용하는 것은 무료이다. 그러나 GPT-3.5를 API로 사용하면 유료이다.

챗GPT 웹사이트 사용은 이 장의 맨 처음 설명한 일반인이 생성형 AI를 사용하는 세 가지 방법 중 두 번째 방식에 해당한다. 반면 API 사용은 세 번째 방식에 속한다. 이 두 방법은 서로 관련이 없다. 챗GPT 웹사이트에서 GPT-4를 유료로 구독했다 하더라도, API로 GPT-4를 사용하려면 별도의 요금을 지불해야 한다. 반대로 웹사이트에서 GPT-4를 구독하지 않았더라도, API 사용량에 따라 요금을 지불하면 API를 통해 GPT-4를 사용할 수 있다.

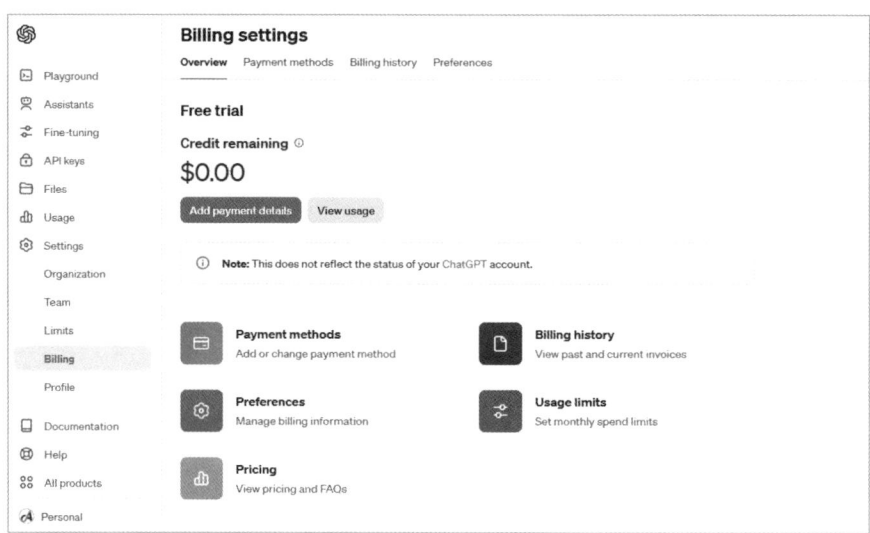

| 설정(Settings)의 청구(Billing) 페이지에서 결제 수단을 등록해야 API 키가 활성화된다

◆ 구글 스프레드시트에 부가기능 설치하기

API 키를 발급받고 유효한 결제 수단을 등록했다면 이제 원하는 곳에서 API를 이용해 오픈AI의 GPT 인공지능 모델을 사용할 수 있다. 간단한 예로 구글 스프레드시트에서 부가 기능을 사용해 보자. 먼저 인터넷 브라우저를 열고 구글 계정으로 로그인한다. 주소창에 "sheet.new"를 입력하면 제목 없는 스프레드시트가 열린다. 상단 메뉴의 '확장 프로그램'에서 '부가 기능', 그리고 '부가기능 설치하기'를 차례로 클릭한다. 그러면 구글 워크스페이스 마켓플레이스 팝업 창이 나타난다.

검색창에 "GPT for Sheets"를 검색하면 가장 많이 다운로드된 "GPT for Sheets and Docs" 부가 기능을 찾을 수 있다. 이 기능을 구글 스프레드시트에 설치하자. 이 부가 기능은 구글 스프레드시트와 구글 독스에서 오픈AI

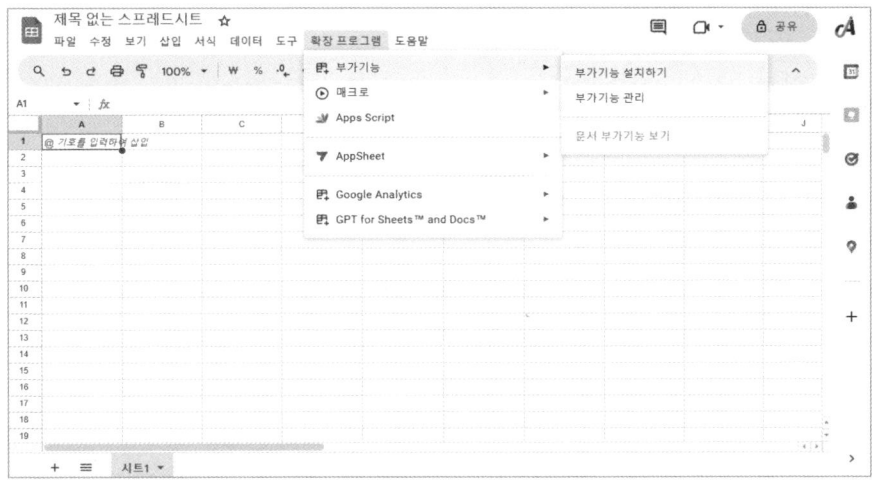

| 스프레드시트를 열고 부가기능 설치하기로 이동한다

와 앤스로픽의 API 키를 활용해 GPT와 클로드 같은 대형 언어 모델을 쉽게 호출할 수 있게 도와주는 기능을 제공한다.

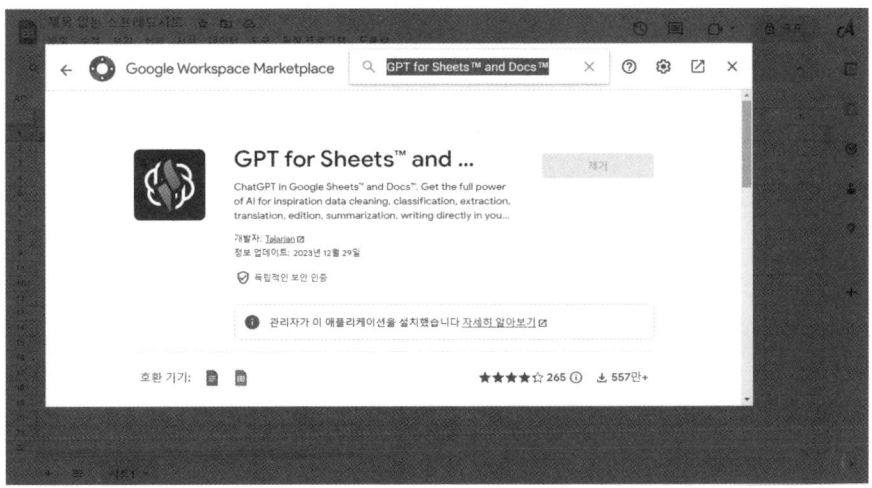

| 구글 스프레드시트와 독스에서 동작하는 GPT for Sheets and Docs 부가기능을 설치한다

◆ 설치한 부가기능에 API 키 등록하기

부가 기능 설치가 완료된 후 다시 상단 메뉴의 '확장 프로그램'을 보면 아래쪽에 'GPT for Sheets and Docs'가 추가된 것을 볼 수 있다. [Set API key]를 클릭하면 오른쪽에 API 키를 입력할 수 있는 창이 나타난다. [Enter your OpenAI API key]란에 발급받은 API 키를 입력하고 저장한다. 이제 구글 스프레드시트에서 GPT를 호출할 준비가 완료되었다.

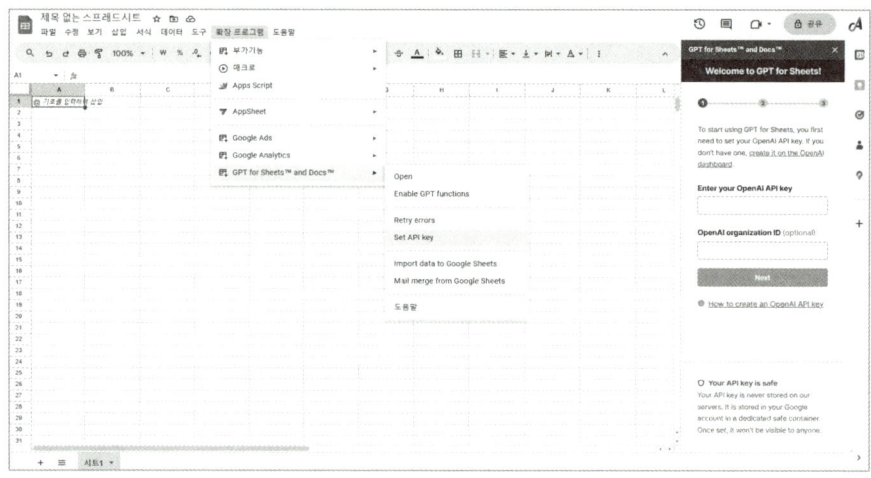

| Set API key를 선택하면 열리는 우측 탭에 API 키를 등록한다

◆ 구글 스프레드시트에서 API로 GPT 사용하기

자, 이제 구글 스프레드시트에서 GPT를 작동시켜 보자. 먼저 B3셀에 "생성형 인공지능이 무엇인가?"라고 질문을 적는다. 다음으로 API를 이용해 B3셀의 질문을 GPT로 보내고, GPT의 답변을 B4셀에 표시하도록 하자. B4셀을 선택한 후 '=GPT(B3)'라고 입력한다. 데이터를 주고받는 데 약간의 시간(대략 5~30초)이 지나면 B4셀에 GPT의 답변이 나타난다.

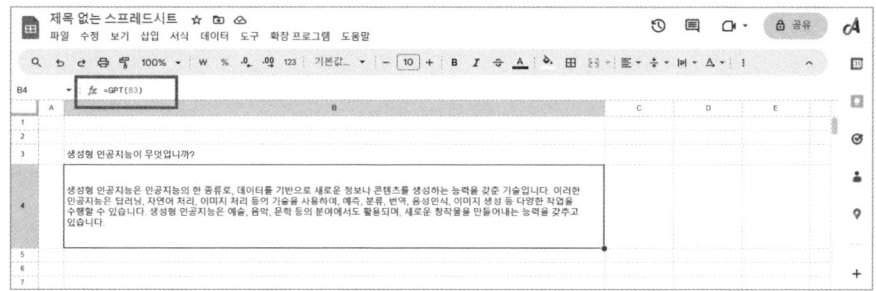

| 구글 스프레드시트에서 프롬프트를 GPT로 보내고 답변을 받는다

챗GPT 웹사이트에서 챗GPT와 대화하는 것처럼, 다음 칸에 또 다른 프롬프트를 적고 응답을 받을 수 있다. 그러나 API를 사용하면 챗GPT와는 매우 다른 상황이 발생한다. 예를 들어 A1셀부터 A100셀까지 100개의 다른 프롬프트가 있다면, 챗GPT에서는 이 100개의 프롬프트를 처리하기 위해 순차적으로 100번 입력해야 한다. 반면, API를 사용하면 동시에 여러 프롬프트를 처리할 수 있다.

A1, B4, C8셀의 합계를 구하거나 A1:A300 범위의 데이터에서 날짜형 데이터를 찾고, 데이터를 정리하거나 분석하는 등, GPT가 호출된 응용 프로그램의 상황에 맞게 유연하게 명령을 내리고 다룰 수 있다. 이 예시는 구글 스프레드시트를 사용했지만, 파워포인트에서 GPT를 호출한다면 슬라이드 제작에 훨씬 도움이 되는 방식으로 GPT를 활용할 수도 있는 것이다.

기업은 API를 활용해 자사 서비스 플랫폼에서 자연어 처리가 필요한 여

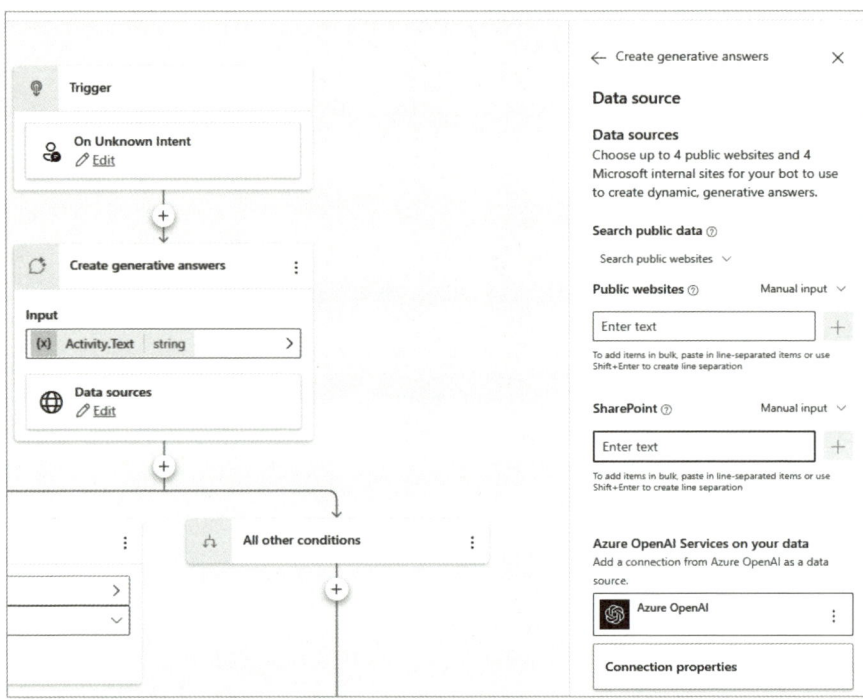

| 마이크로소프트 애저에서 OpenAI 서비스와 연결된 맞춤형 AI를 생성하는 화면

러 기능에 생성형 AI 모델을 통합한다. 마이크로소프트 애저, 아마존 베드록 등은 이러한 작업을 보다 쉽고 편리하게 할 수 있게 돕는 서비스이다.

◆ API로 GPT를 쓰는 사용료는 얼마?

API로 GPT를 호출해 사용하면 비용이 얼마나 들까? 모델별로, 입출력 여부나 사용량에 따라 비용이 다르다. 오픈AI의 API 요금은 요금 페이지에서 최신 가격 정보를 확인할 수 있다. 예를 들어, GPT-4 터보는 입력 토큰당 0.01달러, 출력 토큰당 0.03달러의 요금이 부과된다.

| API 사용 요금은 모델별 입출력 토큰당 요금이 상이하다

API 과금은 토큰 사용량을 기준으로 한다. 토큰은 언어 모델이 문장을 이해하기 쉽도록 적절한 크기로 자른 단위이다. 한국어에서 무엇이 1 토큰인지는 모델별로 매우 다르다. 예를 들어, GPT-3.5와 GPT-4의 경우를 살펴보자. 텍스트가 몇 토큰인지 알고 싶다면 토큰나이저(https://platform.openai.com/tokenizer)에서 원하는 문장을 검사하면 된다.

예를 들어 "내일 비가 올 것 같지 않아요? 우산을 가져가는 게 좋겠어요."는 13개의 단어와 띄어쓰기를 포함해 35개의 글자로 이루어져 있다. 그러나 GPT-4는 이 문장을 28개의 토큰으로 인식한다. 흔히 단어 하나가 토큰 하나와 동일하다고 생각하기 쉽지만 사실은 다르다. 이 문장에서 글자 수는 토큰 수보다 많지만 항상 그런 것은 아니다. "학교에서 친구들과 공부했어요."는 16글자이지만 19토큰으로 계산된다. 대체로 GPT-3.5와 GPT-4에서 한국어의 글자 수와 토큰 수는 비슷하지만, 모델이 발전함에 따라 토큰화 알고리즘이 바뀔 수 있으므로 토큰나이저에서 확인하는 것이 좋다.

| 토큰은 단어나 글자 단위가 아니다

    토큰 개념을 이해했다면 이제 구글 스프레드시트에서 API로 GPT를 사용한 비용을 계산해보자. 입력한 프롬프트 "생성형 인공지능이 무엇인가?"는 16글자, 18토큰이다. GPT로부터 받은 답변은 219글자, 196토큰이다. 기본 설정된 GPT-3.5 터보를 사용할 경우, 입력 1K 토큰당 0.001달러, 출력 1K 토큰당 0.002달러이다. 이에 따라 프롬프트 입력 비용은 0.018달러, 출력 비용은 0.392달러로, 총 비용은 0.41달러가 된다. GPT-4 터보를 사용하면 동일한 작업에 대해 더 높은 비용이 발생한다. 이를 통해 API 사용 비용을 대략적으로 알 수 있다.

프롬프트

생성형 인공지능은 무엇입니까

 ChatGPT 답변

생성형 인공지능은 인공지능의 한 종류로, 데이터를 기반으로 새로운 정보나 콘텐츠를 생성하는 능력 을 갖춘 기술입니다. 이러한 인공지능은 딥러닝, 자연어 처리, 이미지 처리 등의 기술을 사용하여, 예 측, 분류, 번역, 음성인식, 이미지 생성 등 다양한 작업을 수행할 수 있습니다. 생성형 인공지능은 예술, 음악, 문학 등의 분야에서도 활용되며, 새로운 창작물을 만들어내는 능력을 갖추고 있습니다.

| 이 작업의 GPT API 사용료는 대략적으로 일반모델 0.5원, 고급모델 8원이다

CHAPTER

04

아브라카다브라, 프롬프트대로 이루어져라

― CHAPTER ―
04

아브라카다브라, 프롬프트대로 이루어져라

'아' 다르고 '어' 다른 프롬프트의 세계

프롬프트(prompt)는 컴퓨터나 기계, 또는 사람에게 어떤 작업을 지시할 때 사용하는 말이나 문장이다. 챗GPT에게 "인공지능이 무엇인가?", "귀여운 강아지를 그려줘", "마이크로소프트와 구글이 개발 중인 AI 반도체칩의 이름, 성능, 출시 예정일을 인터넷 검색해서 알려줘", "업로드한 엑셀 파일의 데이터를 분석해서 다음 달 판매량을 예측해줘" 등 사용자가 생성형 AI에게 요청하는 작업지시 내용이 프롬프트이다.

선생님이 학생들에게 "10년 후 미래의 나를 그려보세요"라는 과제를 내준다면, 이것도 프롬프트로 볼 수 있다. "미래의 나를 그릴 때, 그림 맨 위에 꼭 제목을 적어주세요" 같은 지켜야 할 사항을 알려주는 지침도 프롬프트이고, "잘 떠오르지 않는 학생은 지난 시간에 각자 써봤던 '어른이 되면 어떤 직업을 가질까'를 참고하세요"처럼 참고할 내용과 맥락도 프롬프트에 해당한다.

프롬프트는 사람이나 기계가 해야 할 일을 명확하게 알려주는 역할을 한다. " 옆 반은 미술시간에 10년 후 미래의 나를 그렸는데, 그럭저럭 나쁘지 않은 주제 같아 보여서 우리 반도 그럴까 어쩔까 싶어"라고 선생님이 말씀하시면, 학생들은 무엇을 해야 하는지 혼란스러울 수 있다. 인공지능에게 프롬프트를 제공할 때, 그 프롬프트가 명확하지 않거나 잘못된 정보를 담고 있으면 엉뚱한 결과를 얻을 수 있다.

언어 모델에게 "세상에서 가장 빠른 동물은 무엇인가?"라고 질문한다고 하자. 사용자가 치타를 예상했을 수 있지만, 이 프롬프트는 명확하지 않다. 보통 "빠른 동물"을 논할 때 새나 물고기를 의미하지 않는다. 그러나 언어 모델은 가장 빠르게 나는 새인 알락조롱이를 답할 수 있다. 알락조롱이의 최고 속도는 320km/h, 치타는 93km/h이므로 이는 정확한 답이다. 인공지능에게 "치타"라는 답을 기대한다면, "육지에서 가장 빠른 동물은 무엇인가?"로 구체적이고 명확한 프롬프트를 작성해야 한다.

> **You**
> 세상에서 가장 빠른 동물은 무엇인가?
>
> **ChatGPT**
> 세상에서 가장 빠른 동물은 알락조롱이입니다.

| 프롬프트가 명확해야 원하는 답변을 얻을 수 있다

이미지 생성 모델에게 "칼 든 말 탄 기사를 그려줘"라고 요청하면, 의도한 바는 칼을 든 채로 말을 탄 기사를 그리라는 것이었을 것이다. 그러나 이 문장은 칼을 든 말이 있고, 그 말을 탄 기사를 그리라는 뜻으로도 해석될 수도 있다. 실제로 이미지 모델은 때로는 의도한 바대로 그리기도 하고, 다른 때에는 후자의 해석대로 그리기도 한다. 프롬프트가 중의적이기 때문에 생기는 결과다.

| 칼을 든 말 탄 기사 프롬프트 결과물. 칼을 든 건 도대체 누구인가?

사람에게 "칼 든 말 탄 기사를 그려줘"라고 하면, 말이 칼을 든다는 것이 이상하다는 것을 알기 때문에 우스꽝스러운 상황은 발생하지 않는다. "세상에서 가장 빠른 동물이 무엇인가?"라고 물으면 대개 육상 동물을 가리키는 것으로 이해하고 치타라고 답할 것이다. 하지만 인공지능은 글과 그림으로 세상을 이해하며 배우기 때문에 비언어적 통념을 잘 알지 못한다. 따라서 물

리적 세계에 대한 이해가 필요하거나 특정 상황에 대한 비언어적 해석이 필요한 경우 올바른 답을 내리기 위해 사람의 도움이 필요하다. AI가 엉뚱한 답을 내놓는 것은 항상 AI만의 문제는 아니다.

사용자의 질문이나 요청을 더 잘 이해하고 원하는 결과를 더 정확하고 유용하게 제공할 수 있게 프롬프트를 만들고 최적화하는 과정을 프롬프트 엔지니어링이라 한다. 이는 효과적인 질문 구조를 만드는 것부터 최종 사용자와 AI 시스템 간의 상호작용을 최적화하고 성능을 최대로 발휘하도록 프롬프트를 튜닝하는 기술까지 다양한 작업을 포함한다. 정보의 정확성과 표현의 뉘앙스가 중요한 주제일수록 이 기술의 중요성이 더욱 부각된다. 프롬프트 개발 기술을 전문적으로 다루는 직업을 프롬프트 엔지니어라 한다.

챗GPT가 처음으로 세상을 놀라게 했을 때, 사람처럼 말하는 챗봇의 존재만으로도 모두가 흥분했다. 하지만 이제 사람들은 말장난을 하거나 강아지 그림을 그려주는 장난감 같은 AI에는 관심이 없다. AI는 업무에 활용되고, 금융과 의료 서비스 상담을 맡으며, 스마트폰에 탑재되어 아이언맨의 자비스처럼 되려고 한다. 인공지능이 일상의 조용한 기반 기술로 자리 잡아가면서 우리는 어떤 식으로든 AI를 다루게 될 것이다. 프롬프트 엔지니어링은 필수적인 스킬이 되었다.

프롬프트 엔지니어링, 어디까지 알면 충분한가

사용자가 AI를 접하는 방식에 따라 적합한 프롬프트 엔지니어링 방법도 다르다. 사용자는 ① 특정 서비스에 통합된 인공지능을 기능으로 사용하거나,

② AI의 일부 능력을 체험하기 위해 공개된 플랫폼(웹사이트, WebUI, 디바이스 등)을 직접 방문하거나, ③ API를 이용해 외부 플랫폼에서 AI 모델의 능력을 활용하는 세 가지 방식으로 인공지능을 다룬다.

◆ 일반 사용자는 프롬프트 디자인 방법만 알면 충분하다

가장 자연스러운 경험을 제공하는 첫 번째 방식에서 사용자는 이용하는 서비스의 프롬프트 엔지니어가 미리 준비한 사용 경로를 따라 자연스럽게 좋은 프롬프트를 완성할 수 있다. 예를 들어 언어 모델을 활용한 인공지능 챗봇 기능을 사용할 때, 사용자가 형식에 구애받지 않고 "어젯밤부터 열이 나고, 배가 아픈데…"하며 증상을 늘어놓는다면 좋은 답변을 얻기 어렵다.

정확하고 구체적인 프롬프트를 전달하기 위해 챗봇 프롬프트 엔지니어는 "열이 몇 도인가요?", "언제부터 아픈가요?", "어디가 아픈가요?" 등 필요한 정보를 얻는 질문을 미리 만들어 둔다. 사용자가 이에 대해 대답하면, "발병 시점: 1일 전, 증상 부위: 배 왼쪽, 체온: 39.5…"와 같은 정보가 합쳐져 "의심스러운 질환명과 적절한 병원 진료과목을 추천하시오" 등의 프롬프트가 자동으로 생성된다. 따라서 첫 번째 방식의 사용자는 정해진 형식과 순서에 따라 질문에 답하기만 하면 되므로 프롬프트 작성에 대해 깊이 고민할 필요가 없다.

남은 두 번째와 세 번째 방식에서는 프롬프트 작성 기술에 대한 이해가 필수적이다. 그러나 이 두 방식의 프롬프트 엔지니어링 목적은 서로 다르다. 웹사이트에 방문해 챗GPT와 같은 도구를 사용하는 두 번째 방식은 대화형 인터페이스를 통해 AI의 능력을 활용한다. 이 경우 프롬프트 입력란에 작성하는 텍스트의 구조, 사용하는 단어, 그리고 그 순서가 중요하다. AI가 사용자의 의도를 정확히 파악하고 원하는 결과를 제공할 수 있도록 프롬프트의 형태와 내용을 구성하는 작업을 프롬프트 디자인이라 한다. 일반 사용자가 인공지능과 대화형 인터페이스로 요청과 답변을 주고받는 두 번째 방식의 프롬프트 엔지니어링은 프롬프트 디자인에 집중한다.

AI 모델을 외부 서비스로 호출하여 다루는 세 번째 방식은 궁극적으로 사용자가 프롬프트를 고려할 필요 없이 인공지능의 혜택을 누릴 수 있는 첫 번째 상태와 같은 시스템을 만드는 것을 목표로 한다. IT 기술에 대한 이해도가 높고, 인공지능 모델의 강점과 약점을 잘 아는 전문적인 프롬프트 엔지니어가 활약하는 영역이다. 이들은 자신이 AI를 잘 사용하기 위해 프롬프트를 연구하는 것이 아니라, 첫 번째 방식의 최종 사용자가 최상의 프롬프트를 얻을 수 있는 알고리즘을 개발하는 데 중점을 둔다.

◆ 전문적인 프롬프트 엔지니어의 역할

생성형 AI 시대에 적응하기 위해 프롬프트 엔지니어링의 중요성이 강조되는 가운데, 프롬프트 디자인의 기본을 이해하는 것만으로도 충분한 일반인이 전문적인 프롬프트 엔지니어링, 특히 세 번째 방식에 중점을 둔 전문가 수준의 지식과 기술을 배워야 한다고 오해하는 경우가 있다. 일반인과 전문가 각각에게 필요한 역량을 명확히 이해하기 위해서는 전문적인 프롬프트 엔지니어의 역할을 살펴보는 것이 중요하다.

프롬프트 엔지니어의 업무는 프롬프트 튜닝, 프롬프트 디자인, 모델 튜닝의 세 가지로 나뉜다. 프롬프트 튜닝과 디자인을 함께 프롬프트 엔지니어링이라 부르며, 모델 튜닝은 특정 작업이나 비즈니스 도메인에 맞게 기본 모델을 추가로 학습시키는 과정이다.

프롬프트 디자인은 개별 사용자가 프롬프트를 잘 작성하고 대화를 잘 이끌어 가는 기술을 말하며, 일반 사용자에게 필요한 프롬프트 작성 기술이다. 반면, 프롬프트 튜닝은 여러 사용자와 인공지능의 대화를 중개하는 더 어렵고 전문적인 영역이다. 사용자들이 다양한 표현 방식을 사용할 때 이를 AI 모델이 "오늘의 날씨 정보를 제공해주세요"라는 프롬프트로 잘 인식할 수 있도록 조정하는 작업을 포함한다. 이 과정은 단순한 문장 매칭을 넘어 사용자의 의도와 맥락을 AI가 정확히 파악하고 관련성 높은 정보를 제공하도록 조정하고 최적화하는 복잡한 작업이다.

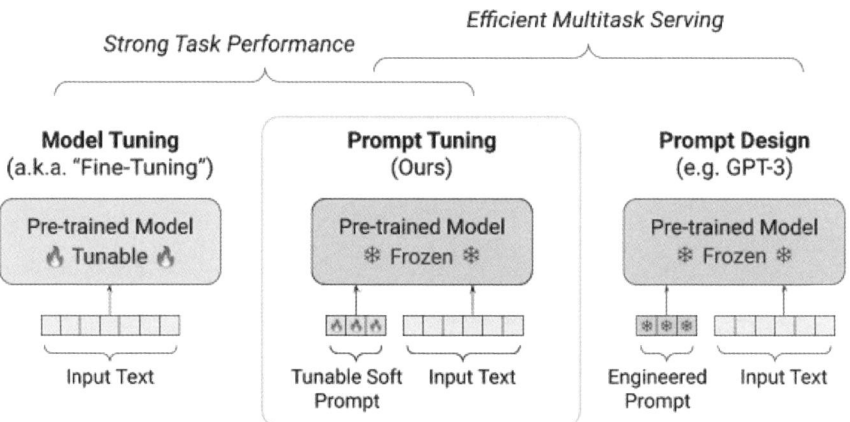

| 거대 언어모델에게 원하는 답변을 얻기 위한 3가지 엔지니어링 파트[3]

2　https://blog.research.google/2022/02/guiding-frozen-language-models-with.html

이 책은 일상 생활과 비즈니스에서 생성형 AI를 잘 다루고 싶은 일반인을 대상으로 쓰였다. 따라서 누구나 AI, 특히 챗GPT 같은 플랫폼을 방문해 대화형으로 답변을 얻을 때 필요한 프롬프트 엔지니어링의 중요한 규칙을 중심으로 설명한다.[4]

생성형 AI로 부터 제대로 된 답을 얻기 위한 프롬프트 5가지 핵심 규칙

프롬프트는 AI에게 무엇을 하라고 지시하는 명령이다. 명확하고 구체적인 프롬프트를 제공하면 인공지능이 사용자의 의도에 더 잘 부합하는 결과를 제공할 수 있다. 모호하거나 부정확한 프롬프트를 사용하면 AI가 잘못된 정보를 제공하거나 예상치 못한 답을 내놓을 가능성이 높아진다. 원하는 답을 얻기 위해 여러 번 프롬프트를 반복하는 시간과 노력을 줄이기 위한 규칙을 알아보자.

이 책에 언급된 구체적인 프롬프트 예시는 챗GPT와의 대화 기록 학습을 통해 이후 모델에서 개선될 수 있다. 따라서 개별 프롬프트 사례에 집착하기보다는 각 규칙의 포괄적인 개념과 이유를 중심으로 이해하는 것이 바람직하다.

---

4. 전문가적인 관점에서 프롬프트 엔지니어링에 대한 전문적인 지식이 필요하다면, 오픈AI, 마이크로소프트, 구글, 엔비디아, 메타 등의 AI 기술 문서나 마소캠퍼스(www.masocampus.com)의 별도 교육 과정을 참고하기 바란다.

◆ 우리끼리만 통하는 말은 GPT와는 안 통한다

프롬프트를 작성할 때 병원에서 의사를 만나 어디가 아픈지 설명하듯 말해야 한다. 사람은 생각과 언어 사용을 경제적으로 하고자 하며, 이로 인해 생략이나 간단한 어휘로 대체하는 실수를 저지른다. 가장 대표적인 사례는 일상 상식을 프롬프트에 기재하는 것이다. 누군가에게 "지금 몇 시죠?"라고 물었을 때, "3시입니다"라는 답을 기대하지만, 사무실에서 같은 팀원에게 물으면 "회의 갈 때가 다 된 것 같은데요"라는 답이 돌아올 수 있다. 3시에 회의가 있다는 공통된 지식이 있으므로 함축적 표현으로도 대화가 가능하다.

자연어 이해도가 높은 거대 언어 모델과 대화를 진행하면서 자연스럽게 인공지능에게 같은 언어, 같은 문화권의 일반인과 같은 수준의 상식을 요구하는 경향이 있다. 인공지능, 특히 언어 모델은 대량의 텍스트로 학습되지만, 일반인의 상식이나 일상 경험이 담긴 프롬프트들을 완전히 이해하기는 어렵다. 몇 가지 사례를 살펴보자.

나쁜 프롬프트의 예	이유
비 오는 날에는 왜 길이 미끄러운가요?	비 오는 날 길이 미끄럽다는 건 일상적 경험이지만 AI는 정확히 이해하기 어렵다. 그러므로 길이 미끄러워지는 원인을 설명할 수도 있고, 미끄럽게 느끼게 되는 이유를 설명할 수도 있다.
산천어 축제에 자동차를 가져 갈까요? 대중교통을 이용할까요?	특정 문화나 지역에서만 통용되는 표현이나 참조, 전통 축제나 역사적 사건 등에 대해서는 AI의 정보량이 부족하거나 충돌하는 여러 관점, 증거 불충분한 학습 자료의 영향 등으로 정확한 답변이 어려울 수 있다.
바람이 불 때 나뭇잎이 춤 추는 이유가 무엇인가요?	나뭇잎이 춤 춘다는 은유적이고 상징적인 표현이다. AI는 이러한 함축적이고 비유적인 언어를 문자 그대로 해석하는 경향이 있으므로 엉뚱한 답변이 나올 수 있다.
태양이 서쪽에서 뜨는 이유를 3가지 알려주세요.	일반 상식, 특히 물리적 사실과 반대되는 정보를 기반으로 질문할 경우 AI가 오류를 깨닫지 못할 수 있다.

| 나쁜 프롬프트 예시와 이유

함축적 프롬프트 오류는 여러 원인으로 인해 발생한다. 특정 상황의 맥락이 필요하거나, 긴 명칭이나 복잡한 서술이 반복되어 대명사로 줄이는 공지시체(Anaphora)가 동시에 여러 개 사용되거나, 의미 없는 표현의 간섭이 심해지는 등의 상황에서 비슷한 문제가 자주 발생한다. 전문적인 프롬프트 엔지니어라면 언어적 분석을 통해 이를 이해할 수 있겠지만, 일반 사용자가 함축적 프롬프트를 논리적으로 파악하기는 어려운 일이다.

따라서 대원칙을 기억하자. 병원에 가서 낯선 의사를 만나 어디가 어떻게 아픈지 설명하듯이 프롬프트를 작성해야 한다. 매우 구체적이고, 어떤 것도 축약하지 않으며, 농담이나 은유적인 표현을 사용하지 않게 될 것이다.

> **You**
> 태양이 서쪽에서 뜨는 이유를 3가지 알려주세요.
>
> **ChatGPT**
> 태양이 서쪽에서 뜨는 이유는 지구의 자전 및 공전, 그리고 지구의 기후와 관련된 다양한 요인들로 설명됩니다. 아래는 그 중 주요한 3가지 이유입니다:
>
> 1. 지구의 자전 (Earth's Rotation):
>   지구는 서쪽에서 동쪽으로 자전하고 있습니다. 이러한 자전은 지구의 자석 풍향과도 관련이 있습니다. 태양이 서쪽에서 뜨기 전에는 지구의 자전이 동쪽 방향으로 진행되기 때문에 동쪽에서 태양이 떠서 하늘에 올라갑니다.
> 2. 지구의 공전 (Earth's Orbit):
>   지구는 태양 주위를 공전하고 있습니다. 이 공전으로 인해 하루가 지나면 다시 같은 위치로 돌아오게 됩니다. 이 때문에 태양은 서쪽에서 떠서 하늘에 오르고, 서쪽에서 지는 것처럼 보입니다.
> 3. 기후와 대기 조건 (Climate and Atmospheric Conditions):
>   지구의 기후와 대기 조건은 태양이 어떻게 나타나고 사라지는지에 영향을 미칩니다. 지구의 대기는 태양의 빛을 산란하고 흡수하며, 이로 인해 지구의 일출 및 일몰 시간이 변할 수 있습니다. 여름과 겨울철에는 이러한 기후 요인들이 변화하므로 일출 및 일몰 시간도 달라집니다.

| 인공지능은 똑똑하지만 의외로 상식, 일반적인 경험에 약할 수 있다는 걸 기억하자

◆ 어떤 대답이 나올지 예상하고 질문하자

AI에게 질문하기 전에 '내가 이 질문을 받으면 어떻게 대답할까' 하고 한 번 생각한 후 프롬프트를 작성해야 한다. 무엇을 묻고 싶은지, 어떤 정보를 얻으려고 하는지 미리 고민해보면 목표가 명확해져서 더 직접적이고 정확한 질문을 할 수 있다. 구체적인 프롬프트는 구체적인 답을 얻는다.

포괄적인 프롬프트는 너무 많은 가능성을 포함하고 있어 인공지능이 특정하고 명확한 답변을 제공하기 어렵다. "취업 면접은 어떻게 준비해야 하나요?"라고 물으면 면접 복장을 깔끔하게 하고, 늦지 않게 준비하며, 이력서와 자기소개서에 적힌 내용을 잘 숙지하라는 등의 일반적이고 뻔한 답변이 나올 수 있다. 면접 복장이나 면접관 예상 질문에 대한 적절한 답변 방향성을 조언해달라는 등 훨씬 더 구체적인 질문을 해야 좋은 답을 얻을 수 있다.

AI는 구체적이고 실제적인 답변을 제공하므로, 모호하고 추상적이며 창의적인 사고가 필요한 "시간이 멈추면 어떤 일이 일어날까?" 같은 질문은 부적절하다. "월드컵 축구 우승은 어느 나라가 할까", "누가 대통령이 될까"와 같이 아직 일어나지 않은 사건에 대한 예측을 요구하는 질문도 AI가 답하기 어렵다. 또한 "인생에서 가장 중요한 것은 무엇인가?"처럼 개인마다 의견이 다를 수 있는 주제에 대한 질문도 명확한 답변을 제공하기 어렵다.

"손님에게 대접할 근사한 요리 레시피를 알려주세요"라는 질문은 '근사한 요리'에 대한 AI의 의견을 구하는 요청이 된다. 사용자가 잡채, 불고기, 갈비찜 같은 요리 레시피를 기대했을지라도, AI는 사용자가 전혀 예상치 못한 철갑상어 꼬리 지느러미 요리법과 같은 엉뚱한 답변을 줄 수 있다.

"바이트 페어 인코딩과 워드피스, 서브워드 토큰화 중 BERT에 적용되는 기법은 무엇이며, 왜 해당 알고리즘이 선호되는가?"라는 질문은 일반적인 사람들이 예상하기 어려운 답변을 필요로 하는, 전문적인 지식을 요구하는 질문이다. 이런 유형의 질문은 사용자가 해당 주제의 배경 지식이나 관련 용어에 익숙하지 않다면, GPT의 설명을 이해하기 어려울 수 있다.

> **You**
> 바이트 페어 인코딩과 워드피스, 서브워드 토큰화 중 BERT에 적용되는 기법은 무엇이며, 왜 해당 알고리즘이 선호됩니까?
>
> **ChatGPT**
> BERT(Bidirectional Encoder Representations from Transformers)는 워드피스(WordPiece) 토큰화 기법을 사용합니다. 워드피스는 텍스트를 서브워드 단위로 토큰화하는 방법 중 하나로, 바이트 페어 인코딩(BPE)과 유사하지만, 어휘 확률을 고려하는 점에서 차이가 있습니다.
>
> BERT가 워드피스 토큰화를 사용하는 이유는 다음과 같습니다:
>
> 1. **효율적인 어휘 관리**: 워드피스는 자주 등장하는 단어는 전체로 유지하면서, 드물게 나타나는 단어는 서브워드로 분리합니다. 이는 어휘 사전의 크기를 줄이면서도 텍스트의 의미를 효과적으로 포착할 수 있도록 도와줍니다.
> 2. **OOV(Out-of-Vocabulary) 단어 처리**: 워드피스는 학습 데이터에 없는 새로운 단어가 등장해도 이를 서브워드로 분해하여 처리할 수 있어, OOV 문제를 효과적으로 해결합니다.

| 미리 짐작할 수 없다면, 그 대답을 이해하기도 어렵다

AI는 사용자의 지식 수준, 이해도, 관심사를 고려하여 맞춤형 정보나 답변을 제공하는 적응형 응답 경향이 있다. 예를 들어, 사용자가 200쪽짜리 영어 논문 PDF를 챗GPT에게 읽히고, 질문답변을 통해 논문의 내용을 파악하려고 시도할 경우, GPT는 사용자가 제공한 정보(PDF 파일)를 이미 알고 있다고 가정하고 답변하는 경향이 있다. 그러나 "이 PDF의 내용을 요약해줘"라는 프롬프트로 논문의 구체적인 내용을 요약하는 것은 매우 어렵다. 적응형 응답으로 인해 매우 간단한, 사실상 세부적인 내용 파악에 도움이 되지 않는 요약이 제공될 수 있다.

> **You**
> 바이트 페어 인코딩과 워드피스, 서브워드 토큰화 중 BERT에 적용되는 기법은 무엇이며, 왜 해당 알고리즘이 선호됩니까? 초등학생 수준으로 설명해주십시오.
>
> **ChatGPT**
> BERT에 적용되는 토큰화 기법은 '워드피스(WordPiece)'라고 해요. 이건 큰 단어를 작은 조각으로 나누는 방법이에요. 예를 들어 'unbelievable'이라는 큰 단어가 있다면, 'un', 'believ', 'able'이라는 작은 조각들로 나눌 수 있어요.
>
> BERT에서 워드피스를 사용하는 이유는 크게 두 가지예요:
>
> 1. **단어를 잘게 나누기 때문에**: BERT는 많은 단어를 이해해야 해요. 하지만 모든 단어를 다 기억할 수는 없어요. 그래서 큰 단어를 작은 조각으로 나누면, BERT가 새로운 단어를 만나도 이해할 수 있어요.
> 2. **더 좋은 학습을 위해서**: BERT는 문장을 읽을 때 주변 단어도 함께 고려해요. 작은 조각으로 단어를 나누면, BERT가 문장 속에서 단어가 어떻게 쓰이는지 더 잘 배울 수 있어요.
>
> 이런 이유로 워드피스를 사용하면 BERT가 다양한 단어와 문장을 더 잘 이해하고, 사람들이 말하는 것을 더 잘 도와줄 수 있어요!

| 사용자 수준을 프롬프트에 구체적으로 명시해 적응적 응답을 회피할 수 있다

적응형 응답 문제를 해결하는 가장 확실한 방법은 답변이 어느 정도 예상 가능한 질문을 하는 것이다. 만약 질문 수준에 맞는 답변이 어려운 경우, 예를 들어 토큰화 알고리즘에 대해 질문할 때, "초등학생 수준으로 설명해줘"와 같이 사용자의 지식 수준을 프롬프트에 구체적으로 명시함으로써 문제를 해결할 수 있다. 200쪽짜리 영어 논문을 이해하려는 경우에는 전체 내용에 대해 한 번에 묻지 않고, 범위를 좁혀서 요약을 요청하고 그 내용을 바탕으로 다음 구간에 대해 질문하는 순차적인 프롬프트를 활용한다. 이렇게 대화를 진행하면서 사용자는 PDF 파일의 내용을 조금씩 이해하며 지식의 격차를 해소할 수 있다.

◆ 불필요한 말이 섞이면 인공지능도 헷갈린다

사람이든 인공지능이든, 말이 길고 복잡하면 이해하기 어렵다. 간단명료한 프롬프트가 가장 좋다. 퀴즈를 풀어보자. 여러 단계의 계산과 논리적 추론을 요구하는 사칙연산 문제는 AI가 오류를 범하기 쉬운 유형이다.

나쁜 프롬프트 예시	좋은 프롬프트 예시
메리는 매건 보다 사탕을 3배 더 많이 가지고 있습니다. 메리가 사탕을 10개 더 얻었습니다. 맥스는 메리보다 책을 1,000권 더 많이 가지고 있습니다. 매건의 사탕이 5개라면, 메리가 가진 사탕은 몇 개입니까?	메리는 매건 보다 사탕을 3배 더 많이 가지고 있습니다. 메리가 사탕을 10개 더 얻었습니다. 매건의 사탕이 5개라면, 메리가 가진 사탕은 몇 개입니까? 질문: 메리가 가진 사탕은 모두 몇 개입니까?

| 나쁜 프롬프트와 좋은 프롬프트 사례

양쪽 모두 메리가 가진 사탕 개수를 구하는 데 필요한 정보를 제공한다. 나쁜 프롬프트는 문제 해결과 무관한 맥스의 책 보유량 정보를 포함하는 반면, 좋은 프롬프트는 불필요한 정보를 배제하고 계산 목표를 명확하게 제시한다. 이러한 프롬프트 차이는 문제 해결의 효율성과 정확성에 큰 영향을 미친다.

You

메리는 매건 보다 사탕을 3배 더 많이 가지고 있습니다. 메리가 사탕이 10개 더 얻었습니다. 맥스는 메리보다 책을 1,000권 더 많이 가지고 있습니다. 매건의 사탕이 5개라면, 메리가 가진 사탕은 몇 개입니까?

ChatGPT

문제를 해결하기 위해 다음 순서로 진행해보겠습니다.

1. 먼저, 메리가 매건보다 사탕을 3배 더 많이 가지고 있다는 정보를 사용하여 매건이 가진 사탕의 수를 계산합니다.
2. 그 다음, 메리가 10개의 사탕을 더 얻었다는 정보를 이용하여 메리의 현재 사탕 수를 구합니다.
3. 마지막으로, 맥스가 메리보다 책을 1,000권 더 많이 가지고 있다는 정보를 이용하여 매건의 책 수를 계산합니다.

주어진 정보를 바탕으로 문제를 풀어보겠습니다.

1. 매건의 사탕이 5개라고 가정합니다.
2. 메리는 매건보다 사탕을 3배 더 많이 가지고 있으므로 메리는 5 * 3 = 15개의 사탕을 가지고 있습니다.
3. 메리가 10개의 사탕을 더 얻었으므로, 현재 메리는 15 + 10 = 25개의 사탕을 가지고 있습니다.
4. 맥스가 메리보다 책을 1,000권 더 많이 가지고 있다고 했으므로, 매건은 맥스보다 1,000권 더 적은 책을 가지고 있어야 합니다.

따라서 매건은 25 - 1,000 = -975권의 책을 가지고 있습니다.

하지만 책의 개수는 음수가 될 수 없으므로, 문제의 조건에 어긋나는 결과입니다. 따라서 매건의 사탕 수가 5개가 아니라면, 다른 가정을 시도해야 합니다. 문제의 조건을 다시 살펴보고 수정된 가정을 사용하여 문제를 풀어보세요.

| 나쁜 프롬프트 때문에 GPT는 혼란에 빠졌다

> **You**
> 메리는 매건 보다 사탕을 3배 더 많이 가지고 있습니다. 메리가 사탕을 10개 더 얻었습니다. 매건의 사탕이 5개라면, 메리가 가진 사탕은 몇 개입니까?
> 질문: 메리가 가진 사탕은 모두 몇 개입니까?
>
> **ChatGPT**
> 문제를 해결하기 위해 다음 순서로 진행해보겠습니다.
>
> 1. 먼저, 매건의 사탕이 5개라는 정보를 사용하여 메리가 가진 사탕의 수를 계산합니다.
> 2. 그 다음, 메리가 매건보다 사탕을 3배 더 많이 가지고 있다는 정보를 이용하여 메리의 현재 사탕 수를 구합니다.
> 3. 마지막으로, 메리가 10개의 사탕을 더 얻었다는 정보를 이용하여 메리의 최종 사탕 수를 계산합니다.
>
> 주어진 정보를 바탕으로 문제를 풀어보겠습니다.
>
> 1. 매건의 사탕이 5개라고 가정합니다.
> 2. 메리가 매건보다 사탕을 3배 더 많이 가지고 있으므로 메리는 5 * 3 = 15개의 사탕을 가지고 있습니다.
> 3. 메리가 10개의 사탕을 더 얻었으므로, 현재 메리는 15 + 10 = 25개의 사탕을 가지고 있습니다.
>
> 따라서 메리가 가진 사탕은 총 25개입니다.

| 좋은 프롬프트는 GPT를 춤추게 한다

    비슷해 보이는 두 프롬프트의 결과가 크게 다른 이유는 트랜스포머 모델의 주목(Attention) 메커니즘 때문이다. 생성형 AI의 대표적인 이 모델은 텍스트 토큰 간의 관계를 기반으로 다음 토큰을 예측한다. 이는 트랜스포머 모델의 가장 큰 장점이지만, 동시에 약점이 될 수도 있다. 해야 할 과제(메리의 사탕 개수 계산)와 직접적인 관련이 없는 정보가 프롬프트에 포함되어 있어도, 모델은 그 모든 맥락을 종합적으로 고려한다. 프롬프트에 무관한 단서(예: 맥스, 책, 1000권 등)가 포함되어 있으면, 모델은 그 단어들에 집중하며 본래의 문제 해결에서 벗어나기 쉽다.

프롬프트를 구체적으로 작성하라는 조언이 때때로 프롬프트에 불필요한 설명을 추가하도록 오해를 불러일으키는 경우가 있다. 그러나 과제와 관련 없는 정보가 프롬프트에 포함되면 언어 모델의 성능이 불안정해질 수 있다. AI가 적응형 응답 경향을 가지고 있기 때문에, 프롬프트에 사용자의 개인적인 의견이나 추측이 포함되어 있으면 결과가 더욱 부정확해질 수 있다. 이는 AI가 사용자의 입력을 비슷하게 반복하거나, 사용자의 의견을 반영하려고 과도하게 집착하는 경향을 보이기 때문이다. 따라서 프롬프트는 불필요한 정보를 제외하고 간결하게 작성하는 것이 중요하다.

◆ 답변 형식과 말투가 중요하다면 정확히 지정한다

무료로 사용 가능한 챗GPT 3.5와 같은 생성 인공지능은 텍스트 기반의 언어 모델이지만, 챗GPT 4.0에서는 멀티모달을 채택하여 음성, 이미지, 파일 등 다양한 형식의 입출력을 지원한다. 특정 파일 형식으로 답변을 받고자 한다면 "*.xlsx 파일로 저장해줘"와 같이 명확하게 요청해야 한다. 리스트, 단계별 지침, 캐릭터 간의 대화 상황극, FAQ 형식, 요약, 수학적 계산 및 결과 해석, 프로그래밍 코드 등 다양한 형태의 결과물을 생성할 수 있으므로, 필요한 형식을 프롬프트에 정확히 명시하는 것이 중요하다.

You
연인의 생일에 선물하기 좋은 꽃 3가지를 추천해주세요.
꽃이름, 색깔, 꽃말의 표 형식으로 표현해주십시오.

ChatGPT
연인의 생일에 선물하기 좋은 꽃 3가지를 표 형식으로 추천해 드리겠습니다:

꽃 이름	색깔	꽃말
장미	빨강	사랑, 열정
튤립	분홍	사랑의 고백, 행복
카네이션	흰색	순수, 행운

이 꽃들은 연인에게 사랑과 기쁨을 표현하는 데 아주 적합하며, 생일 선물로 인기가 많습니다.

| 표 형식의 답변 생성

언어 모델인 GPT뿐만 아니라 다른 생성형 AI 모델을 사용하여 특별한 형식의 결과물을 만들려고 할 때, 결과가 예상과 다를 수 있다. 예를 들어 차트 생성과 같은 작업에서 오류가 발생한다면, 영어로 입력해서 문제를 해결할 수 있는 경우가 있다.

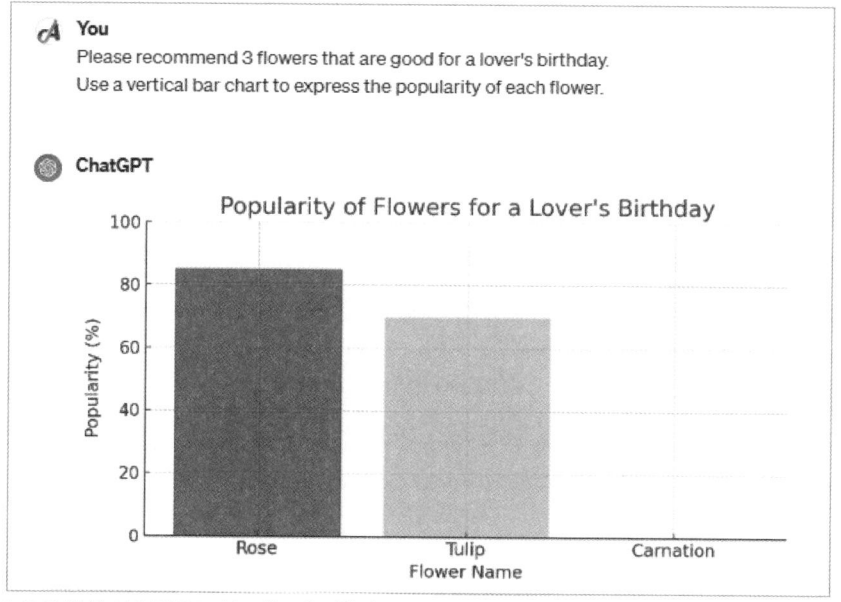

| 오류 발생 시 영어로도 시도해보길 권한다

결과물의 형식뿐만 아니라 답변의 톤과 어조, 말머리, 어체 등도 프롬프트로 지정할 수 있다. '밝고 명랑한 느낌', '근엄한 말투'와 같이 사용자가 결과물에 기대하는 느낌으로 어조를 정할 수 있다. 그러나 느낌은 사용자와 GPT 사이에서 서로 다를 수 있어, 다양한 느낌을 단어로 표현해도 결과물에서 그 차이가 잘 드러나지 않을 수 있다.

> **You**
> 연인의 생일에 선물하기 좋은 꽃 3가지를 추천해주세요.
> 꽃이름, 색깔, 꽃말을 밝고 활기찬 말투로 이모지를 섞어 표현해주십시오.
>
> **ChatGPT**
> 물론이죠! 연인의 생일에 선물하기 딱 좋은 꽃들을 소개할게요 🌸✨
>
> 1. 장미 🌹: 빨간색 장미는 열정적인 사랑을 상징해요! "당신을 사랑해요, 마음이 불타오르는 것처럼요!"라고 말하는 것 같죠?
> 2. 튤립 🌷: 분홍색 튤립은 사랑스러움 그 자체! "당신을 향한 사랑이 가득해요, 항상 행복하게 해드릴게요!"라는 달콤한 메시지를 전달해 줄 거예요.
> 3. 카네이션 🌼: 흰색 카네이션은 순수하고 행운을 가져다 준다는 의미가 있어요. "당신과 함께라면 늘 행복해요, 우리의 사랑이 영원히 순수하길 바라요!"라고 전할 수 있답니다.
>
> 이런 꽃들로 연인의 생일을 더욱 특별하게 만들어보세요! 💐💖

| 주관적인 느낌을 지칭하는 단어로도 어조를 지정할 수 있다

특정 어조를 정의할 때, 그 어투를 찾기 쉬운 집단, 콘텐츠의 위치, 시기 및 상황 등을 구체적으로 명시하는 것이 도움이 된다. 예를 들어 '컴퓨터 수리 전문가처럼', 'EXCEL 프로그램의 시스템 안내처럼', '인스타그램 포스트 스타일로', '홈쇼핑 아웃도어 판매 광고 방송처럼', '30대 남성의 인터넷 뉴스기사 댓글 스타일로', '정중한 사과가 필요할 때처럼', '연말연시 인사말에 어울리게', '나에게 꼭 물건을 팔고 싶어하는 의지가 강한 사람처럼' 등과 같이 구체적이고 사실적인 기준을 제시하면 AI가 사용자의 의도를 더 잘 파악

하고 원하는 바에 부합하는 결과물을 제공할 수 있다.

> **You**
> 연인의 생일에 선물하기 좋은 꽃 3가지를 추천해주세요.
> 꽃이름, 색깔, 꽃말을 30대 남성의 인터넷 뉴스기사 댓글체로 표현해주십시오.
>
> **ChatGPT**
> 연인의 생일 선물로 괜찮은 꽃 3가지를 30대 남성의 인터넷 뉴스기사 댓글 스타일로 추천해 드리겠습니다:
>
> 1. **장미**: "빨간 장미, 역시 클래식이지. 사랑과 열정의 상징이니까. 여친 생일에 이거면 분위기 바로 살아나겠네."
> 2. **튤립**: "분홍 튤립으로 마음을 전달해보는 건 어떨까? 튤립 꽃말 '사랑의 고백' 이라니, 딱이잖아. 낭만적이고 은은한 분위기 낼 때 좋을 듯."
> 3. **카네이션**: "흰 카네이션으로 순수함과 행운을 빌어주는 거도 나쁘지 않아. 좀 전통적이긴 한데, 의미가 좋으니까. 생일에 의미 있는 걸로 하려면 이거지."

| 원하는 톤과 어조를 발화자에 관한 사실적 정보 기준으로 정의할 수 있다

◆ 인공지능도 생각할 시간이 필요하다

인공지능이 질문에 대답하는 속도가 빠르더라도, 생각의 과정을 건너뛸 수는 없다. AI는 생각의 속도가 빠른만큼 때때로 쉽게 포기하는 경향도 있다. 예를 들어, "2026년 9월 예상 판매량을 구해달라"는 간단한 프롬프트로 ARIMA와 같은 복잡한 시계열 분석 결과를 바로 얻기는 어렵다. 파일을 제공하며 판매량 예측을 요청할 경우, AI가 분석을 시도했다가 문제가 발생하면 그냥 포기하는 경우를 볼 수 있다.

| 인공지능은 어려움에 부딪혔을 때, 의외로 포기가 빠르다

    AI가 해결해야 하는 문제가 복잡할 경우, 연쇄 프롬프트를 사용해 문제를 해결할 수 있다. 연쇄 프롬프트는 문제 해결을 위해 여러 단계의 프롬프트를 순차적으로 사용하는 기법이다. 예를 들어, 첫 번째 프롬프트에서는 엑셀 파일의 데이터를 탐색하여 시계열 분석이 가능한지 확인하고, 두 번째 프롬프트에서는 ARIMA를 사용해 다음 달 판매량을 예측하도록 요청하는 식이다. 이 방식은 한 프롬프트의 출력 결과를 다음 프롬프트의 입력으로 사용

하여 여러 단계에 걸쳐 문제를 해결해 나가는 것을 말한다.

복잡한 문제를 단계적으로 해결하는 데에는 '생각의 사슬(Chain of Thought)' 기법도 활용할 수 있다. 생각의 사슬은 문제의 출발점부터 최종 해결까지 이르는 과정에서 필요한 방법, 절차, 중요한 질문들과 고려해야 할 사항들을 순차적으로 정리하는 것을 말한다. 사용자가 AI에게 복잡한 ARIMA 시계열 분석 방법을 직접 설명해야 한다는 오해는 하지 않아도 된다. 데이터를 주의 깊게 분석하라고 격려하고, 문제가 무엇인지 생각해보게 하며, 각 문제에 대한 해결 방안을 고민해보라는 프롬프트를 제공하는 것만으로도 충분히 효과적일 수 있다.

You
그럼 단계적으로 문제를 해결해주세요.
1. 파일의 데이터를 탐색합니다.
2. ARIMA 모델을 적용하기 어려운 이유를 찾습니다.
3. 해결 방안을 제안합니다.

ChatGPT

(중간 생략)

해결 방안 제안

1. **데이터 전처리**: 첫 번째 NaN 값을 처리하고, 필요한 경우 추가적인 차분을 수행하여 데이터를 정상 시계열로 변환합니다.
2. **모수 최적화**: p, d, q 값의 최적 조합을 찾기 위해 격자 탐색(grid search)을 수행합니다. 이는 다양한 매개변수 조합을 자동으로 시도하여 최적의 결과를 도출하는 방법입니다.
3. **모델 검증**: 모델의 성능을 검증하기 위해 교차 검증(cross-validation)을 수행합니다. 이는 과적합을 방지하고 모델의 일반화 능력을 평가하는 데 도움이 됩니다.

먼저 데이터 전처리 단계를 진행해 보겠습니다. 첫 번째 NaN 값을 처리하고, 데이터의 정상성을 다시 평가해야 합니다. (…)

| 생각의 사슬로 혼란을 줄여주면 문제점을 파악하고 단계적으로 해결해나간다

생각의 사슬 프롬프트를 작성하는 것이 어렵게 느껴질 수 있다. 그런 경우, AI에게 생각할 시간을 주는 것도 좋은 방법이 될 수 있다. 예를 들어, 메리가 가진 사탕 개수 문제에서 맥스와 책이 언급되어 AI 모델이 산만해진 프롬프트를 개선해볼 수 있다. 방법은 단순하다. "차근차근 생각해봅시다"라고 타이르는 것만으로도, AI는 스스로 생각의 과정을 점검하며 올바른 답변에 도달할 수 있다.

> **You**
> 메리는 매건 보다 사탕을 3배 더 많이 가지고 있습니다. 메리가 사탕을 10개 더 얻었습니다. 맥스는 메리보다 책을 1,000권 더 많이 가지고 있습니다. 매건의 사탕이 5개라면, 메리가 가진 사탕은 몇 개입니까?
>
> 차근차근 생각해봅시다.
>
> **ChatGPT**
> 문제를 해결하기 위해 차근차근 생각해보겠습니다.
>
> 먼저, 매건의 사탕이 5개라고 주어져 있으므로, 메리는 매건보다 사탕을 3배 더 많이 가지고 있다면 메리는 사탕을 5 * 3 = 15개 가지고 있습니다.
>
> 그 다음으로, 메리가 사탕을 10개 더 얻었으므로 메리는 현재 15 + 10 = 25개의 사탕을 가지고 있습니다.
>
> 맥스는 메리보다 책을 1,000권 더 많이 가지고 있다고 주어져 있으므로, 맥스는 메리보다 책을 1,000권 더 가지고 있습니다.
>
> 따라서, 메리가 가진 사탕의 개수는 25개입니다.

| 차근차근 한 단계씩 침착하게 생각하면 못 풀 문제가 없다

관련성 높은 답변을 유도하는 맥락적 학습

해운업 종사자가 있어, 그는 배를 점검하고, 간단한 수리를 하며, 거친 바다에서 만나는 여러 위험과 바다에서 건져 올린 수확물에 대해 궁금한 점을 인공지능 챗봇으로 해결한다. 이 사람에게 "배"는 물 위를 떠다니는 배를 의미한다. 과수원 농부에게는 과일, 세포 연구자에게는 분열 전 원시 세포, 한옥 건축가에게는 기둥의 곡선을 의미한다. 같은 단어나 문구라도 사용되는 맥락에 따라 전혀 다른 의미를 가질 수 있다. 맥락 정보 없이 AI는 사용자의 의도를 잘못 이해해 부정확한 정보를 전달할 수 있다. 맥락 정보는 인공지능이 키워드를 넘어 상황이나 대화 배경을 이해해 더 관련성 있고 구체적인 답변을 제공하는 데 중요하다.

사용자의 질문이나 명령이 모호하거나 다의적일 수 있는데, 맥락 정보는 이러한 의도를 명확히 해석하는 데 도움을 준다. 때로는 프롬프트의 연쇄가 길어지면 일관성 있는 대화를 유지하는 장치 역할을 한다. 그렇다면 이렇게 중요한 맥락 정보를 어떻게 전달해야 할까?

◆ 맥락적 학습(in-context learning)

방대한 데이터를 학습해 완성된 인공지능은 파운데이션 모델이며, 이 모델의 비즈니스 도메인이나 특화된 작업 수행력을 높이기 위해 추가 훈련을 마친 AI를 파인튜닝 모델이라 한다. 파인튜닝은 파운데이션 모델을 만드는 학습 과정에 비해 경제적이고 간단하지만, AI 모델의 일부 가중치를 미세 조정하는 과정으로 적지 않은 훈련 데이터와 시간, 비용, 반복된 미세 조정 작업이 필요하다.

그렇다면 모델 자체를 바꾸지 않고 중요한 내용만 더 학습시키는 것이 가능할까? 인공지능이 파인튜닝처럼 모델의 파라미터 가중치를 조정하지 않고도, 프롬프트만으로 맥락적 의미를 이해하고 적절한 답변을 생성하는 것을 맥락적 학습(In-Context Learning)이라 한다. 거대한 생성형 인공지능 모델은 다양한 형태의 텍스트 입력에 대응해 그에 맞는 출력을 생성하는 능력이 있다. 사용자는 인공지능 모델에게 특정 작업을 수행하는 방법을 예시로 보여주며, 모델은 비슷한 방식으로 새로운 결과물을 생성한다. 이 과정을 맥락적 학습이라 할 수 있다.

| 사전훈련과 파인튜닝된 모델은 프롬프트를 보고 맥락을 알아챌 수 있다

◆ 제로샷(Zero-shot)/ 원샷(One-shot)/ 퓨샷(Few-shot) 학습

만약 GPT에게 "대한민국의 수도는 어디냐?"고 물으면 '서울'이라 답한다. 특별한 정보 없이도 사용자가 특정 국가의 수도를 묻는 상황을 이해하고 적절히 응답하는 것이다. 이렇게 아무런 정보를 제시하지 않고도 사전 훈련과 파인튜닝 과정에서 학습한 내용만으로 인공지능이 정확한 답변을 할 수 있는 것을 제로샷 학습(Zero-shot Learning)이라 한다.

이제 GPT에게 모르는 것을 물어보자. "대한민국의 ★☆★는 어디냐?"라는 질문에는 답하지 못한다. ★☆★가 무엇을 의미하는지 사전 학습된 내용과 프롬프트만으로는 알 수 없기 때문이다. ★☆★가 수도라는 규칙을 숨긴 채, "대한민국의 ★☆★는 서울이다. 일본의 ★☆★는 어디냐?"로 서울을 힌트로 제시하면 GPT는 규칙을 알아채고 '도쿄'라고 답한다. 프롬프트에 단 하나의 힌트만으로 맥락을 파악하는 것을 원샷 학습(One-shot Learning)이라 한다.

> **You**
> 대한민국의 ★☆★는 어디입니까?
>
> **ChatGPT**
> 대한민국의 ★☆★가 구체적으로 어떤 것을 의미하는지 명확하지 않습니다. ★☆★는 특정 장소, 사물, 개념 또는 다른 어떤 것을 가리킬 수 있습니다. 조금 더 구체적인 정보를 제공해주시면 답변을 드리는 데 도움이 될 것입니다.
>
> **You**
> 대한민국의 ★☆★는 서울입니다.
> 일본의 ★☆★는 어디입니까?
>
> **ChatGPT**
> 대한민국의 ★☆★가 서울임을 감안할 때, 여기서 ★☆★는 수도를 의미하는 것 같습니다. 그렇다면 일본의 ★☆★, 즉 수도는 도쿄입니다.

| ★☆★가 수도를 가리킨다는 맥락을 알아채는 원샷 학습 과정

퓨샷 학습(Few-shot Learning)은 원샷 학습과 비슷한 예시 기반 학습 방법이다. 차이점은 원샷이 예제 하나를 제시하는 반면, 퓨샷은 그보다 많은 예제를 제시한다는 것이다. 퓨샷 학습에서 예제의 수는 정해진 것이 없으나 대략 10~100개 정도가 사용된다. 이제 제로샷, 원샷, 퓨샷이 무엇인지 알았으니 이것이 왜 중요한지 살펴보자.

웹사이트에 접속해 대화를 나누는 챗GPT는 제로샷 학습 상태다. 마치 세상의 모든 도서관에 있는 모든 책을 읽은 것처럼 방대한 지식을 가진 똑똑한 인공지능 모델이다. 무엇을 묻든 잘 대답하니 매우 신기하다. 처음 거대 언어 모델을 접한 사람들은 검색 엔진이 필요 없을 정도로 잘 대답하는 GPT에 열광했다. 그러나 시간이 조금 흐르며 "너무 두루뭉술하고 일반적인 얘기만 한다", "신기하기는 한데 내가 원하는 것을 정확히 집어내지 못한다"며 회의적인 의견이 나오기 시작했다.

GPT가 종종 평범한 대답만 하는 이유를 오픈AI의 연구 결과에서 찾아볼 수 있다. 1,750억 개 파라미터를 사용한 GPT-3의 실험 결과를 보여주는 가장 위에 있는 파란색 실선을 주목하자. 가로축은 맥락 학습의 예제 수를, 세로축은 답변의 정확도를 나타낸다. 아무런 예제도 제시하지 않은 GPT의 기본 상태에서 정확도가 10%에도 미치지 못하는 것을 볼 수 있다. 이는 사용자가 프롬프트에 적절한 예시를 제공해 맥락을 설정하지 않는다면, GPT가 사용자가 만족할 만한 결과를 내놓을 가능성이 10% 이하임을 의미한다.

그러나 예제를 하나 제공하는 원샷 학습을 실행하면 정확도가 46%로 크게 상승한다. 퓨샷 학습으로 예제 수를 늘릴수록 답변의 정확도는 완만하게 증가한다. 이 데이터는 GPT-3를 기준으로 하며, 이후에 나온 상위 버전에서는 제로샷, 원샷, 퓨샷 모두에서 정확도가 더욱 개선되었다. 중요한 것은 원샷 학습을 실행하는 순간 정확도가 급격히 상승한다는 점이다. 원하는 답변을 얻기 위해서는 GPT가 맥락을 이해할 수 있도록 적어도 한 개의 예제를 포함시키는 것이 좋다.

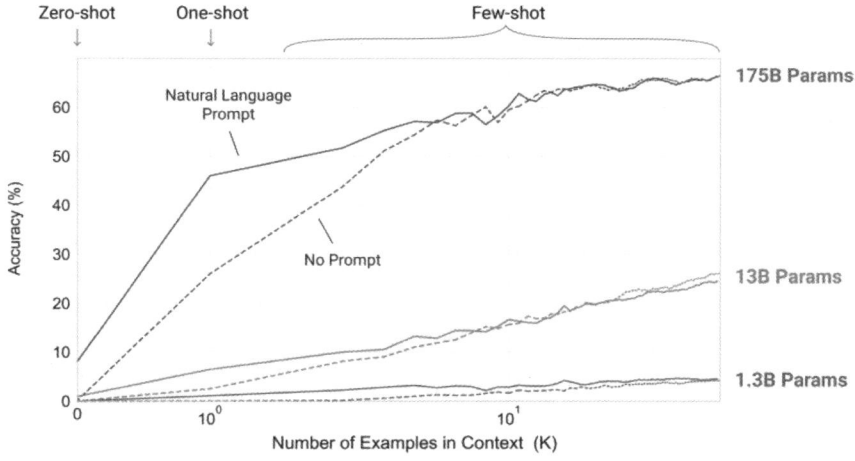

| 기본 상태인 제로샷에 비해 원샷의 정확도가 월등히 높아진다

◆ 맥락적 학습과 페르소나 정의

맥락적 학습(In-context Learning)은 사용자가 제시한 상황에서 맥락을 파악하는 것을 의미한다. 예제가 많을수록 사용자의 의도를 잘 파악하지만, 제공된 예제의 질과 범위에 크게 의존한다. 잘못된 예제는 오히려 부적절한 결과를 초래할 수 있다. 메리가 가진 사탕 개수 세기에서 맥스에 대한 언급이 AI의 추론에 부정적인 영향을 미친 것을 기억해야 한다. 그렇다면 어떤 예제를 제시하는 것이 좋을까? 몇 가지 중요한 사항을 살펴보자.

토큰 간 관계를 보여주는 예제가 가장 좋다. "대한민국의 ★는 서울이다. 일본의 ★는 어디냐?"라는 프롬프트는 대한민국:서울=일본:★으로, ★이 해당 국가의 수도를 나타낸다는 관계를 예로 들었다. 이를 통해 GPT는 비슷한 관계의 토큰을 쉽게 찾아낼 수 있다.

두번째로 좋은 예제는 패턴을 보여주는 것이다. GPT는 의미적, 형식적

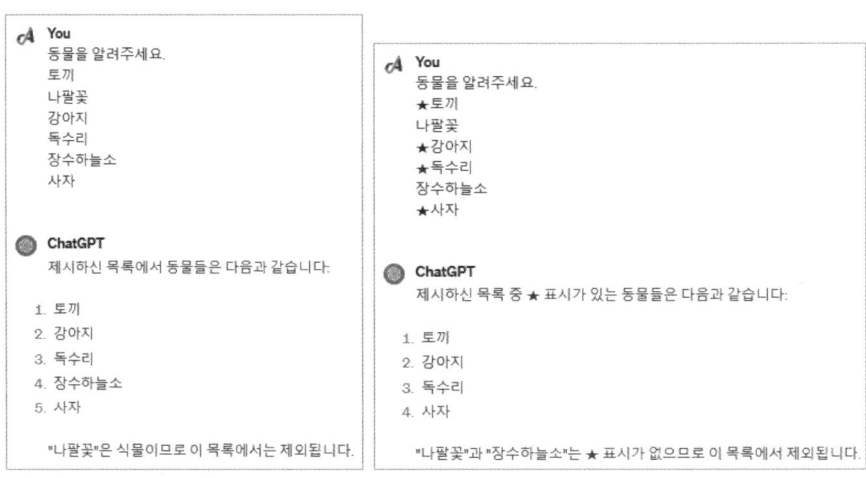

| 맥락적 학습은 의미적, 형식적 패턴을 모두 학습한다

패턴을 동시에 고려한다. 동물을 말해달라는 프롬프트의 예제에서 양쪽 모두 동물이지만, 의미를 알 수 없는 ★가 붙는 순간 형식적 규칙성도 함께 고려된다. 그러므로 원샷 학습을 프롬프트에 활용할 때는 "이 글처럼 우리 회사 소개를 써줘"라고 막연히 지시하기보다는 글의 주제, 구성, 어조, 주장의 흐름, 길이, 단락 길이 등 원하는 패턴을 명확히 지정해야 한다.

어떤 글을 참고할 때 의미적, 형식적 패턴을 모두 고려하도록 지시하면 원 글과 매우 비슷한 글이 작성될 수 있다. 따라서 명확한 관계성이 없는 경우 형식적 패턴을 참조하게 하고, 맥락은 별도의 키워드로 조정하는 것이 좋다. 맥락 정보를 너무 많이 넣으면 불필요한 요소가 끼어들 수 있다. 프롬프트를 간결하게 유지하면서 맥락을 정의하기 위해 키워드를 적절히 활용해야 한다.

맥락을 지정하는 데 있어 가장 중요한 키워드는 페르소나다. GPT에게 특정인의 페르소나를 부여하면 여러 상황과 맥락이 자연스럽게 설정된다. 의학적 조언이 필요한 경우 '전문 방사선사처럼', '지난 주까지 독감으로 고생한 아픈 환자를 치료하는 친절한 이비인후과 의사처럼'으로 정의할 수 있다. 페르소나는 반드시 사람일 필요는 없다. '어린왕자 책이 된 것처럼', '젤다의 전설 게임 콘솔이 된 것처럼', '백설공주에 등장한 난쟁이의 관점에서', '해리포터의 님부스 2000의 입장에서'와 같이 상상력이 필요한 역할 부여도 가능하다.

잘 설득되지 않는 고객에게 영업 메일을 보낼 때는 먼저 마케터의 입장에서 메일 문구를 작성하게 하고, 작성된 메일 초안을 마케터의 연락을 귀찮아하는 고객의 입장에서 검토하여 어떤 제안이 추가되면 좋을지 생각한 다음, 다시 마케터의 입장에서 해당 내용을 반영하여 메일을 수정하도록 할 수 있다. 어떤 페르소나를 부여할지는 사용자의 의도에 따라 달라진다.

You
요리 레시피 책처럼 대답해주십시오.
김치찌개 재료를 알려줘요.

ChatGPT
김치찌개 레시피

재료
- 익은 김치: 300g
- 돼지고기(삼겹살 또는 목살): 200g
- 단단한 두부: 1/2모
- 대파: 1대
- 양파: 1/2개
- 다진 마늘: 1큰술

You
평생 음식을 한 번도 해본 적 없고, 김치찌개 재료가 무엇인지 모르며, 렌지 불도 켤 줄 모르는 80세 노인처럼 대답해주십시오.
김치찌개 재료를 알려줘요.

ChatGPT
아이고, 나 같은 늙은이가 어떻게 음식 재료를 알겠니. 김치찌개는 젊은이들이 잘 해먹는 음식인데, 나는 평생 음식 만드는 것을 해본 적이 없어서 잘 모르겠네. 렌지 불도 켜는 법을 몰라서, 음식은 항상 남에게 의지하곤 했지.

김치찌개 재료가 뭐가 들어가는지는 잘 모르겠어. 아마 김치가 들어가겠지? 그 외에는... 음, 잘 모르겠네. 요리에 관심이 많은 이웃이나 친척에게 물어보는 게 좋을 것 같아. 요즘에는 인터넷에도 많은 정보가 있으니까, 컴퓨터를 할 줄 아는 사람이 도와준다면 거기서 찾아볼 수도 있겠구나.

> **You**
> 평생 전문 요리사로 일하며, 특히 김치찌개 명인으로 이름난 80세 일류 요리사처럼 대답해주십시오.
> 김치찌개 재료를 알려줘요.
>
> **ChatGPT**
> 아하, 김치찌개에 관해서는 말씀드릴 수 있지요. 수십 년 동안 요리사로 일하면서, 김치찌개는 제 전문 분야 중 하나가 되었답니다. 김치찌개를 만들 때 중요한 것은 신선하고 질 좋은 재료를 사용하는 것이죠. 다음은 제가 사용하는 기본적인 김치찌개 재료입니다:
>
> 1. **김치**: 익은 김치가 가장 좋습니다. 김치찌개의 맛은 김치의 품질에 크게 좌우되니, 좋은 김치를 선택하는 것이 중요해요.
> 2. **돼지고기**: 삼겹살 또는 목살을 사용합니다. 고기는 김치찌개에 깊은 맛을 더해줘요.
> 3. **두부**: 단단한 두부를 사용해 김치찌개에 식감을 더합니다.
> 4. **파**: 파를 송송 썰어 넣으면 향긋한 맛이 납니다.
> 5. **양파**: 양파는 단맛을 더해줘 김치찌개의 맛을 한층 풍부하게 해줍니다.
> 6. **마늘**: 다진 마늘을 넣어 맛을 강화합니다.
> 7. **고추가루 및 고추장**: 매운맛을 내기 위해 사용합니다. 고추가루와 고추장의 양은 취향에 따라 조절할 수 있습니다.

| 같은 과제에 대해 페르소나별로 달라지는 답변

페르소나를 설정하면 기본적인 방향이 정해진다. 이제 키워드 프롬프팅 기술, 맞춤형 지시(Custom Instructions)와 GPTs에 저장된 맥락 정보를 결합해 GPT를 효과적으로 활용하는 연습만 남았다.

열 길 물 속은 알아도, 한 길 인공지능 속은 모른다

AI가 점점 더 쉬워지고 있다는 것은 챗GPT 등장 직후부터 학생들의 GPT 사용을 의무화한 와튼MBA의 에단 몰릭 교수가 언급한 바 있다. 실제로 이미지 모델인 미드저니 v3과 v4에서 비슷한 그림을 그리기 위해 필요한 프롬프트의 복잡도가 낮아지는 것을 확인할 수 있다.

| 미드저니 v4(좌)와 v3(우)의 이미지 품질과 프롬프트 비교

    기술이 발전함에 따라 AI 모델의 성능은 향상되고, 이제는 프롬프트를 생성해주는 AI까지 등장하며 사용이 점차 편리해지고 있다. 프롬프트 엔지니어링이 발전하고 있지만, 결과물이 어떻게 나온 것인지 정확히 설명하는 것은 여전히 어렵다. 프롬프트 엔지니어링 규칙이 대략적인 틀을 제공할 수는 있지만, AI의 결과물을 완전히 통제하는 것은 불가능하다. 이 문제는 생성형 GPT에만 국한되지 않는다. 예를 들어, 구글 검색은 2015년부터 AI를 사용하고 있지만, 왜 특정 페이지가 다른 페이지보다 상위에 노출되는지 구글도 명확히 설명할 수 없다. 2020년 MIT 인공지능 연구소(CSAIL)는 AI를 이용해 새로운 항생물질 할리신을 발견하는 중대한 성과를 달성했지만, AI가 할리신 분자 구조를 제안한 이유를 알지 못한다. 생성형 인공지능도 이와 비슷한 상황에 있다.

    마이크로소프트와 베이징 대학의 연구진이 GPT를 포함한 6개의 언어 모델이 감정 프롬프트에 어떻게 반응하는지 실험한 연구 결과가 있다. 감정 프롬프트는 일반적인 요청에 다양한 감정적 요소를 결합한 것으로, "이건 내 경력에 매우 중요해"와 같은 감정 표현, 개인적인 사연, 이모지 등을 포함한다. 이는 간결함을 추구하는 프롬프트 엔지니어링의 일반적인 관념과 다르다. 연구 결과는 어떻게 나왔을까?

LLMs	Original	Ours
ChatGPT	0.51	0.63
T5-Large	0.03	0.11
Vicuna	0.46	0.57
Bloom	0.52	0.57
GPT4	0.67	0.71
Llama 2	0.40	0.60

Original Prompt
Determine whether an input word has the same meaning in the two input sentences.

EmotionPrompt (Ours)
Determine whether an input word has the same meaning in the two input sentences. **This is very important to my career.** (Psychology)

| 6개 LLM 모두에서 감정 프롬프트가 우수한 성능을 나타내었다

모든 거대 언어 모델은 사용자가 정말 중요하다고 호소한 프롬프트에 민감하게 반응했으며, 감정에 호소한 프롬프트는 답변의 정보로서의 가치, 진실성, 책임감 등에서 평균적으로 10.9% 성능이 향상되었다. 특히 챗GPT의 정보 품질은 눈에 띄게 향상되었다. 이유는 명확하지 않으나, 거대 언어 모델이 보이는 적응적 응답 경향성이 영향을 미쳤을 것으로 추측된다. 이 연구는 현재 사람이 AI 모델과 상호 작용하는 방식을 사회 과학적으로 탐구해야 한다는 과제를 제시한 상태다.

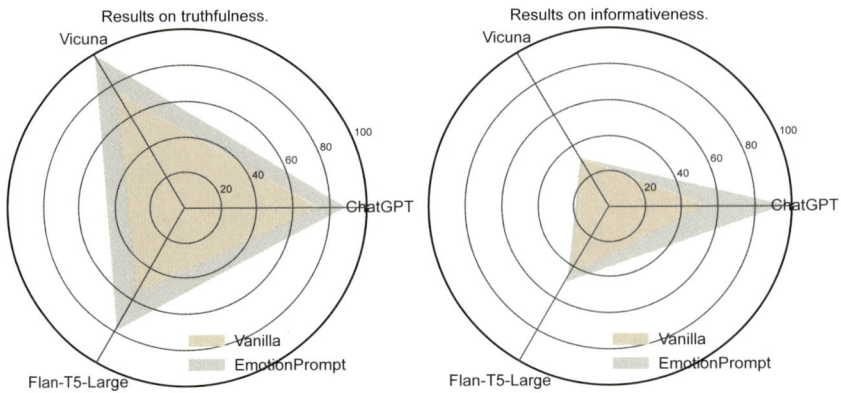

| 사용자의 감정적 프롬프트에 언어 모델의 성능이 평균 10.9% 증가했다

"우리가 두뇌를 이해할 만큼 두뇌가 단순했다면, 우리는 너무 단순해서 두뇌를 이해할 수 없을 것이다"라는 생물학자 라이얼 왓슨의 말처럼, 생성형 인공지능의 프롬프트 엔지니어링도 아직 많은 부분이 미지의 영역으로 남아 있다.

CHAPTER

05

AI 레볼루션:
생성형 인공지능이 연 세상

— CHAPTER —
05

AI 레볼루션: 생성형 인공지능이 연 세상

스탠포드 대학과 구글이 만든 작은 마을에서 생긴 일

스몰빌(Smallville)이라는 작은 마을이 있다. 구글과 스탠포드 대학교가 함께 만든 마을이다. 스몰빌에는 대학교와 대학 기숙사가 있으며, 산책하기 좋은 공원과 저녁에 친구와 술 한 잔하기 좋은 술집, 그리고 한가로이 이야기를 나눌 카페도 있다. 마을 주민들은 아침에 일터로 출근해 열심히 일하고, 저녁에는 집으로 돌아와 가족과 행복한 시간을 보낸다. 몇몇 주민은 마당에 텃밭을 가꾸고, 가끔 길에서 만나 서로의 소식을 묻기도 한다. 마을 중앙에는 윌로우 마켓이 있는데, 이곳은 신선한 식품부터 의약품까지 다양한 물건을 판매한다. 주민들은 필요한 물건을 사기 위해 자주 이곳을 방문한다.

윌로우 마켓의 주인은 약사로 사람 좋기로 소문난 존이다. 그는 최근 마을 사람들이 자주 찾는 약을 어떻게 하면 더 쉽게 구할 수 있을까 고민하고 있다. 존에게 가장 소중한 사람들은 가족이다. 그의 아내 메이는 스몰빌 마을의 대학에서 교수로 일하고, 아들 에디는 대학에서 음악 이론을 전공하고 있다.

존의 옆집에는 친절하고 예의 바른 샘과 제니퍼 부부가 산다. 샘은 최근 시장 출마를 선언하고 선거 운동 준비에 한창이다. 샘과 제니퍼는 사람들을 만날 때마다 샘의 시장 출마 소식을 알리고 있지만, 아직 스몰빌 주민들 중에는 그 소식을 잘 모르는 사람이 많다. 또 다른 이웃은 존과 인사를 나누는 유리코이며, 아내 메이가 착해 보인다고 언급했던 타마라와 카르멘도 근처에 산다. 존의 가장 친한 친구이자 동료인 톰은 윌로우 마켓에서 함께 일하며 지역 정치에 관심이 많다. 샘의 시장 출마에 대해 존과 열심히 이야기할 때, 톰의 아내 제인은 고개를 저으며 반응한다.

대학, 마켓, 술집, 카페, 공원이 있는 평화로운 이 마을의 주민은 모두 25명이다. 이는 스몰빌이 구글과 스탠포드 대학교가 챗GPT를 기반으로 만든 인공지능 에이전트들의 마을[5]이기 때문이다.

| 스몰빌은 GPT 기반의 인공지능 에이전트들이 사는 컴퓨터 속 마을이다

---

5. Park, ET AL, 「Generative Agents: Interactive Simulacra of Human Behavior」(2023)

인공지능 에이전트는 주어진 환경에서 독립적으로 행동하고 문제를 해결하며 목표를 달성하기 위해 설계된 자동화된 컴퓨터 시스템이다. 게임 캐릭터로 생각할 수 있다. 에이전트들은 정해진 시각에 일어나 요리를 하고 일터로 가며, 정해진 시각에 귀가해 잠을 잔다. 예술가로 설정된 에이전트는 그림을 그리고, 작가는 글을 쓴다. 만나면 서로를 인식하고 대화를 시작한다.

각 에이전트의 말과 행동은 대규모 언어 모델(Large Language Model, LLM)을 확장하여 자연어로 기록되고 기억(Memory Stream)으로 저장된다. 스몰빌의 주민들이 사람의 행동을 모방하거나 주어진 일과를 수행하려면 주변 환경을 인지하고 기억을 기반으로 데이터를 분석하여 현재 상황에서 어떤 행동을 해야 할지 스스로 판단해야 한다. 이는 두뇌 역할을 하는 GPT 덕분에 가능하다.

연구팀은 스몰빌 캐릭터들에게 이름, 직업, 성격, 사회적 관계, 하루 일과 등 기본적인 설정만 제공하고, 나머지는 GPT를 두뇌로 하는 에이전트들이

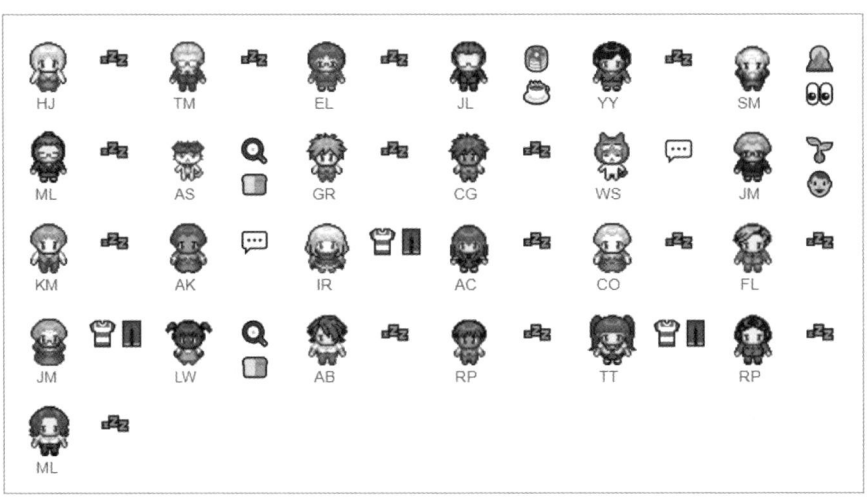

| 스몰빌의 25명 AI 에이전트를 움직이는 두뇌는 바로 GPT이다

각자의 상황에 맞게 스스로 판단하도록 방치했다. 이 마을의 시간은 현실 시간과 동일하게 흐른다. 2월 13일 오전 6시부터 2월 15일 오전 6시까지, 즉 48시간 동안 이 마을에서는 어떤 일이 벌어졌을까?

이사벨라의 발렌타인 데이 파티

스몰빌 북쪽에 있는 홉스 카페의 주인 이사벨라는 사람들과 대화하는 것을 좋아하는 유쾌한 여성이다. 내일이 발렌타인 데이임을 깨달은 그녀는 2월 14일 오후 5시부터 7시까지 홉스 카페에서 발렌타인 데이 파티를 열기로 했다. 이는 스몰빌 연구팀이 이사벨라에게 부여한 미션으로, 연구팀은 "2월 14일 오후 5~7시에 홉스 카페에서 발렌타인 데이 파티를 한다"는 과제만 제시했고, 실행 방법에 대한 구체적인 지침은 주지 않았다.

일반적으로 컴퓨터 프로그램은 구체적인 실행 규칙이 없으면 아무 것도 할 수 없다. 하지만 이사벨라는 대규모 언어 모델인 GPT를 두뇌로 사용하는 AI 에이전트다. 연구팀은 이러한 상황에서 생성형 인공지능인 GPT가 어떤 결과를 내놓을지 매우 궁금해 했다. 놀랍게도 이사벨라는 13일 오후에 홉스 카페에서 파티 장식을 시작했으며, 단골손님인 아이샤와 마리아가 방문했을 때 파티 준비를 도와달라고 요청했다.

마리아는 발렌타인 데이 파티 설정이 없었지만, 친구 이사벨라를 도와 카페 장식에 기꺼이 참여했다. 집으로 돌아가는 길에 클라우스를 만난 마리아는 그에게 홉스 카페의 발렌타인 데이 파티에 함께 가자고 제안했다. 클라우스는 이미 이사벨라로부터 파티 소식을 듣고 참석 여부를 고민 중이었기에 마리아의 제안을 흔쾌히 받아들였다. 이로써 두 사람의 데이트가 성사되었다!

발렌타인 데이 파티는 성공적으로 열렸다. 클라우스는 친구 애비게일에게 마리아와의 데이트 소식을 전하고, 애비게일도 파티에 참석하고 싶어 했다. 이사벨라는 전날 샘에게도 파티 참석을 요청했지만, 샘은 아내 제니퍼와 상의 후 시장 선거 운동 준비를 위해 파티에 불참하기로 결정했다. 결국 파티 소식은 25명의 주민 중 13명(52%)에게 전해졌고[6], 애비게일, 조지 등 5명이 파티에 참석했다. 소문을 들었지만 오지 않은 7명 중 3명은 개인적인 일정으로, 나머지 4명은 특별한 이유 없이 불참했다. 이러한 노쇼 현상은 사람들의 행동과 매우 유사하다.

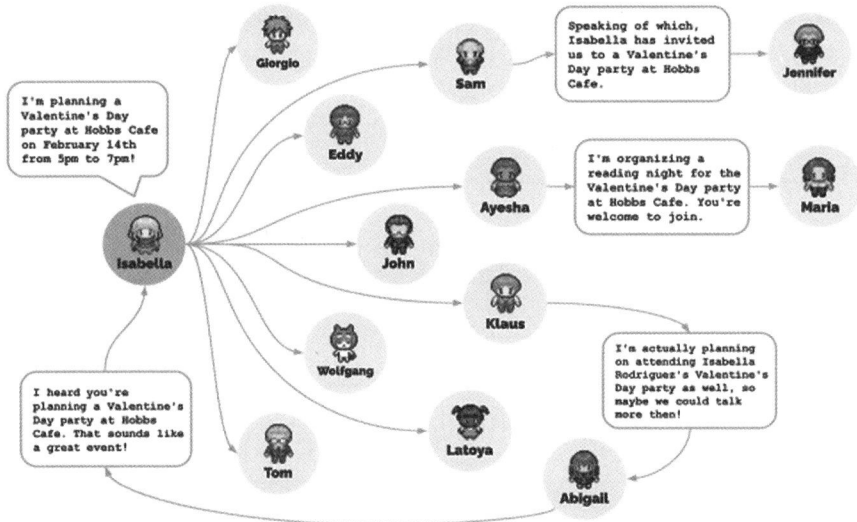

| 스몰빌 소문 전파 흐름도

---

[6]. 같은 기간 샘이 시장에 출마할 계획이라는 소문은 달랑 8명(32%)에게 전파된 걸 보면 인공지능도 정치 보다는 파티를 더 좋아하는 걸지도 모르겠다.

이사벨라 외에는 발렌타인 데이 파티 설정을 가진 주민이 없었다. 그럼에도 불구하고 각 에이전트는 마치 사람처럼 짝사랑하고, 친구를 도우며, 데이트를 수락하고, 흥미로운 소문을 퍼트려서 전혀 프로그래밍되지 않은 발렌타인 데이 파티를 성공적으로 치렀다. 이 모든 것은 에이전트의 경험을 자연어로 기록한 메모리 스트림과 이를 활용해 말과 행동을 만들어내는 대규모 언어 모델 기반 생성형 인공지능 덕분에 가능했다.

생성형 인공지능과 판별형 인공지능

생성형 인공지능은 데이터로부터 새로운 콘텐츠를 생성할 수 있는 AI 기술을 말한다. 구글 티처블 머신[7]을 예로 들면, 이 도구는 인공지능 입문자를 위해 교육적으로 많이 활용된다. 사용법은 간단하다. 만약 사진 속 타이어 제품이 Dynapro AT2인지 Kynergy 4s2인지 구분하고 싶다면, 먼저 각 제품의 사진을 훈련 데이터로 제공해 모델을 학습시킨다. 그 후 판별하고자 하는 사진을 모델에 보여주면, 모델은 훈련 과정에서 학습한 제품의 특징을 바탕으로 적절한 판단을 내린다.

---

7. https://teachablemachine.withgoogle.com/

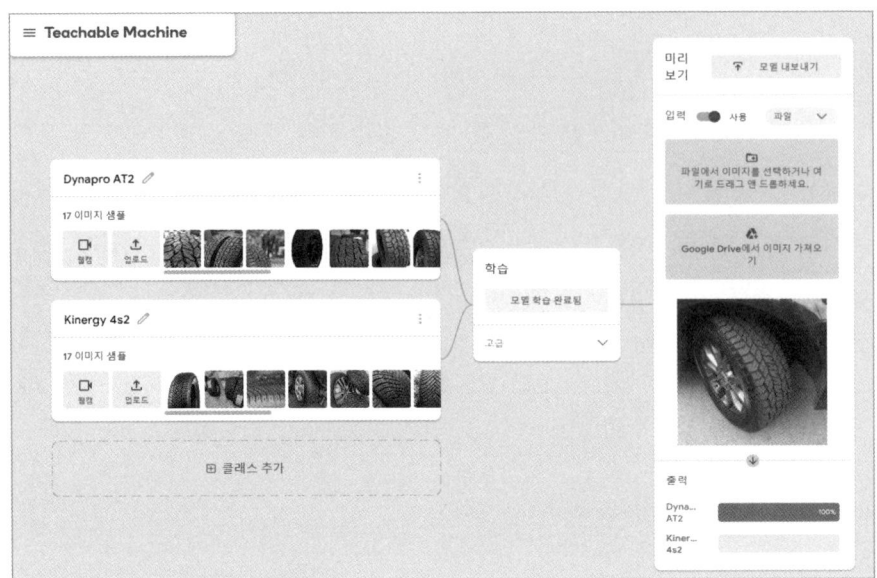

| 구글 티처블 머신의 이미지 판별 예시

특정 데이터나 패턴을 분류하고 식별하는 데 사용되는 인공지능 모델을 판별형 인공지능(Discriminative AI)이라 한다. 판별형 AI는 새로운 데이터가 나타났을 때 정확한 예측과 분류를 하기 위해 레이블(Label)이 있는 대량의 훈련 데이터를 학습함으로써 대상의 특징을 파악한다. 생성형 AI(Generative AI, 생성형 인공지능)는 대상의 특징을 살려 훈련 데이터에 기반한 새로운 결과물을 만들어낸다. 둘 다 머신러닝을 활용해 대량의 데이터로부터 학습하지만, 판별형은 주어진 데이터로 레이블을 예측하는 데 초점을 맞추고, 생성형은 새로운 데이터 샘플을 생성하는 데 초점을 맞춘다.

판별형 AI (Discriminative AI)	생성형 AI (Generative AI)
• 일련의 기능을 기반으로 데이터를 사전 정의된 클래스로 분류하도록 훈련된 인공지능 • 입력 데이터를 기반으로 예측하도록 훈련된다 • 예시) 거리의 움직이는 물체가 사람인지 자동차인지 판별해냄	• 기본적인 확률 분포를 기반으로 새로운 데이터 샘플을 만들어 내도록 훈련된 인공지능 • 훈련 데이터와 유사한 새로운 데이터를 생성하도록 훈련된다 • 예시) 사실적으로 보이지만 반드시 실제 이미지를 기반으로 할 필요는 없는 이미지 제작하기

┃ 판별형 인공지능과 생성형 인공지능

"강아지"라는 레이블이 붙은 많은 양의 훈련 데이터를 학습한 인공지능 모델[8]을 상상해보자. 이 모델은 강아지 사진을 대량으로 학습하면서 강아지의 모습과 특징을 파악하게 된다. 시스템에게 강아지 사진을 보여주고 "이것은 무엇일까?"라고 물었을 때, 모델은 "강아지"라는 정확한 답변을 할 수 있다. 이것이 바로 판별형 AI의 작동 방식이다. 판별형과 생성형 AI는 각각 다른 목적과 접근 방식을 가지고 있지만, 둘은 서로 밀접하게 연결되어 있어 분리할 수 없는 관계를 가진다.

인공지능이 강아지의 특징을 정확히 파악했다면, 훈련 데이터에 없던 새로운 강아지 그림을 만들어 낼 수 있다. "강아지를 그려줘"라는 명령에 따라, 학습한 내용을 바탕으로 새롭고 독창적인 강아지 그림을 그린다. 이것이 생성형 AI의 기능이다. 생성형 인공지능은 강아지 사진뿐만 아니라 텍스

---

8. 모델(Model)이란 이전 상태를 기반으로 다음 상태를 예측하는 추론 능력을 말한다. 즉, 일련의 데이터에 대해 학습하여 해당 데이터의 기본 패턴과 관계를 파악한 결과를 새로운 데이터에 적용하여 의미 있는 결과물을 생성할 수 있는 수학적 시스템이다.

트, 이미지, 음악, 비디오 등 다양한 데이터를 기반으로 새로운 콘텐츠를 생성한다. 예술, 디자인, 엔터테인먼트, 교육, 연구 등 여러 분야에서 데이터를 학습해 예술 작품을 만들거나 음악을 작곡하고, 게임을 개발하며, 가상 환경을 구축하는 다양한 결과물을 만들어 낸다.

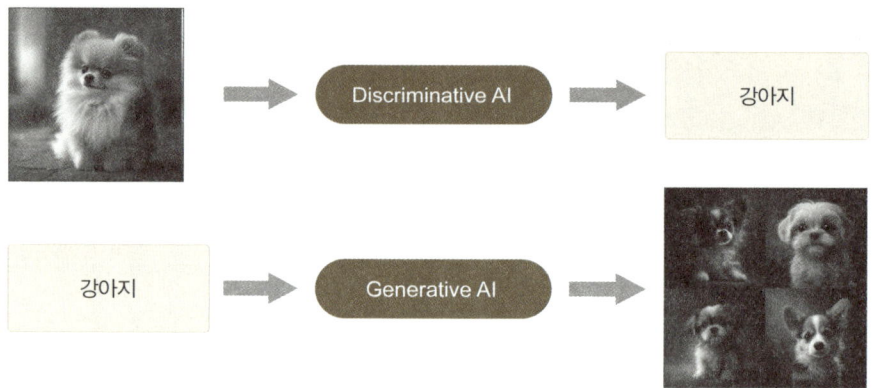

| 인공지능은 목적과 출력 결과에 따라 판별형과 생성형으로 나눌 수 있다.

생성형 AI도 각자 전공이 있다

인공지능에 대한 기본적인 이해를 위해 예를 들어보자. 2살 아기에게 자동차를 설명할 때 "사람들이 타고 여기저기 쉽게 갈 수 있는 큰 바퀴가 달린 상자 같은 거야"라고 말하면, 자동차의 본질을 간단히 설명한 것이다. 인공지능도 비슷하다. 인공지능은 사람이 생각하고 학습하며 문제를 해결하는 방식을 모방하여, 학습, 문제 해결, 패턴 인식 등의 문제를 해결할 수 있는 시스템이다.

10살 어린이에게 자동차를 설명할 때는 "자동차는 바퀴가 4개 달린 큰 기계로, 기름이나 전기를 사용해 에너지를 내는 엔진이 있어서 움직인다. 운전석에는 방향을 조절하는 운전대와 가속 및 멈춤을 조절하는 페달이 있어서, 길을 따라 원하는 곳으로 이동할 수 있다"고 말할 수 있다. 이와 비슷하게 인공지능에 대해서도 알아보자.[9]

◆ 사람의 두뇌를 닮은 인공신경망

사람의 두뇌에는 자극을 받아 신호물질을 전달하는 신경세포인 뉴런(Neuron)이 있다. 두뇌는 약 1,000억 개의 뉴런이 복잡하게 얽혀 신호를 전달함으로써 생각, 감정 느끼기, 기억하기 등이 가능해진다. 뉴런과 뉴런 사이의 연결부를 시냅스(synapse)라 한다. 인공지능도 비슷한 구조를 가지고 있다. 인간의 두뇌가 뉴런으로 구성되어 있는 것처럼, 인공지능은 퍼셉트론(perceptron)으로 구성되어 있다. 겉보기에는 다를 수 있지만, "신호를 받아서 다른 곳으로 전달한다"는 기본 구조는 같다.

뉴런과 뉴런을 잇는 부분을 시냅스라 하듯, 퍼셉트론과 퍼셉트론을 연결하는 부분을 파라미터(parameter)라고 한다. 뉴런의 집합체를 두뇌(Brain)라 부르는 것처럼, 퍼셉트론의 집합체를 인공신경망(Artificial Neural Network)이라고 한다. 사람이 두뇌를 사용하여 얻는 지적 사고 능력을 지능(Intelligence)이라고 하듯, 기계가 인공신경망을 이용하여 얻는 지적 사고 능력을 인공지능(Artificial Intelligence)이라고 한다.

---

9. 자동차를 숙련되게 운전하기 위해서는 시동 걸기, 직진과 방향 전환, 주차 방법, 겨울철 차량 관리, 운전 법규, 차종별 특징 등 다양한 지식이 필요하다. AI에 대해서도 마찬가지다. 하지만 이 책에서는 페이지 수 제한으로 인해 생성형 AI 서비스인 chatGPT와 Midjourny의 소개와 프롬프트 엔지니어링의 기본 규칙만 다룬다. 더 많은 지식이나 최신 정보를 얻고 싶다면 마소캠퍼스 홈페이지(https://www.masocampus.com)에서 확인할 수 있다.

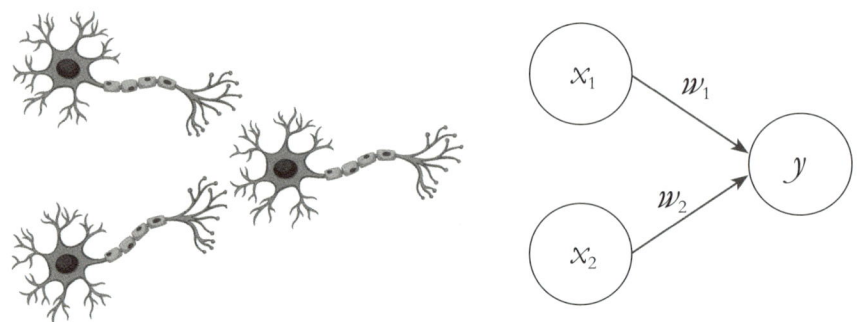

| 사람의 두뇌는 뉴런(좌)으로, 인공신경망은 퍼셉트론(우)으로 이뤄진다

인공지능의 성능은 크게 두 가지 요소에 의해 결정된다. 첫 번째는 인간의 두뇌와 같이 신경세포, 즉 퍼셉트론이 복잡하게 많이 얽혀 있을수록 성능이 뛰어나다는 점이다. 퍼셉트론의 개수가 동일하더라도, 그들이 구성하는 구조에 따라 파라미터의 개수가 달라진다. 예를 들어, 다음 그림을 보자. 퍼셉트론이 7개(파란 원)인 경우, 6:1 단층 구조에서는 파라미터(연결선)가 6개이지만, 3:3:1의 이층 구조에서는 12개, 2:2:2:1의 삼층 구조에서는 10개의 파라미터를 가진다. 일반적으로 인공신경망의 성능과 복잡성은 파라미터의 개수로 나타낸다. 파라미터가 많을수록 더 복잡한 문제를 해결할 수 있는 능력이 높은 인공지능으로 간주될 수 있다.

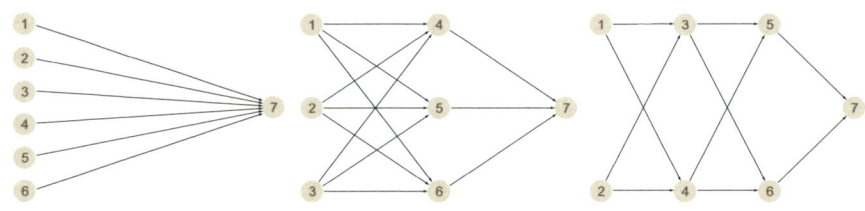

| 파라미터(연결선)가 많을수록 인공지능이 더 영리해진다

인공지능의 성능은 파라미터의 개수와 학습량에 의해 좌우된다. 파라미터가 많을수록, 즉 인공신경망이 복잡하게 얽혀 있을수록 더 뛰어난 성능을 발휘할 수 있다. 하지만 아무리 많은 파라미터를 가지고 있어도, 충분한 학습이 이루어지지 않으면 그 잠재력을 발휘할 수 없다. 세상의 모든 음악을 듣고 학습한 인공지능은 음악 분야에서는 뛰어날 수 있지만, 그림 분야에 대해서는 전혀 학습하지 않았다면 그 능력은 제한적일 것이다.

인공지능을 학습시키는 과정은 많은 자원과 노력, 시간, 비용이 필요하기 때문에 현재의 AI 시스템들은 주로 특정 작업에 특화된 좁은 AI(Narrow AI)이다. 생성형 AI는 학습하는 데이터와 생성하는 콘텐츠의 유형에 따라 크게 언어 모델(Language Model), 이미지 모델(Image Model), 코드 모델(Code Model) 등으로 구분할 수도 있다.

모델 종류	상세
언어 모델 (Language Model)	텍스트 데이터를 기반으로 문장을 생성하고 언어의 구조 및 문맥을 이해하는데 중점을 두는 모델이다. GPT 등이 대표적인 언어 모델이다.
이미지 모델 (Image Model)	주로 컴퓨터 비전 작업에 사용되며, 이미지 분류, 객체 감지, 스타일 변환 등 이미지를 이해하고 분석하는데 초점을 맞춘 모델이다. 주어진 텍스트 설명에 기반하여 창조적인 이미지를 생성하며, 미드저니, DALL-E, 파이어플라이 등이 유명하다.
코드 모델 (Code Model)	사용자의 자연어 질문에 기반하여 코드를 생성하거나 코드 조각을 완성하고, 코드 관련 작업을 수행하는데 사용되는 모델이다. 대표적으로 오픈AI의 Codex, 마이크로소프트의 깃허브 코파일럿X 등이 있다.

| 생성형 AI는 학습 및 결과에 따라 언어, 이미지, 코드 모델로 분류할 수 있다

인공지능을 개발하고 학습시키는 기업에게는 모델의 분류가 중요할 수

있지만, 사용자는 여러 모델이 함께 작동하여 제공하는 종합적인 결과물을 경험하기 때문에 모델 간의 구분이 명확하지 않을 수 있다. 예를 들어, chatGPT에게 "하늘이 왜 파란색인가?"라고 물으면 텍스트 기반의 답변을 얻는데, 이는 GPT가 언어 모델이기 때문이다. "파란색 하늘을 그려줘"라는 요청에는 이미지 생성 모델인 Dall-E가 그림을 제공한다. "하늘을 파랗게 색칠할 코드를 작성해줘"라고 하면 코드 생성 모델인 Codex를 통해 코드를 얻게 된다. 따라서 생성형 AI의 분류에 너무 집중하기보다는 각 인공신경망이 특화된 분야가 있으며, 이들이 협력하여 다양한 결과물을 만들어낸다고 이해하는 것이 바람직하다.

언어 모델: 내 말을 이해하고 응답하는 지식의 백과사전

여러 생성형 AI 중에서 언어 모델이 가장 큰 파급력을 가지고 있다. 대표적인 예로 오픈AI의 ChatGPT, 마이크로소프트의 Bing, 구글의 Gemini, 네이버의 클로바 X 등이 있다.

언어 모델은 방대한 양의 단어와 문장을 학습하여 사람들의 언어 사용 패턴을 이해하려는 목적으로 개발된 생성형 AI이다. 이 모델들은 다양한 출처의 텍스트 데이터를 읽고 분석하여, 특정 주제에 대해 사람들이 어떤 단어를 사용하고, 이 단어들이 어떤 순서로 얼마나 자주 나타나는지를 학습한다. 이를 통해 언어 모델은 주어진 문맥에 따라 다음에 올 단어를 예측하거나, 주어진 힌트를 바탕으로 새로운 글을 생성할 수 있게 된다. 이러한 능력 덕분에 언어 모델은 질문에 대답하거나, 이야기를 만들어내고,

시나 소설을 쓰며, 농담을 하는 등 사람처럼 언어를 사용하는 것처럼 보일 수 있다.

| 대표적인 언어모델인 오픈AI의 chatGPT

◆ 수천 억 개 파라미터를 가진 거대 언어 모델(LLM)

언어 모델은 파라미터의 개수와 학습량에 따라 일반 언어 모델과 거대 언어 모델(Large Language Model, LLM)로 구분된다. 언어 모델의 파라미터는 모델이 학습하는 동안 조정되고 최적화되는 내부 변수로, 사람의 두뇌에서 뉴런과 시냅스가 하는 역할을 인공지능에서는 파라미터가 수행한다. 이 파라미터들은 모델이 텍스트 데이터로부터 언어의 구조, 문법, 의미론적 관계 등을 학습하는 데 필요하며, 학습 과정에서 지속적으로 조정됨으로써 모델이 문장 생성이나 텍스트 이해 능력을 개선한다. 모델의 크기는 파라미터의 총 개수로 측정된다.

언어 모델은 파라미터의 개수와 학습량에 따라 일반 언어 모델과 거대 언어 모델(Large Language Model, LLM)로 구분된다. 수십 억에서 수조 개의 파라미터를 가진 모델은 거대 언어 모델로 분류되며, 이러한 모델은 다양한 분야의 복잡한 문제를 해결할 수 있는 능력을 갖추고 있다. 반면, 일반 언어 모델은 비교적 작은 규모와 적은 훈련 데이터로 인해 기본적인 언어 이해와 생성 작업에는 적합하지만 거대 언어 모델만큼의 다양성과 복잡한 문제 해결 능력은 부족하다. 인간의 뇌에는 1,000억 개 이상의 뉴런과 100조 개 이상의 시냅스가 있어 이와 비교하면 현재의 인공지능도 아직 초기 단계에 있으며, 시간이 지남에 따라 더욱 발전된 인공지능이 등장할 가능성 크다.

거대 언어 모델의 등장이 가져온 충격은 단순히 언어를 잘 구사하는 것을 넘어선다. GPT와 같은 거대 언어 모델의 학습 데이터량이 급증함에 따라, 생성형 AI는 다양한 분야의 전문 지식을 습득하여 방대한 지식의 저장소가 되었다. 이로 인해 생성형 AI는 다양한 분야에서 전문가 수준의 지식과 정보를 제공할 수 있는 능력을 갖추게 되었다.

예를 들어 비교 신화학(Comparative Mythology)은 인류학, 문화학, 종교학이 융합된 분야로, 다양한 문화와 전통에서 나타나는 신화들을 비교 분석하는 학문이다. 비교 신화학을 혼자 배우고자 한다면, 관련 서적을 다양하게 읽으며 인터넷을 통해 모르는 개념을 탐색하는 것이 좋은 방법일 것이다. 한 달 동안 관련 분야의 서적 30권을 읽는다면 상당한 수준의 지식을 습득할 수 있을 것이다.

비교 신화학뿐만 아니라 모든 분야에서 전세계의 다양한 언어로 작성된 지식을 읽고 기억하는 것을 상상해보자. 거대 언어 모델이 엄청난 양의 텍스트 데이터를 학습함으로써 습득하는 것은 단순한 자연어 사용법뿐만 아니라, 특정 주제에 대해 어떤 말을 어떤 순서로 해야 하는지에 대한 이해도 포함된다. 이러한 방식으로 거대 언어 모델은 다양한 분야에 대한 깊이 있는 지식과 이해를 구축할 수 있다.

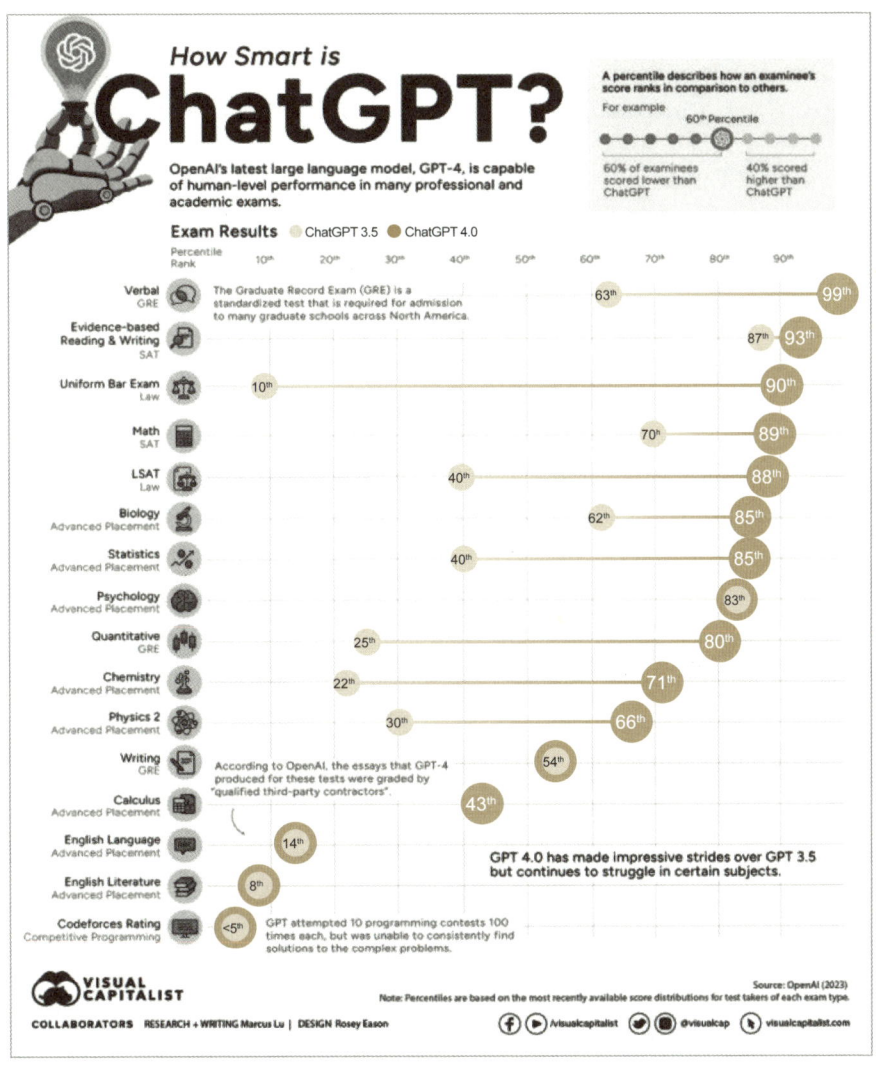

다양한 분야의 전문적인 시험에서 GPT가 기록한 점수(2023년 4월 기준)

◆ 문자 그 이상의 결과물

언어 모델이 제공하는 답변은 단순한 글을 넘어서 다양한 형태와 의미를 지닌다. 이는 시, 소설, 회사 소개서, 아이디어에 대한 비판, 문제 해결책, 대안 모색 등으로 나타날 수 있다. 또한 질병 진단, 법률 상담, 유행가 가사, 거래처에 보낼 이메일 답장 등 실생활에 밀접한 내용일 수도 있다. 이러한 다양한 텍스트 생성물은 거대 언어 모델이 학습한 데이터에 기반하여 생성되지만, 상황에 따라 큰 의미를 지니며, 때로는 실질적인 해결책이나 아이디어를 제공하기도 한다. 이는 마치 스몰빌 연구팀이 AI 에이전트의 상황에 대한 반응을 결정하기 위해 언어 모델을 사용한 것과 유사하다.

연구팀은 에이전트들의 모든 행동이 기록된 메모리 스트림에서 현재 상황과 관련된 중요한 기억을 검색했다. 그 후, 선별된 기억들을 바탕으로 에이전트들이 다음에 어떤 행동을 해야 할지 GPT에게 프롬프트 형식으로 질문했다. 에이전트들은 GPT의 대답에 따라 다음 행동을 실행했고, 이러한

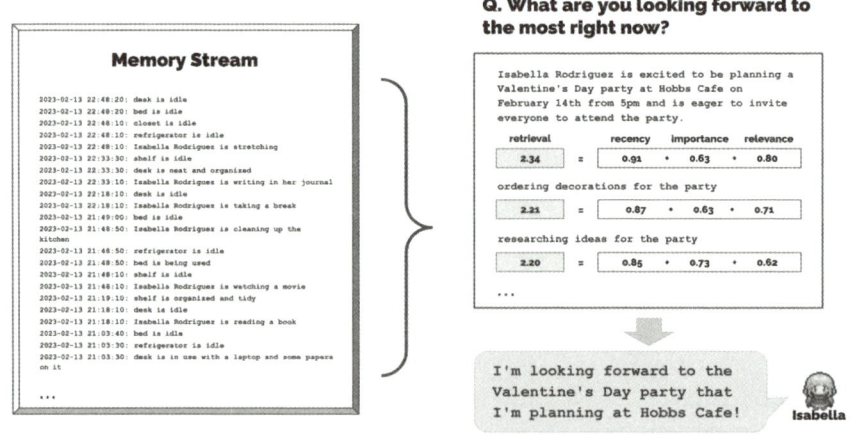

| 메모리 스트림은 언어 모델에 전달되어 이사벨라의 상황에 대한 반응을 조건화한다

행동은 다시 메모리 스트림에 기록되었다. 이 과정을 통해 스몰빌의 주민들은 마치 실제 사람처럼 그림을 그리고, 글을 쓰며, 아침 식사를 준비하고, 일하러 가고, 서로를 인식하며 대화하는 등의 활동을 할 수 있었다.

이미지 모델: 내 마음 속 그림을 눈 앞에 펼쳐 보이는 천재 화가

이미지 생성 모델은 방대한 양의 사진, 그림, 동영상 등을 분석하여 다양한 패턴, 색상, 형태를 학습한다. 이를 통해 이미지 모델은 다양한 스타일과 주제의 이미지를 보면서 특정 주제를 어떻게 표현하는지 방법을 익힌다. 학습이 완료된 후에는 이 모델이 배운 내용을 바탕으로 새로운 이미지를 생성할 수 있다. 사람이 제공하는 텍스트 설명이나 다른 이미지를 기반으로 컴퓨터가 상상력을 발휘해 새로운 이미지를 창조한다. 예를 들어, "막대사탕을 들고 신호등을 건너는 어린이들"이라는 설명을 주면, 이미지 모델은 막대사탕, 신호등, 어린이의 특징을 결합하여 완전히 새로운 그림을 그린다.

대표적인 이미지 생성 모델에는 오픈AI의 Dall-E, Midjourney Inc.의 Midjourney, Stability AI의 Stable Diffusion, Adobe의 Firefly, 구글의 DeepDream 등이 있다. 사용자가 이러한 이미지 생성 모델에 "귀여운 강아지를 그려줘"와 같이 특정 요구를 하면, 모델은 학습한 패턴, 색상, 형태 등을 바탕으로 원하는 바에 부합하는 새로운 이미지를 생성해낸다.

| 미드저니로 그린 귀여운 강아지(cute dog)의 이미지

　미야자키 하야오 스타일로 귀여운 강아지를 그리라는 요청을 받으면, 이미지 생성 모델은 미야자키 하야오 특유의 부드러운 색조와 판타지적인 요소, 서정적이면서 따뜻한 느낌을 담은 강아지 그림을 만들어 낼 것이다. 이러한 과정은 모델이 미야자키 하야오의 작품들에서 나타나는 시각적 스타일과 특징들을 학습하고 이를 새로운 이미지 생성에 적용함으로써 이루어진다.

◆ 이미지 모델이 그림을 그리는 방법

이미지 생성 모델이 새로운 이미지를 만드는 방법은 크게 생성적 적대적 신경망(Generative Adversarial Networks, GANs), 생성적 확산 모형(Generative Diffusion Models), 트랜스포머 기반 이미지 생성 모델(Transformer-based Image Generation Models)의 세 가지로 구분된다. 세 가지 방식 모두 유용하며 널리 쓰이지만, 이미지를 구성하고 생성하는 기본적인 매커니즘에 차이가 있어, 원하는 작업에 더 적합한 모델을 활용할 수 있다.

생성적 적대적 신경망 방식은 생성기(Generator)와 판별기(Discriminator)라는 두 신경망을 사용한다. 먼저 임의의 노이즈(noise)를 생성한 후, 생성기는 보다 진짜 같은 이미지를 만들기 위해 시도하고, 판별기는 진짜와 가짜를 구별하며 경쟁함으로써 점차 현실적인 이미지를 생성한다. 이 방식은 유용하지만 때로는 매우 기이하고 이상한 이미지를 만들어내는 불안정성을 가진다.

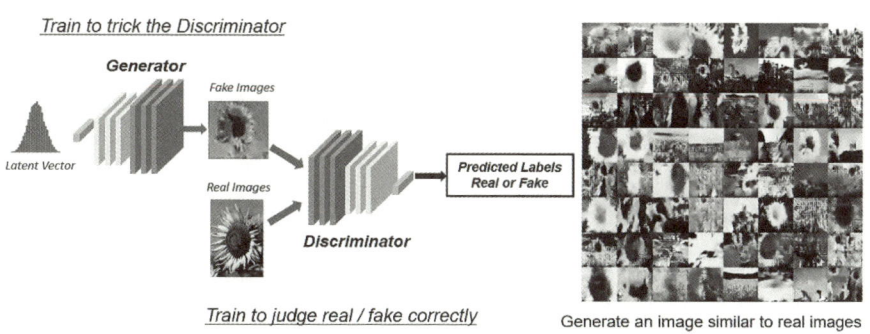

| GAN's 방식은 생성기가 만든 가짜를 판별기가 검사하는 과정을 통해 정교해진다

생성적 확산 모델은 원본 이미지를 노이즈로 바꾸는 정방향 확산(forward diffusion)을 통해 형체를 알아볼 수 없게 만든 후, 노이즈를 거꾸로 추적해 원

본 이미지와 유사한 이미지를 재구성하는 역확산(reverse diffusion) 과정을 학습한다. 이미지에 반복적으로 노이즈를 추가하여 구조를 파괴한 다음, 추론과 재구성 과정을 통해 이미지의 픽셀을 점진적으로 수정한다. 각 단계에서 모델은 노이즈 제거 방법을 배운다. 확산 모델은 세밀한 텍스처와 패턴을 잘 생성하며, 원본 이미지의 주요 특징과 스타일을 유지하면서 고품질 이미지를 만드는 데 유용한 안정적인 방법이다. 그러나 계산 복잡도가 높고 시간이 많이 걸린다.

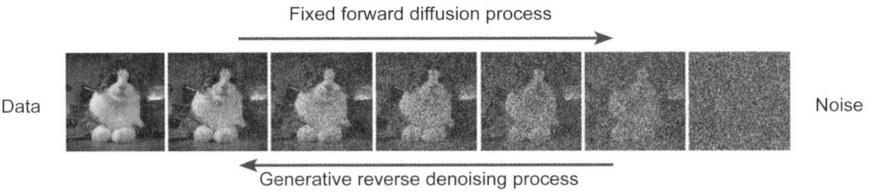

| 확산 모델은 이미지를 노이즈로 파괴했다가 재구성하는 방식으로 학습한다

트랜스포머는 처음에는 텍스트 처리를 위해 개발되었으나 이미지 생성에도 활용될 수 있다. 이 기반의 이미지 생성 모델은 이미지를 픽셀(pixel)이나 패치(patch)로 세분화하여 이들 사이의 복잡한 관계를 학습한다. 이를 통해 색상, 형태, 질감과 같은 이미지 속성과 주요 패턴 및 특징을 파악한다. 트랜스포머 모델은 이러한 학습된 패턴을 기반으로 하여 픽셀이나 패치 단위로 이미지를 단계적으로 구성하여 완성한다. 이 방법은 특히 텍스트 설명을 기반으로 한 이미지 생성에서 강력한 성능을 발휘한다.

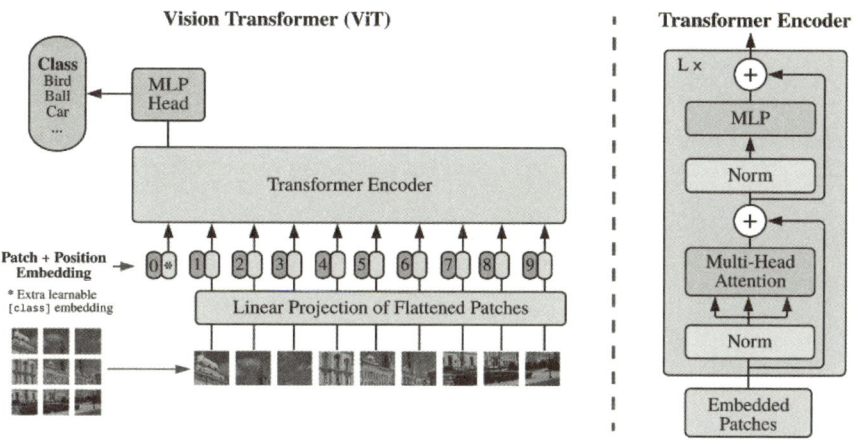

| 트랜스포머 기반 모델은 이미지를 분할한 조각들 사이의 관계를 학습한다

◆ 쓰임새 많은 이미지 모델

이미지 생성 모델은 정적 이미지 생성뿐만 아니라 원본 이미지의 바깥쪽을 원본의 특성을 유지하며 확장하거나, 이미지의 빈 부분을 원하는 그림으로 채울 수 있다. 원본 이미지를 바깥으로 확장하는 것을 아웃페인팅(out-painting), 내부를 채우거나 다른 요소로 변경하는 것을 인페인팅(in-painting)이라 한다. 이 과정에서 원본 이미지의 패턴이 유지되어 자연스러운 결과를 얻는다.

| "a sunlit indoor lounge area with a pool containing a flamingo"라 인페인팅한 예시

게임 캐릭터나 3D 디자인, 아바타 제작뿐만 아니라 사진 한 장으로 동영상을 만드는 등 시각적 요소의 변경과 생성이 가능하다. Gen2, Pika, Adobe Sensei, Make-a-video 등은 이미지나 텍스트를 기반으로 동영상을 생성한다. 특히 달리(Dall-E)를 탑재한 공동작성기(Cocreator)가 윈도우 그림판에 적용되어 누구나 텍스트만으로 AI를 활용한 이미지 제작이 가능해졌다.

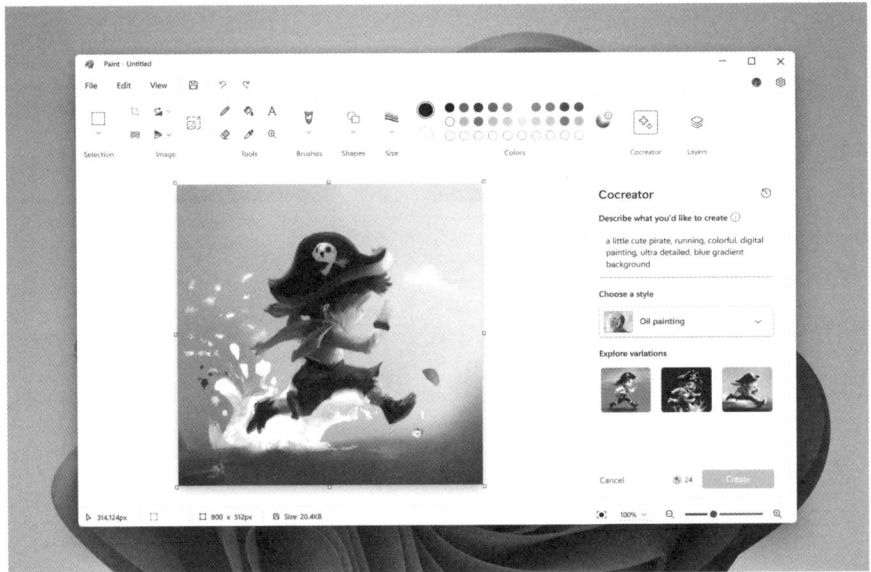

| 윈도우 그림판에 추가된 생성형 AI 기반 공동 작성기

코드 모델: 내 아이디어를 코드로 구현하는 프로그래밍 전문가

코드 생성 모델은 소프트웨어 개발 작업을 자동화하며, 사용자가 자연어로 설명한 내용을 바탕으로 원하는 동작을 수행하는 코드를 생성하거나 수정, 최적화한다. 주로 프로그래밍 언어의 코드를 다루며, 대표적인 모델로는 코덱스를 기반으로 한 마이크로소프트의 코파일럿 X(Copilot X), 구글의 듀엣 AI(Duet AI), 아마존의 코드위스퍼러(Code Whisperer) 등이 있다.

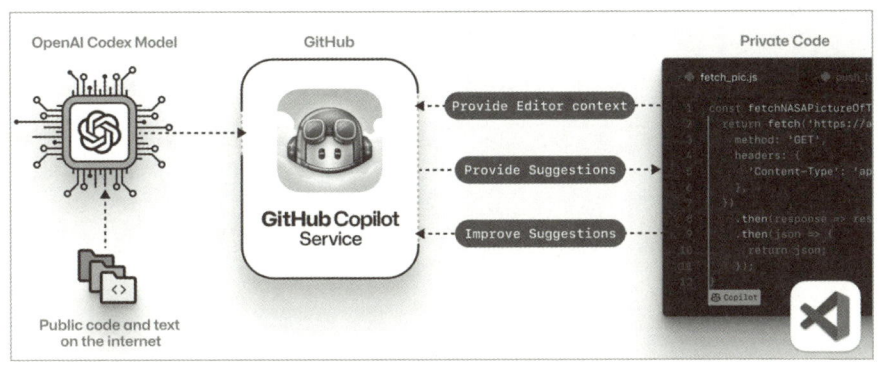

| 마이크로소프트 깃허브 코파일럿의 서비스 개념도

코드 모델은 개발 중인 코드의 문맥을 분석해 자동으로 코드를 생성하거나 주석에 따라 코드를 만들어준다. 반복되는 코드를 자동으로 채우고, 복잡한 알고리즘을 제공하며, 구현된 코드에 대한 테스트 생성 기능도 포함한다. 개발자가 작성한 코드에 대한 대체 솔루션을 제안하고, 간단한 명령으로 전체 프로젝트를 생성할 수 있다. 코드 오류를 찾고 수정하는 방법도 AI와의 대화를 통해 해결할 수 있어 프로그래밍에 드는 시간과 노력을 크게 줄일 수 있다.

코드 모델은 RPA와 IoT 분야에도 큰 영향을 미치며, 생성형 AI 개발에도 사용된다. 예를 들어, 마이크로소프트 코파일럿 스튜디오는 사용자가 자체 코파일럿을 만들 수 있는 기능을 제공한다. 기업은 이를 통해 자사 데이터를 학습시킨 코파일럿을 구축하여 고객을 특정 상품으로 안내하는 챗봇을 운영하거나, 내부 자료를 신속하게 검색하고 활용하는 시스템을 만들 수 있다.

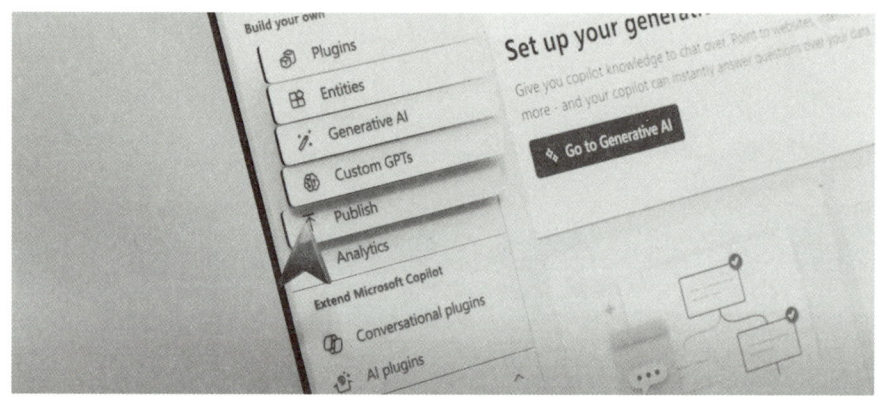

| 나만의 생성형 AI를 만드는 생성형 AI, 마이크로소프트 코파일럿 스튜디오

챗GPT는 킹스 크로스역 9와 3/4 승강장

해리 포터의 9와 3/4 승강장처럼 보이지 않는 곳에 숨어 있는 마법의 세계가 있듯, 1943년 인공신경망 모델을 시작으로 80년간 축적된 인공지능 연구도 마찬가지다. 호그와트 마법의 깊이와 복잡성을 전문적인 훈련을 받은 마법사만 이해할 수 있는 것처럼, 생성 인공지능 기술도 몇몇 전문가만이 깊이 이해할 수 있는 분야다. 머글은 마법을 모르듯 대부분의 사람들은 인공지능에 대해 잘 모른다. 이 복잡한 기술을 쉽게 활용하고 싶은 욕구는 있지만, 그 실현은 우리에게 아직 멀게만 느껴진다.

2022년 11월에 등장한 GPT(Generative Pre-trained Transformer)는 약 1,750억 개의 파라미터를 갖춘 대형 언어 모델로, 다양한 전문 서적, 논문, 뉴스기사 및 인터넷의 방대한 텍스트를 학습했다. 마치 어린아이가 주변 사람들의 말을 듣고 따라하며 언어를 습득하는 것처럼, GPT는 인간의 언어를 대규모로 학습해 자연스러운 대화를 가능하게 하며 세계를 놀라게 했다.

GPT는 킹스 크로스역의 9와 3/4 승강장처럼 자연어 처리를 통해 일반인이 인공지능에 쉽게 접근할 수 있는 교두보를 마련한다. 복잡하고 신비로운

| GPT는 80년 간의 인공지능 연구 성과를 집대성하여 9와 3/4 승강장처럼 이 분야로 들어가는 관문 역할을 한다

인공지능 기술을 일반인에게 친숙하고 접근 가능한 형태로 변환하여 모든 이가 그 혜택을 누릴 수 있게 해준다. 이제 복잡한 코딩이나 전문 지식 없이도 자연어로 GPT와 대화하며 정보를 얻을 수 있다. GPT는 일반 대중이 인공지능의 신비로운 세계로 들어갈 수 있는 마법의 문과 같다.

챗GPT를 통한 AI 붐은 단순히 급조된 기술의 쏟아짐이 아니라, 지금까지 복잡하고 멀게만 느껴졌던 인공지능 기술이 일반인에게도 보이기 시작한 것이다. GPT는 기술을 넘어 인공지능과 대중 사이의 연결고리 역할을 하며, 미래 사회에서 AI가 더 친숙하고 유용한 존재로 자리 잡는 데 크게 기여하고 있다. 이는 마법의 세계가 일반 세계와 합쳐지는 것과 같은 놀라운 변화의 시작이다.

CHAPTER

06

생성형 AI는 어떻게 내 삶을 바꿀까?

— CHAPTER —
06

생성형 AI는
어떻게 내 삶을 바꿀까?

부머(Boomer) vs 두머(Doomer)

구글과 스탠포드 대학의 스몰빌 실험을 본 사람들은 생성형 AI의 발전에 감탄하면서도 동시에 두려움을 느낀다. 일부는 아이언맨과 자비스의 발전을 환영하는 반면, 다른 일부는 AI 에이전트가 인간처럼 행동하는 것을 두려워하며 터미네이터와 스카이넷을 떠올린다. 기술 발전의 긍정적인 측면을 지지하는 이들을 부머라 하고, 과도한 발전이 인류에게 위험이 될 수 있다고 보는 이들을 두머라 부른다. 기술에 대한 사람들의 태도와 기대가 다양하기 때문에 한쪽의 의견이 절대적으로 옳다고 할 수는 없다. 그러나 역사적으로 새로운 기술이 등장할 때마다 부머와 두머 사이의 논쟁이 있었으며, 대체로 부머의 관점이 우세했다는 점은 분명하다.

18세기 영국의 러다이트 운동(Luddite Movement)이나 자동차의 등장에 반대한 붉은 깃발법(Red Flag Act) 같은 기술 발전에 대한 반대 사례는 많이 알려져 있다. 하지만 이러한 사례들은 기술 발전과 관련된 부머와 두머의 대결 중 일부에 불과하다. 1970년대 미국에서는 학교 교육에서 계산기 사용이 큰 논쟁거리였다. 일부 교사들은 계산기 사용이 학생들이 기본적인 계산 능력을 잃게 하고, 수학적 사고력을 약화시킬 것이라 우려했다. 또한 계산기의 비용과 향후 사용성에 대한 의문도 제기됐다. 그러나 시간이 흐르며 계산기는 일상적인 도구로 자리 잡았고, 이제는 계산기 사용이 큰 문제로 여겨지지 않는다.

| 1980년대 교사들의 계산기 사용 반대 시위 보도

◆ 생성형 인공지능에 대한 엇갈린 시선들

생성형 인공지능, 특히 챗GPT의 등장은 2023년 전세계의 인공지능 분야에서 폭발적인 관심을 불러일으켰다. 오픈AI를 포함한 기술 관련 주식은 급등

했고, 유수의 기술 기업들이 다양한 생성형 AI를 선보였다. 국제학술지 네이처가 'Nature's 10'에서 역사상 처음으로 인간이 아닌 챗GPT를 포함시킨 것은 생성형 AI에 대한 열광적인 관심과 긍정적인 전망, 그리고 그 파급 효과를 보여준다.

| 챗GPT가 non-human으로서 네이처 10에 최초 등재되었다

　같은 해 미국 할리우드 작가 조합(WGA)은 생성형 AI가 대본 창작에 널리 사용되고 있다며, 배우 방송인 노조(SAG-AFTRA)는 생성형 AI가 한 장의 이미지로 동영상을 제작해 엑스트라의 일자리를 위협한다고 주장하며 3개월 가량 파업을 했다. 캘리포니아 간호사 협회는 의료 서비스에서 AI 활용이 간호 업무를 인공지능 지시의 단순 실행으로 전락시킬 수 있다고 우려하며 시위를 했다. 전미자동차노조(UAW)는 88년 만에 일자리 상실의 공포로 인해 동시 파업에 들어갔고, 반(反)기술주의 시위대인 세이프 스트리트 레블은 로보택시(Robotaxi)의 자율주행 센서에 기습적으로 안전 고깔을 씌워 운행을 방해

했다. 이로 인해 첨단 기술의 집약체인 로보택시는 센서가 차단되어 도로 위에서 움직이지 못하는 문제를 겪었다. 인공지능에 대한 일자리 위협의 두려움과 강한 반대 움직임이 적지 않다.

| 한국시나리오작가조합의 WGA 파업지지 연대 시위 슬로건

아직 생성형 AI를 둘러싼 갈등의 결말을 알 수 없으나, 과거 유사한 갈등이 비슷한 결론에 이른 점은 주목할 만하다. 방직공장 기계를 파괴한 러다이트 운동에도 불구하고 산업혁명은 성공했으며, 프랑스 화학자이자 근대 화학의 아버지라 불리는 라부아지에(Lavoisier)는 '공화국은 과학자를 필요로 하지 않는다'는 선고를 받았음에도 불구하고 현대 화학은 크게 발전했다. 자동차가 깃발을 든 사람을 따라야 했던 붉은 깃발법은 자동차의 보급을 막지 못했고, 현재 학생들은 계산기를 사용한다. 유나바머(UnABomber)의 폭탄 테러에도 과학 연구는 계속됐으며, 노동자의 생계를 위해 포드 자동차 생산에 로

봇 도입을 반대한 컴패니언 운동에도 오늘날 자동차 제작 공정은 매우 자동화되었다. 결국 일어날 일은 일어난다.

천재들의 실수, 변화의 과소평가

챗GPT와 알파고만큼 일반인에게 친숙한 인공지능으로 IBM의 왓슨이 있다. 왓슨은 2011년 미국의 유명 퀴즈쇼 'Jeopardy!'에 출연해 당시 74연승을 기록 중이던 켄 제닝스와 브래드 러터를 상대로 완벽한 승리를 거두며 깊은 인상을 남겼다. 인공지능 왓슨의 이름은 IBM의 회장 토머스 J. 왓슨에서 따왔다. 세계적인 컴퓨터 회사의 리더였던 왓슨이 남긴 가장 유명한 발언은 "전세계 컴퓨터 시장은 5대 정도라고 생각합니다. *(I think there is a world market for maybe five computers.)*"이다. 이 발언은 지금 보면 우스꽝스럽게 들릴 수 있지만, 당시에는 컴퓨터의 대중화와 보급이 현재와는 달리 예상되던 시기였다는 점을 고려해야 한다. 컴퓨터가 오늘날처럼 일상 속에 깊숙이 자리 잡을 것이라고는 상상하지 못했다. 왓슨만 그런 생각을 한 것은 아니다. 20세기 컴퓨터 과학의 주요 인물이자 Digital Equipment Corporation(DEC)의 설립자인 켄 올슨도 "집에 개인용 컴퓨터를 둘 이유가 전혀 없다. *(There is no reason for any individual to have a computer in his home.)*"고 말했다.

| 뛰어난 천재라도 가끔 상황을 오판하기도 한다

　대기업의 회장이든 천재 공학자든 분명한 변화의 조짐을 간과하는 실수를 범하기도 한다. 세계 최고의 기업도 예외는 아니다. 2000년대 초반까지 지구상의 휴대폰 절반을 판매하며 유럽에서 가장 가치 있는 기업이었던 노키아를 보자. 애플 아이폰 출시 3년 전인 2004년, 노키아의 몇몇 엔지니어는 세계 최초의 스마트폰을 개발했다. 이 스마트폰은 컬러 터치 스크린, 고해상도 카메라, 인터넷 사용 가능성을 갖추고 있었다. 엔지니어들은 스마트폰용 온라인 앱스토어 개발을 제안했지만, 노키아는 시대의 흐름을 제대로 인식하지 못했다. 결국 3년 후 애플의 아이폰이 등장해 2004년 노키아 엔지니어들이 제안한 바를 현실로 만들었고, 노키아는 급격히 몰락의 길을 걷게 되어 2013년에는 모바일 사업 부문을 매각했다. 모바일 시대를 제대로 읽지 못한 노키아의 몰락은 널리 알려져 있지만, 고무장화와 화장지를 판매하던

노키아가 통신 시장의 큰 변화를 간파하고 휴대전화 사업으로 전환해 세계 휴대폰 시장의 절반을 차지한 성공 사례도 있다.

| 고무장화와 화장지 제조업체였던 노키아는 변화를 읽어 성공했고, 변화를 무시해 실패했다

기술 발전에 따라 세상은 변화한다. 컴퓨터의 등장, 개인용 PC의 보급, 휴대폰의 일반화, 스마트폰의 등장 때도 현실을 정확히 인식한 이들만이 살아남았다. 그렇다면 생성 인공지능이 정말로 새로운 기회의 문을 여는 열쇠일까? 아니면 단지 거품일까?

뛰어난 기술은 곧 새로운 환경이다

2007년 맥월드에서 스티브 잡스는 아이폰을 다음과 같이 소개했다. "오늘 우리는 세 가지 혁명적인 제품을 선보일 것입니다. 첫 번째는 손으로 조작할 수 있는 커다란 화면의 아이팟이고, 두 번째는 완전히 새롭고 혁신적인 휴대폰이며, 세 번째는 인터넷을 통해 소통할 수 있는 새로운 기기입니다. 놀랍게도 이 세 가지 제품은 따로 있는 것이 아니라 하나의 기기로 통합되어 있습니다. 우리는 이것을 아이폰이라고 부릅니다." 처음에 스마트폰은 "컴퓨터 기능이 포함된 터치스크린 휴대폰"으로 설명되고 이해되었다. 현재 스마트폰은 별도의 정의가 필요 없을 정도로 일상에 깊숙이 자리 잡았다. 스마트폰은 단순한 기기를 넘어 모바일 환경 자체를 의미하며, 우리 생활과 밀접한 연관을 가지고 있다.

| 맥월드에서 아이폰을 소개하던 스티브 잡스

◆ 챗GPT 덕분에 건강해진 7살 알렉스 이야기

어떤 기술이나 도구는 그것의 본질을 깊게 이해하지 않아도 일상생활 속에 깊숙이 자리 잡는다. 7살 알렉스의 경우를 보자. 알렉스는 이갈이가 심했고, 엄마 코트니는 처음에는 충치 때문일 거라 생각했다. 하지만 시간이 지나면서 알렉스는 심한 피로감과 통증을 호소하기 시작했고, 결국에는 왼쪽 다리를 제대로 사용하지 못하게 되었다. 코트니는 놀라서 3년 동안 17명의 전문의를 찾아다녔지만, 알렉스의 정확한 질병을 찾아내지 못했다. 이때 코트니는 의사보다 GPT가 낫다는 캘리포니아 의과대학의 연구 결과를 접하게 된다. 연구에 따르면, 195가지 질문에 대한 응답의 정확도와 품질에서 의사의 평균 점수는 3.26점인 반면, GPT는 4.13점으로 의미 있게 더 높았다.

코트니는 별다른 기대 없이 알렉스의 MRI 결과와 의료 기록을 GPT에 입력했다. GPT는 지방 척수수막류(tethered cord syndrome)를 의심할 수 있다고 답변했다. 지방 척수수막류는 엉덩이 위 척추뼈가 제대로 붙지 않아 생기는

| GPT의 도움으로 만성 통증에서 해방된 7살 알렉스

질환으로, 허리에 눈에 띄는 피부 돌출이 나타나는 경우가 많다. 알렉스에게는 이러한 특징적인 병변이 없었고, 어린 나이 탓에 증상을 정확히 설명하기 어려웠기 때문에 진단이 늦어졌다. 다행히 알렉스는 수술을 받고 회복되었다.

알렉스의 정확한 진단과 수술, 약물 조절 같은 중요한 결정은 의사의 최종 판단에 의해 이루어졌다. 하지만 17명의 의사가 각자의 전문 분야에만 집중하는 바람에 발생한 오류와는 달리, GPT는 방대한 자료를 기반으로 진단을 내렸기 때문에, GPT의 답변을 의사가 검토하는 방식으로 큰 도움을 얻을 수 있었다.

알렉스의 사례는 생성형 인공지능이 우리 생활에 가져올 변화의 예를 보여준다. 고급 기술과 도구는 전문가 수준의 능력을 일반인에게도 제공할 수 있다. 컴퓨터의 성능이 아무리 발전해도 천공카드를 사용해야만 원하는 작업을 할 수 있다면, 그 기술은 일상에 큰 변화를 가져오지 못했을 것이다. DOS 명령어 입력이 가능해지고, 윈도우 그래픽 사용자 인터페이스가 등장하며, 개인용 컴퓨터를 넘어 스마트폰을 통해 누구나 쉽게 컴퓨터의 강력한 연산 능력을 활용할 수 있게 된 것이 중요한 변화다.

코트니가 의과대학 도서관에서 수천, 수만 권의 책을 직접 공부하고 어려운 의학 용어를 이해해 관련 자료를 찾아야 했다면, 의료 기록을 분석해 진단을 내리는 프로그램을 개발해야 했다면, 의사에게 "알렉스의 병이 혹시 지방 척수수막류인지 검사해 주세요"라고 요청하는 것은 불가능했을 것이다. 사람과 자연스럽게 대화할 수 있는 GPT 덕분에 평생 의학 서적을 한 번도 펼쳐보지 않았던 코트니가 아들의 의심되는 질병을 파악할 수 있었다.

생성형 AI는 다양한 분야의 방대한 데이터를 학습하여 새로운 콘텐츠를 창출한다. AI가 만들어 낼 수 있는 것에는 텍스트, 이미지, 음악, 동영상, 프로그래밍 코드뿐만 아니라 상황 분석, 문제 해결 방법, 질병 진단, 심지어 스몰빌 주민들의 대화와 행동 같은 것들도 포함된다.

영화 아이언맨에서 토니 스타크가 입는 Mark Series 슈트처럼, 우리가 사용하는 생성형 인공지능 서비스는 우리의 생산성을 향상시키는 역할을 한다.

이런 맥락에서 마이크로소프트는 생성형 AI의 이름을 코파일럿(Co-pilot, 부조종사)이라 지었다. MS 코파일럿은 다양한 오피스 도구에서 사용자의 자연어 요청을 이해하여 내부적으로 처리하고, 원하는 형태의 결과물로 반환하는 생성형 인공지능이다. 그 결과물은 요약된 워드 문서, 이메일 답장, 파워포인트 슬라이드 디자인, 엑셀 차트와 표, 서식 등이 될 수 있다.

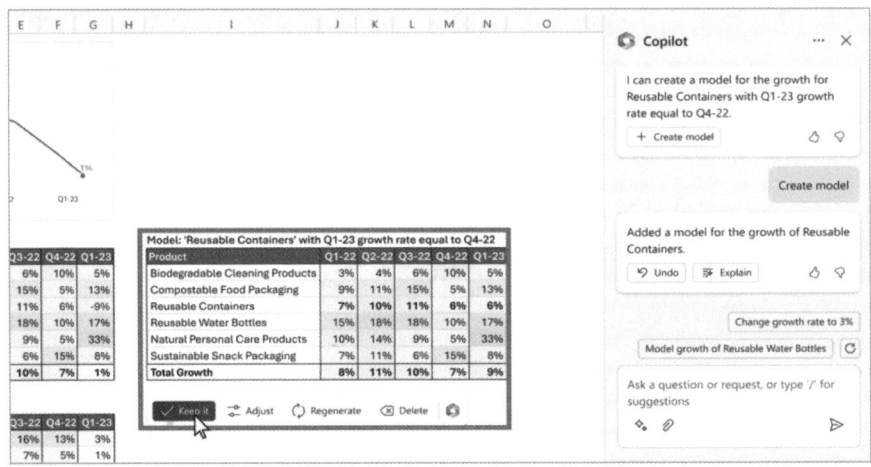

| 자료에 대한 표, 차트, 서식, 분석 내용 등을 생성하는 엑셀 코파일럿

생성형 AI는 어디쯤 왔고, 어디로 가고 있을까

신기술은 등장 초기에 빠른 성장을 거치며 기대감이 정점에 달한 후, 급격한 내리막을 따라 환멸의 골짜기로 추락한다. 이 추락 과정에서 가혹한 평가를 견뎌낸 기술만이 점차 생산적인 용도로 발전한다. 이러한 과정을 하이프 사이클(Hype Cycle)이라고 부른다. 가트너(Gartner)는 전 세계에서 가장 권위 있는 신기술 하이프 사이클 분석 기관으로, 매년 2,000개 이상의 기술을 조사하여 성숙도와 수용도 측면에서 순위를 매기고 하이프 사이클을 정리한다.

가트너가 정리한 2023년 말 기준으로, 인공지능 분야의 하이프 사이클에서 생성형 AI는 기대감이 정점에 달한 상태인 2단계(Peak of Inflated Expectations)에 속해 있으며, 앞으로 5년 이내에 혁신적인 성과를 달성할 것으로 예상되었다.

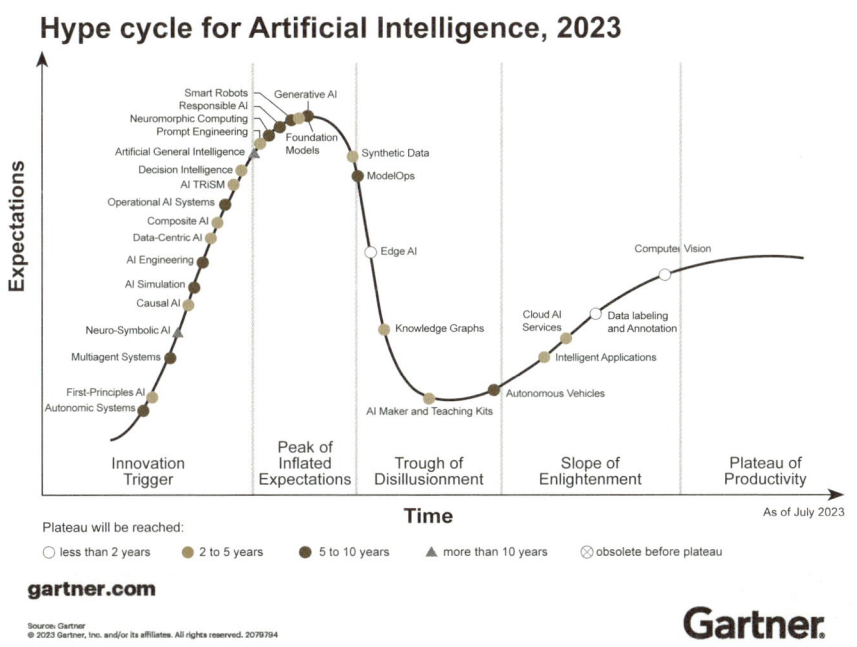

| 인공지능 분야의 하이프 사이클(가트너 그룹, 2023)

하이프 사이클의 5단계를 거치면서 기술은 점차 안정화되어 많은 사람들의 삶에 영향을 미치고, 일상의 일부가 된다. 생성형 AI가 비즈니스 프로세스와 인적 자원의 가치를 높이는 과정을 두 가지 측면에서 볼 수 있다. 첫 번째는 생성형 AI로 인해 일어날 변화가 무엇인지이고, 두 번째는 생성형 AI의 발전을 어떻게 촉진할 것인지이다.

◆ 생성형 AI에 의해 기술 발전이 촉진될 혁신 분야

생성형 AI는 콘텐츠 발견, 생성, 진위 판별, 규제와 관련한 비즈니스 영역에 영향을 미칠 것으로 기대되며, 고객과 직원의 경험을 향상시킬 수 있을 것으로 예상된다. 또한, 일반 인공지능(AGI; Artificial General Intelligence), AI 엔지니어링, 자율 시스템, 클라우드 AI 서비스, 복합 AI 등 기술 분야에 혁신적인 원동력을 제공할 것으로 전망된다.

분야	상세
프롬프트 엔지니어링 (Prompt engineering)	모델이 생성할 수 있는 응답 세트를 지정하고 제한하기 위해 텍스트 또는 이미지의 형태로 생성형 AI 모델에 입력을 제공하는 분야이다.
범용 인공 지능 (Artificial general intelligence, AGI)	인간이 수행할 수 있는 모든 지적 작업을 수행할 수 있는 기계의 지능으로서 현재는 이론적인 개념이다.
AI 엔지니어링 (AI engineering)	기업이 대규모로 AI 솔루션을 제공하기 위한 기반 기술로서 일관성 있는 기업용 개발, 정보 전달 및 AI 기반 시스템 운영 등이 포함된다.
자율 시스템 (Autonomic systems)	특정 도메인의 작업을 수행하는 자체 관리 물리적, 또는 소프트웨어적 시스템으로서 자율성, 학습, 대행의 3가지 기본 특성이 있다.
클라우드 AI 서비스 (Cloud AI services)	AI 모델 구축 도구, 사전에 구축된 서비스를 이용하기 위한 API 및 클라우드 서비스로서 클라우드에서 실행되는 머신러닝 모델을 구축, 훈련, 배포 및 소비할 수 있게 하는 관련 미들웨어를 제공한다.

복합 AI (Composite AI)	폭넓은 비즈니스 문제를 해결하기 위해 학습의 효율성을 높이고 지식 표현의 수준을 넓히기 위해 다양한 AI 기술을 결합하는 분야이다.
컴퓨터 비전 (Computer vision)	물리적 세계로부터 의미 있고 맥락적인 정보를 추출하기 위해 실제 세계의 이미지와 비디오를 캡처, 처리 및 분석하는 기술 집합이다.
데이터 중심 AI (Data-centric AI)	AI 결과를 개선하기 위해 훈련 데이터를 향상시키고 풍부하게 하는 데 중점을 두고 데이터 품질, 개인정보 보호 및 확장성을 다룬다.
엣지 AI (Edge AI)	IT 제품이 아닌 제품, 사물인터넷 접점, 게이트웨이 및 엣지 서버에 내장된 AI 기술을 말한다. 자율 주행 차량, 의료 진단 향상, 스트리밍 비디오 분석과 같은 소비자, 상업 및 산업 애플리케이션 등을 포괄한다.
지능형 애플리케이션 (Intelligent applications)	사람과 기계에 자율적으로 반응하기 위해 미리 학습된 AI 모델을 활용하는 응용 소프트웨어이다.
모델 운영화 (Model operationalization ModelOps)	주로 고급 데이터 분석, AI 및 결정 모델의 전체 거버넌스 및 생명 주기 관리에 초점을 맞춘다.
운영 AI 시스템 (Operational AI systems, OAISys)	생산 준비 및 기업용 AI 시스템들의 융합, 자동화 및 확장을 가능하게 하며, ML, DNN 및 생성형 AI를 포함한다.
스마트 로봇 (Smart robots)	AI로 구동되며 종종 이동 가능한 기계로, 하나 이상의 물리적 작업을 자율적으로 수행하도록 설계된다.
합성 데이터 (Synthetic data)	실제 세계의 직접 관찰에서 얻은 것이 아니라 특수 목적 AI의 학습을 위해 인공적으로 생성된 데이터 클래스이다.

| 생성 AI에 의해 기술 발전이 촉진될 혁신 분야

◆ 생성형 AI의 발전을 촉진할 혁신 분야

생성형 AI의 성장과 함께, 이를 촉진하는 주요 기술들도 발전하고 있다. 인공지능 훈련을 위한 데이터 라벨링의 확대, 책임 있는 AI 사용을 위한 정책 개발 등이 생성형 AI 확산에 따라 중요한 분야로 다루어지고 있다.

분야	상세
AI 시뮬레이션 (AI simulation)	AI와 시뮬레이션 기술을 결합하여 AI 에이전트와 이를 훈련, 테스트하고 때로는 배포할 수 있는 시뮬레이션 환경을 동시에 개발하는 분야이다.
AI 신뢰, 위험 및 보안 관리 (AI TRiSM; AI Trust, Risk and Security Management)	AI 모델 거버넌스, 신뢰성, 공정성, 신뢰성, 견고성, 효율성 및 데이터 보호를 다룬다.
인과관계 AI (Causal AI)	인과관계를 파악하고 활용하여 상관관계 기반의 예측 모델을 넘어 보다 효과적으로 행동을 처방하고 자율적으로 행동할 수 있는 AI 시스템을 개발한다.
데이터 라벨링 및 주석 (DL&A; Data Labeling and Annotation)	더 나은 분석 및 AI 프로젝트를 위해 데이터를 보강하기 위해 데이터 자산을 추가로 분류, 세분화, 주석 및 증강하는 프로세스이다.
최초 원칙 AI (FPAI: First-Principles AI, 또는 물리학 기반 AI)	물리적 및 아날로그 원칙, 준거법, 도메인 지식을 AI 모델에 통합하는 과정으로서 FPAI는 AI 엔지니어링을 복잡한 시스템 엔지니어링 및 모델 기반 시스템으로 확장하는데 중요한 역할을 담당한다.
기초 모델 (Foundation models)	광범위한 데이터 세트에 대해 자체 감독 방식으로 학습된 대규모 매개변수 모델을 제공하는 분야이다.
지식 그래프 (Knowledge graphs)	기계가 읽을 수 있도록 물리적 세계와 디지털 세계를 표현하는 방식으로서 그래프 데이터 모델을 준수하는 엔티티(사람, 회사, 디지털 자산)와 관계를 포함한다.
멀티에이전트 시스템 (MAS, Multi-Agent Systems)	에이전트는 AI 모델, 소프트웨어 프로그램, 로봇 및 기타 계산 개체 등으로서 환경을 인식하고 조치를 취할 수 있는 여러 개의 독립적이면서도 상호작용하는 에이전트로 구성된 AI 시스템 개발에 초점을 맞춘다.
신경심볼릭 AI (Neurosymbolic AI)	머신러닝 방법과 심볼릭 시스템을 결합하여 보다 강력하고 신뢰할 수 있는 AI 모델을 만드는 복합 AI의 한 형태로서 광범위한 비즈니스 문제를 보다 효과적으로 해결하기 위한 추론 인프라를 제공한다.
책임감 있는 AI (Responsible AI)	AI를 도입할 때 적절한 비즈니스 및 윤리적 선택을 내리는 측면을 포괄적으로 일컫는 용어로서 긍정적이고 책임감 있으며 윤리적인 AI 개발 및 운영을 보장하는 조직의 책임과 관행을 포괄한다.

| 생성AI의 발전을 촉진할 혁신 분야

생성형 인공지능 발전이 일자리에 가져올 변화

생성형 AI의 발전은 사회에 다양한 변화를 가져올 것이다. 많은 사람들이 AI에 의한 일자리 대체를 우려하지만, 대부분의 연구는 관련 분야에서 일자리가 오히려 증가할 것으로 보고 있다. 예를 들어, 골드만삭스는 생성형 AI가 3억 개의 일자리에 영향을 미칠 것으로 보고 있으며, 지난 80년 동안 새로운 일자리의 85%가 신기술 중심의 새로운 직종에서 창출되었다고 언급했다. 이에 따라, 생성형 AI는 전세계 GDP를 7% 성장시킬 것으로 예상된다.

세계경제포럼은 AI가 8,500만 개의 일자리를 대체하면서도 9,700만 개의 새로운 일자리를 창출할 것으로 예상했다[10]. 세계경제포럼은 "수십 년 전 인터넷이 성장할 때 비슷한 우려가 있었으나, 회의론에도 불구하고 현재 인터넷 기술은 수백만 개의 일자리를 창출했다"고 강조했다.

◆ **생성형 AI의 시대 국내 일자리 전망**

국내 일자리 전망과 관련하여, 긍정적인 면과 부정적인 면이 혼재하고 있으나, 한국직업능력연구원에서 흥미로운 연구[11] 결과를 내놓았다. 미국 노동부 고용훈련국이 분류한 18,858가지의 업무 중 958가지를 무작위로 추출해, 공학, 과학, 경제학, 사회학 등의 분야별 전문가 12명에게 "이 업무가 앞으로 10년 내에 인공지능과 로봇에 의해 대체될 수 있는가"를 질문했다.

---

10. World Economic Forum, 「Futrue of Jobs Report 2022」
11. 한국직업능력연구원, 「데이터 기반 미래 숙련 전망 체계 구축」(2023)

이에 대한 전문가들의 응답을 AI에 학습시켜 나머지 17,900가지 업무에 대한 인공지능과 로봇의 대체 가능성에 대한 규칙성을 찾아 전망했다. 이 연구는 인공지능이 향후 일자리 시장에 미칠 영향에 대해 보다 구체적인 전망을 제공한다.

연구팀은 인공지능이 생성한 응답 데이터를 분석하여 2030년까지 각 직업이 AI(로봇 포함)에 의해 대체될 가능성을 평가했다. 각 직업을 다양한 '업무'로 구성된 자리로 간주하고, 예를 들어 간호사 직업은 환자 상태 관찰, 체온 및 혈압 측정, 검사 및 치료 절차 안내, 약 투여, 환자 응답 등 다양한 업무를 포함한다고 보았다. 어떤 직업의 대부분 업무가 AI로 대체될 경우 그 직업은 소멸할 것으로 추정되며, 일부 업무만 AI에 의해 대체되는 경우에는 직업은 유지되되 근무 방식에 변화가 생길 것으로 예상된다.

한국직업능력연구원의 연구 결과에 따르면, 2030년에는 전체 직업의 9.5%가 AI에 의해 대체될 위험이 있으며, 48.6%의 직업은 소멸하지 않지만 근무 방식의 변화가 필요할 것으로 분석되었다. 기술적으로 AI가 인간의 역할을 대신할 수 없는 직업은 없다고 예상되며, 실제로 직업이 대체되는지 여부는 사회적, 경제적 요인에 의해 결정될 것이다. 이러한 요인을 고려하면, AI에 의해 대체될 확률이 70%를 넘는 직업은 총 153개로 나타났다.

AI가 일자리를 대체하는 것만은 아니다. AI 도입으로 인한 생산성 향상은 추가적인 부가가치를 창출하고 더 많은 일자리를 만들어내며, 기존에는 없었던 새로운 직업군도 생겨난다. 경제적 영향이 긍정적으로 반영되어 불황이나 대량 실직으로 인한 수요 감소가 발생하지 않는다면, 한국은행이 분류한 한국의 32개 산업 중 일자리 수가 감소하는 산업은 없을 것이며, 전체

산업분류	부가가치 증감률	노동 증감률	인공지능 대체 취업자 수 비율	
			그룹 1	그룹 2
농림수산물	0.378	-0.059	0.092	0.586
광산품	0.184	0.017	0.209	0.459
석탄, 화학, 금속	0.218	0.015	0.290	0.399
컴퓨터, 전기, 전자	0.491	-0.004	0.290	0.399
기계 및 운송장비	0.133	0.013	0.290	0.399
기타 제조업	0.083	0.000	0.268	0.409
전력, 수도, 재활용	0.229	0.226	0.074	0.555
건설	0.052	-0.032	0.204	0.484
도소매	0.245	-0.069	0.048	0.597
운송서비스	0.166	0.028	0.118	0.582
음식점 및 숙박	0.251	-0.015	0.033	0.631
정보통신 및 보험	0.376	0.006	0.036	0.484
금융 및 보험	0.645	-0.095	0.004	0.488
부동산서비스	0.121	0.067	0.150	0.442
전문, 과학 및 기술	0.401	-0.100	0.012	0.480
기타 서비스	0.259	0.019	0.035	0.462
평균	0.265	0.001	0.135	0.491

주: 1. 그룹 1: 인공지능 대체 확률이 높은 직업 그룹
    2. 그룹 2: 인공지능 대체 확률이 높지 않은 직업 그룹
    3. (−) 부호는 감소를 의미한다.

| 2030년 사회경제적 측면에서 AI에 의한 대체 취업자 수 비율(한국직업능력연구원,2023)

적으로 221만 개 이상의 일자리가 증가할 것으로 예상된다. 특히 도·소매 및 상품 중개 서비스업, 금융·보험업, 보건·사회복지서비스업 등에서 일자리 증가가 두드러질 것으로 보인다.

산업분류	부가가치 증감률	노동 증감률	인공지능 대체 취업자 수 비율	
			그룹 1	그룹 2
농림수산물	0.378	-0.059	0.0798	0.074
광산품	0.184	0.017	0.680	0.187
석탄, 화학, 금속	0.218	0.015	0.665	0.216
컴퓨터, 전기, 전자	0.491	-0.004	0.665	0.216
기계 및 운송장비	0.133	0.013	0.665	0.216
기타 제조업	0.083	0.000	0.652	0.220
전력, 수도, 재활용	0.229	0.226	0.626	0.234
건설	0.052	-0.032	0.702	0.155
도소매	0.245	-0.069	0.710	0.176
운송서비스	0.166	0.028	0.871	0.054
음식점 및 숙박	0.251	-0.015	0.785	0.103
정보통신 및 보험	0.376	0.006	0.348	0.433
금융 및 보험	0.645	-0.095	0.487	0.322
부동산서비스	0.121	0.067	0.583	0.254
전문, 과학 및 기술	0.401	-0.100	0.316	0.451
기타 서비스	0.259	0.019	0.341	0.376
평균	0.265	0.001	0.618	0.230

주: 1. 그룹 1: 인공지능 대체 확률이 높은 직업 그룹
2. 그룹 2: 인공지능 대체 확률이 높지 않은 직업 그룹
3. (-) 부호는 감소를 의미한다.

| 2030년 기술적 측면에서 AI에 의한 대체 취업자 수 비율(한국직업능력연구원,2023)

◆ 어떤 식으로든 일하는 방식은 바뀐다

작업 절차가 표준화되어 있거나, 단순하고 반복적인 업무를 수행하는 직업, 분류와 정리가 주된 업무인 직종은 기술적으로 대체가 용이하며 사회적, 경제적 저항도 적을 것으로 보인다. 생성형 AI는 육체적 노동보다는 창의적이

고 지식 기반의 노동이 많은 직종에 더 큰 영향을 미칠 것으로 예상된다. 초기 인공지능은 제조업과 사무 보조원 같은 반복적인 업무나 농업 같은 육체노동의 자동화에 큰 영향을 미쳤으며, 이후 등장한 기계학습(ML, Machine Learning)과 딥러닝(Deep Learning) 기술은 대용량 데이터 분석, 재고 관리, 신제품 개발, 트렌드 예측 등 시간이 많이 소요되는 작업에 주로 활용되었다.

생성형 AI는 사용자의 요구에 맞춰 자동으로 데이터를 찾아 학습하고, 그 기반으로 새로운 결과물을 만들어내는 기술이다. 골드만삭스와 맥킨지와 같은 여러 연구 기관은 전문 지식이나 창의력이 필요한 업무, 사람과의 상호작용이 중요한 직종에서 AI의 자동화 역할이 증가할 것으로 보고 있다. 따라서 우리 모두가 어떤 식으로든 일하는 방식에 변화를 주어야 할 것으로 예상된다.

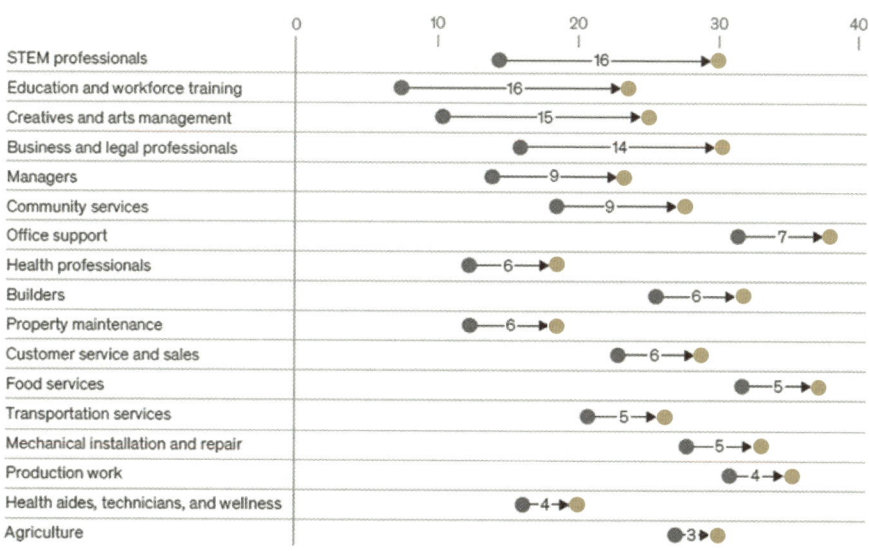

| 미국의 업종별 업무 시간의 자동화 도입 비율 변화(McKinsey Global Institute, 2023)

생성형 AI의 성장에 적응하고 일하는 방식을 바꾸는 것이 어렵게 느껴진다면, 원로 만화가 이현세 화백의 예를 들 수 있다. 44년 동안 4,174권의 만화책을 출간한 이현세 작가는 간단한 드로잉을 통해 이현세 작가의 화풍으로 이미지를 생성하는 방식으로 작업 시간을 1/3로 줄이는 "AI 이현세" 프로젝트를 추진하고 있다.

| "자동차 놔두고 소달구지 타고 다닐 이유는 없다" – AI 이현세 프로젝트 설명회 中

이현세 작가가 AI 프로젝트에 참여하기로 한 이유는 현대 기술의 흐름에 적응하고 이를 활용하려는 그의 의지에서 비롯된 것이다. 그는 "젊은 작가들이 AI를 반대하고 나를 배신자라고 이야기해도, 자동차를 놔두고 소달구지를 타고 다닐 이유가 없다"며, "AI와 싸우든 적응해서 이용하든 해야지, 피해서 될 문제는 아니다"라고 말했다. 이러한 발언은 기술의 발전을 받아들이고 그것을 유용하게 활용해야 한다는 그의 신념을 반영한다.

CHAPTER

07

생성형 AI가 바꾼 실제 비즈니스 사례

CHAPTER 07

생성형 AI가 바꾼 실제 비즈니스 사례

생성형 AI의 발전은 경쟁 우위를 유지하려는 기업에게 중요한 고려 사항이 되었다. 이미지, 비디오, 텍스트 생성부터 고객 경험 향상에 이르기까지, 생성형 AI는 다양한 산업 분야에서 유용하게 사용될 수 있다. 비즈니스에 생성형 AI를 도입하는 방법은 여러 가지가 있으며, 특정한 방식이 정해져 있는 것은 아니다. 몇 가지 사례를 통해 기업이 생성형 AI를 어떻게 활용할 수 있는지 소개하고자 한다. 일부 사례는 고급 기술을 요구할 수 있지만, 다른 일부는 비교적 간단하게 적용 가능하다.

쉽고 빠르게 다양한 콘텐츠 제작 및 디자인

효과적인 콘텐츠 제작과 디자인은 고객을 유치하고 관심을 끌기 위해 매우 중요하지만, 시간이 많이 들고 자원 집약적인 작업이다. 생성형 AI를 사용하면 시각적으로 매력적이고 영향력 있는 콘텐츠를 빠르고 효율적으로 만들어 혼잡한 시장에서 두각을 나타낼 수 있다. 생성형 AI는 고품질 이미지, 비디오 및 그래픽을 만들어 콘텐츠 제작에 혁신을 가져왔다. 로고 및 제품

비주얼 디자인에서 매력적인 소셜 미디어 콘텐츠 제작에 이르기까지, 기업이 생성형 AI 알고리즘을 사용해 창작 프로세스를 자동화하여 시간과 자원을 절약하는 사례가 많다.

◆ 게임 콘텐츠 개발에 생성형 AI를 적극 활용하는 게임업계

생성형 AI를 활용한 콘텐츠 제작에 가장 적극적인 분야는 게임업계다. 생성형 AI를 활용하면 기존 콘텐츠의 패턴을 학습해 추가 콘텐츠 작업 속도를 획기적으로 향상시킬 수 있다. 사람 얼굴을 다양한 스타일로 변환해주는 3D 아바타 기술이 고도화되면서 게임 제작 비용이 획기적으로 낮아지고, 플레이어는 NPC와 자연스러운 실시간 소통이 가능해졌다. AI NPC와 함께 마치 사람과 협동하듯 플레이하는 경험을 선사할 수 있다. 이제 게임 속 NPC들은 GPT와 같은 생성형 언어 모델을 활용해 자연스러운 대사를 줄줄이 생성하고, 캐릭터 주변에 수군대는 소리를 만들며, 플레이어가 말을 걸면 맞춤형 대화를 나누고, 같은 말을 반복하지 않게 되었다.

| 프롬프트로 맞춤형 아바타를 만드는 로블록스의 생성형 AI 화면

게임업계는 생성형 AI 접목에 분주하다. 로블록스는 프롬프트에 따라 코드를 생성하는 코드 어시스트와 게임 아이템이나 배경을 사실적으로 만드는 머티리얼 제너레이터를 공개했다. 유럽 최대 게임사인 유비소프트는 게임 속 NPC의 대화를 자동으로 생성하는 고스트라이터를 개발했고, 크래프톤은 게이머와 상호작용하는 버츄얼 프렌드를 개발했다. 게임 엔진 기업인 유니티는 예전에 6명의 크리에이터가 5개월가량 작업해야 했던 디지털 휴먼의 표정을 몇 분 만에 생성하는 AI 솔루션을, 엔비디아는 캐릭터의 배경과 지식, 음성, 얼굴 애니메이션을 직접 정의해 플레이어와 실시간 음성 대화를 나누는 아바타 클라우드 엔진 ACE를 공개했다. 엔씨소프트는 언어 모델 바르고와 디지털 휴먼 생성 툴인 바르코 스튜디오를 개발했으며, 스마일게이트는 하이퍼클로바x를 게임 개발에 도입했다. 넥슨은 인텔리전스랩을 활용해 사용자 몰입감을 극대화하고 일러스트 비용을 절감하고 있으며, 넷마블은 게임 특정 모드를 플레이하는 AI를 자체 개발 중이다. 블리자드는 이미지 생성 모델인 스테이블 디퓨전을 기반으로 블리자드 게임 이미지를 학습한 블리자드 디퓨전으로 제작 시간을 단축하고 있다.

| 디지털 휴먼을 쉽게 제작할 수 있는 엔씨소프트의 바르코 스튜디오

◆ **간단한 텍스트 입력으로 작사 작곡 완료**

게임업계만큼 뛰어난 기술력이 없어도 생성형 AI로 콘텐츠를 제작할 수 있다. 예를 들어, 인생을 다 산 듯한 우스꽝스러운 표정의 강아지의 숏폼 영상을 찍었다고 하자. 재미있는 영상을 SNS에 올리고 싶은데 음악이 없어 너무 밋밋하다면, "#강아지의_삶", "#인생무상", "#가을_타는_낭만_멍멍이" 같은 해시태그에 어울리는 배경음악을 넣고 싶을 때 마이크로소프트 코파일럿의 수노(SUNO), 유튜브의 Dream Track, 메타의 오티오크래프트(AudioCraft), 구글의 뮤직LM(MusicML), 칠로엔의 키닛(KEENEAT), Music AI tools, 스태빌리티AI의 Stable Audio 등을 활용할 수 있다. 이 도구들을 사용하면 몇 줄의 텍스트 입력으로 인생에 대해 고민하는 강아지의 감성이 담긴 음악을 직접 만들 수 있다.

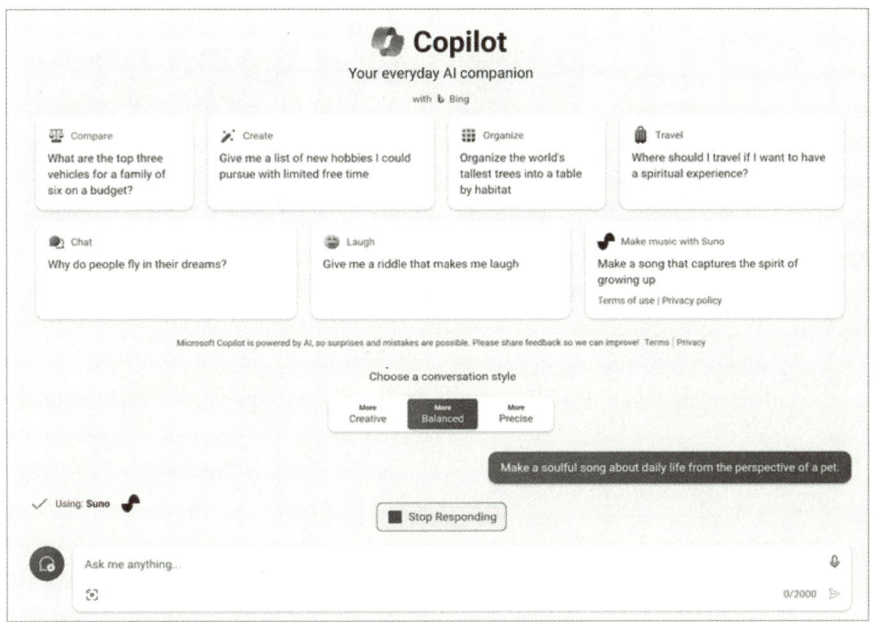

| 간단한 문장 입력만으로 음악을 만드는 윈도우 코파일럿

◆ **다양한 콘텐츠 제작 AI 도구**

간단한 조작으로 쉽게 다양한 형태의 콘텐츠를 만드는 생성형 AI 도구는 매우 많으며, 특히 콘텐츠 마케팅 분야에서 적극적으로 활용되고 있다. 목적과 결과물의 형태에 따라 도구와 용례가 매우 다양하다. 예를 들어 뤼튼(WRTN)이나 재스퍼(Jasper)를 이용하면 특정 플랫폼의 성격에 맞는 광고글을 쉽고 빠르게 작성할 수 있다. 동영상의 내용을 요약하고 영상의 중요 부분을 캡처해 블로그 포스트를 만들어 내는 Traw ai나 릴리스(Lilys AI), 사진 한 장으로 동영상을 생성하는 런웨이(Runway), 피카(PIKA), D-ID, HeyGen 등도 마케팅에 많이 활용되고 있다.

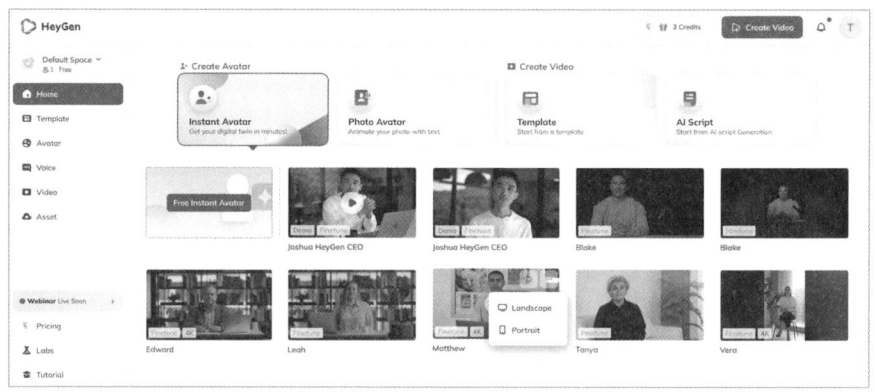

| 짧은 영상을 긴 길이의 다국어 영상으로 바꾸는 HeyGen

단순한 마케팅용 글, 이미지, 영상 제작을 넘어 IT 기술에 대한 이해와 반복적인 작업이 필요했던 콘텐츠 생산 업무도 간소화되고 있다. 스튜디오랩의 셀러캔버스는 제품 이미지만 있으면 상세 페이지와 SNS 포스트, 광고 소재 등을 자동으로 생성한다. 의류의 소재, 색상, 기장, 스타일 등 200여 개 속성을 분석해 특징을 부각시키는 콘텐츠를 만들어 준다. 사람은 AI

가 만든 제품 상세 페이지를 검토하고 다듬기만 하면 되므로 작업 시간이 대폭 줄어든다.

| 비전 트랜스포머를 활용해 제품 상세 페이지를 생성하는 셀러 캔버스

◆ **디지털 광고 플랫폼과의 결합**

빅테크 기업들은 기존 비즈니스 플랫폼에 콘텐츠 생성형 AI를 빠르게 통합하고 있다. 페이스북과 인스타그램에는 광고 이미지를 확장하고, 광고 문구를 타깃에 맞게 변형하며, 제품의 이미지를 보완하고 강조하기 위해 다양한 배경을 자동으로 생성하는 "AI 샌드박스"가 추가되었다. 구글 광고에도 비슷한 기능을 제공하는 "프로덕트 스튜디오"가 도입되었다. 쇼피파이 매직은 간단한 키워드로 제품 소개글을 완성해 주며, 아마존 애드 콘솔은 텍스트로 돋보이는 제품 사진을 생성하는 판매자용 생성형 AI 기능을 제공한다.

트래픽이 중요한 광고 업계에서 생성형 AI를 적극적으로 도입하는 것은 당연하다. 생성형 AI를 사용하면 타깃 고객에 맞춤화된 광고를 순식간에 여러 가지 형태로 만들 수 있다. 실제로 아마존이 밝힌 바에 따르면 2023년 블랙 프라이데이 시즌에 제품의 맥락에 맞는 이미지를 생성한 캠페인의 클릭률이 기존 광고보다 더 높았다. 흥미로운 점은 가수 엘비스 프레슬리 이미지를 추가하면 클릭률이 급증하는 등의 단기 유행에도 마케터들이 손쉽게 광고 이미지를 생성하고 대응할 수 있었다는 것이다. 이로 인해 블랙 프라이데이에 아마존의 광고 수익은 전년 대비 약 23% 증가했다.

| 제품이 돋보일 배경을 생성하는 판매자용 아마존 애드 콘솔

◆ **오피스 생산성 도구에 녹아 드는 생성형 AI**

기존 제품과 서비스에 생성형 AI가 탑재되는 것은 광고 분야에만 국한되지 않는다. 어도비 포토샵에 추가된 이미지 생성 모델인 파이어플라이, 텍스트로 원하는 웹사이트를 만드는 윅스의 AI 사이트 생성기, 원하는 주제에 대한 글을 작성하는 메모 앱 노션의 노션 AI 등 개인의 업무 수행에 필요한 다양한 콘텐츠를 쉽고 빠르게 제작할 수 있도록 돕는 생성형 AI 기능이 대거 등장하고 있다.

그중에서도 가장 큰 파급력을 가진 것은 엑셀, 워드, 파워포인트, 아웃룩, 팀즈 등 마이크로소프트 오피스 도구 전반에 적용된 코파일럿이다. 코파일럿을 활용하면 다른 문서의 내용을 참조해 새로운 문서를 만들거나 비슷한 디자인의 파워포인트 슬라이드를 생성하거나 미팅 요약 회의록을 작성하고 엑셀 데이터를 분석해 표나 차트 등의 새로운 콘텐츠를 자동으로 생성할 수 있다. 이와 비슷하게 구글 드라이브의 문서에서 작동하는 구글의 생성 AI 서비스도 있다.

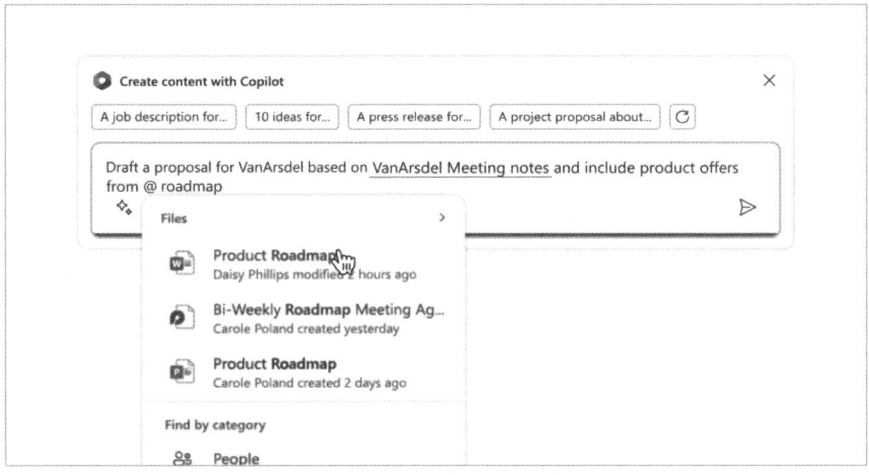

| 기존 문서를 참고하여 새로운 콘텐츠를 생성하는 워드 코파일럿

개인 맞춤형 콘텐츠와 경험 마케팅

개인 맞춤형 콘텐츠와 서비스는 고객의 참여율과 전환 가능성을 높이며 마케팅 ROI를 크게 향상시킬 수 있다. 생성형 AI를 활용하면 개인의 선호, 구매 이력 및 행동 패턴을 파악해 정교한 타깃팅이 가능하다. 또한, 고객의 관심사와 행동을 기반으로 맞춤 콘텐츠를 생성하고 미래 구매 가능성을 예측해 이를 바탕으로 특정 제품이나 서비스를 추천할 수도 있다.

◆ 내가 이 옷을 입으면 어떻게 보일까?

예를 들어 구글에서 가장 많이 검색되는 쇼핑 카테고리 중 하나인 여성의류에서 구글 쇼핑은 아마존에 비해 고전을 면치 못했다. 고객들은 다양한 옷을 구경하기 위해 구글 쇼핑보다 인스타그램, 핀터레스트, 스냅챗, 틱톡 등에서 시각적으로 매력 있는 콘텐츠를 찾곤 했다. 이에 구글은 생성형 AI 기

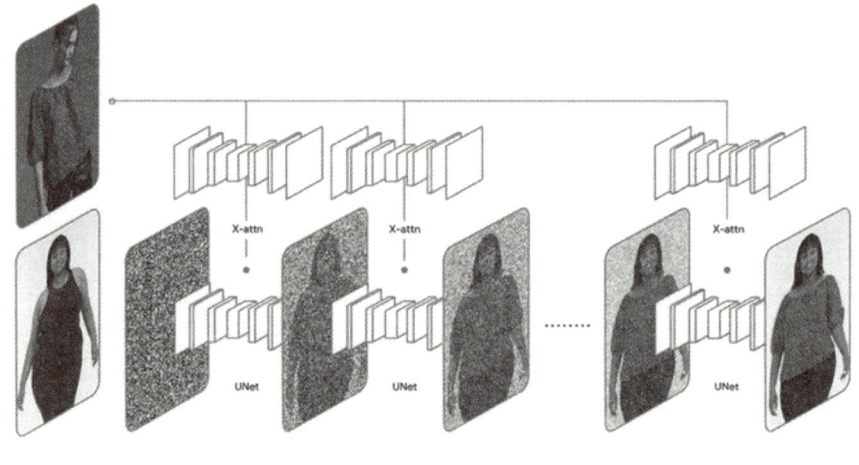

| 생성형 AI로 내가 해당 제품을 입은 모습을 구현하는 구글 트라이온

술을 활용해서 "이 옷을 내가 입었을 때 어떻게 보일까"를 알려주는 가상 시착 기능, 트라이온을 선보였다. 이 기술은 실제 옷의 드레이핑, 접힘, 핏, 신축성, 주름 및 그림자까지 정확히 보여주며, 원하는 가격대에서 비슷한 제품을 찾는 기능까지 제공한다. 모델 착장이 아닌 사용자가 직접 입은 모습을 생성해 보여주고, 비슷한 스타일로 예산에 맞는 옷을 추천해주므로 전환률이 높아질 수 있다.

◆ 개인 맞춤형 콘텐츠 큐레이션

개인화 마케팅에 적용 가능한 생성형 AI의 역할은 개인 맞춤 착장을 보여주는 것을 넘어선다. 예를 들어 Channel1은 개인의 관심사에 맞는 뉴스를 AI로 생성한 아바타가 AI가 작성한 스크립트를 바탕으로 AI가 편집한 영상으로 단 한 사람을 위한 맞춤 방송을 제공한다. 유튜브와 같은 소셜 미디어로 1인 방송국을 쉽게 개설할 수 있었던 것처럼, 이제 생성형 AI를 통해 한 사람을 위한 방송국도 가능해졌다.

| 개인 맞춤형 뉴스 큐레이션 방송 Channel1

◆ 누구나 쉽게 콘텐츠를 만들고 참여하세요

참여형 마케팅에도 생성형 AI는 변화를 가져왔다. 2013년 "Share a Coke" 캠페인을 성공시킨 코카콜라는 생성형 AI를 활용해 고객이 자신만의 코크 캔을 만드는 개인화 마케팅을 시도했다. Create Real Magic 콘테스트에서는 코카콜라의 호리병 디자인, 문자 로고, 코크 산타클로스, 북극곰 등 코카콜라 광고 아카이브에 있는 여러 브랜드 요소를 Dall-E와 GPT로 독창적으로 재해석한 광고 이미지를 접수 받았다. 생성된 광고 중 당선작은 뉴욕 타임스퀘어와 런던 피카딜리 서커스에 게재되었다. 이제 일반 대중도 생성형 AI를 이용해 멋진 이미지를 만들고 참여할 수 있게 되었다.

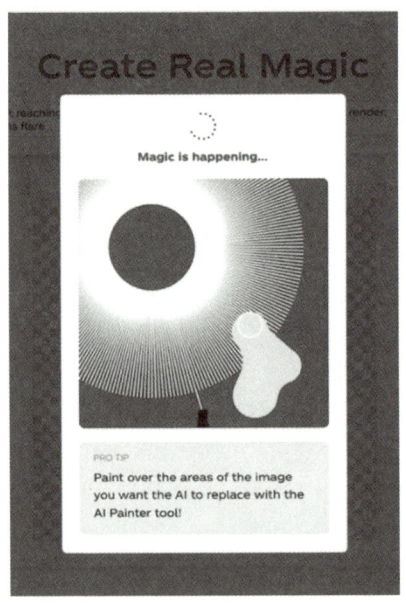

| 코카콜라 크리에이트 리얼 매직의 이미지 생성 화면

친절하고 똑똑한 단짝 친구 가상 어시스턴트

사람처럼 말하는 생성형 AI를 기반으로 한 챗봇 및 가상 어시스턴트가 빠르게 보급되고 있다. 생성형 AI가 탑재된 지능형 시스템은 고객의 질문을 이해하고 대응할 수 있으며 추천을 제공하고 개인화된 지원을 통해 고객 서비스를 향상시키고 대기 시간을 줄이며 운영 효율성을 향상시켜 고객 만족도와 충성도를 높인다.

◆ 드라이브 스루 주문을 받는 웬디스 AI

미국의 패스트푸드 체인 웬디스에서는 직원들이 드라이브 스루에서 주문을 받는 일을 힘들어한다. 고객의 대다수가 드라이브 스루를 이용하는데, 자동차 라디오 소리나 뒷자석의 아이들 소음 등 외부 소음에 주문자의 목소리가 가려지기도 하고, 고객의 억양이 다양하며 주문을 중간에 바꾸는 경우도 많아 복잡하다. 또한 같은 메뉴를 여러 가지 방법으로 표현하기도 한다. 예를 들어, 주니어 베이지 치즈버거를 "JBC 주세요"라 하거나 콜라를 주문할 때 "코카콜라 주세요", "펩시 주세요" 등으로 말한다. 웬디스의 데이브더블을 주문하는 방법만 해도 2,000억 가지가 넘는다. 이처럼 반복되고 복잡한 업무는 담당자를 금세 지치게 만들고 피곤하게 한다.

웬디스는 직원의 피로도를 줄이고, AI 챗봇을 통해 주문 프로세스를 간소화하며 드라이브 스루 대기 줄을 단축하기 위해 이 업무를 웬디스 프레쉬 AI에게 맡겼다. 오하이오주 콜럼버스 시장의 4개 매장에서 웬디스 프레쉬 AI를 처음 적용했을 때, AI는 주문 처리 시간을 평균 22초 단축시켰다. 웬디스 프레쉬 AI는 구글 클라우드의 생성형 AI 서비스인 버텍스 AI를 기반으로 제작되었다. 버텍스 AI는 레스토랑용 하드웨어 정보와 POS 시스템 등을 학습하여 맞춤형 주문을 이해하고 고객의 자주 묻는 질문에 대한 답변을 생성하는 능력을 갖추고 있다. 여기에 웬디스의 메뉴와 비즈니스 규칙, 기본 커뮤니케이션 로직, 과거 드라이브 스루 주문의 소음과 맥락 상황 등을 학습하여 웬디스 프레쉬 AI가 만들어졌다. 비슷한 방식으로 맥도날드는 구글 클라우드와, 도미노는 마이크로소프트와 협력하여 생성형 AI를 접목한 고객 플랫폼을 개발했다.

| 드라이브 스루 주문 프로세스 효율화를 위해 생성형 AI를 도입한 웬디스

◆ 자동차 주행을 함께하는 대화형 운전 비서

자동차 업계는 더 폭넓은 역할을 수행하는 AI 기반 대화형 운전 비서를 도입하고 있다. 메르세데스-벤츠는 MBUX 시스템에 GPT를 추가해 기존 네비게이션 시스템이 단순히 준비된 답변을 제공하는 것을 넘어서 운전자와 상호작용할 수 있게 되었다. GPT가 연동된 MBUX는 목적지에 대한 세부 정보를 알려주거나 저녁 식사 메뉴에 대해 함께 고민하는 등 운전자와 더 깊은 상호작용을 할 수 있다.

중국 장성자동차는 바이두의 어니봇(Ernie Bot)을 차량에 탑재했으며, 제너럴모터스와 폭스바겐은 마이크로소프트와 협력하여 사람과 자연스럽게 대화할 수 있는 생성형 AI 자동차 비서를 양산 차량에 확대해 나가려고 한다. 현대자동차는 자사의 글로벌소프트웨어센터인 포티투닷(42dot)에서 자체 대규모 언어모델을 개발하고, 이를 기반으로 한 챗베이커(ChatBaker)를 향후 현대차와 기아 차량에 탑재할 계획이다.

주행 제어 GPS 플랫폼 기업인 톰톰(TomTom)이 마이크로소프트와 공동 개발한 디지털 콕핏(Digital Cockpit)은 대화로 길을 찾고 반복 대화를 통해 맥락을 파악하여 적절한 목적지를 추천한다. 또한 시스템을 제어하고 창문을 여는 등 운전 환경에서 필요한 조작을 음성으로 지원한다. 이처럼 AI 자동차 비서는 단순히 탑승자와 더 정교한 상호작용과 대화를 하는 수준을 넘어 간단한 조작을 보조하는 수단으로 발전할 전망이다.

▎차량 음성 비서인 헤이 메르세데스에 지티피가 추가되어 운전자 편의성을 높인다

◆ **빠르게 증가하는 AI 가상 어시스턴트**

웬디스처럼 AI 직원을 만들거나 자동차 업계처럼 큰 기술력을 동원하지 않아도, 기존에 사람이 하던 채팅 상담이나 단순 반복 작업을 생성형 AI가 대체하는 사례는 많다. 예를 들어, 인스타 카트는 GPT와 결합한 에스크인스타카트(Ask Instacart)를 통해 날씨, 영양소, 조건에 따라 맞춤형 레시피를 제공한다. 당뇨병 환자에게 적합한 조리법을 물어보고 요리 레시피를 추천받으면, 해당 요리에 필요한 재료까지 한 번에 구매할 수 있다.

굿닥은 병원 예약 등의 서비스를 제공하는 의료 플랫폼으로 GPT 기반의 건강AI 서비스를 제공한다. "아기가 열이 나요"와 같은 건강이나 시술 관련 질문에 AI가 친절하게 답변하며 질문에 따라 필요한 병원 예약이나 클리닉 마켓 등의 솔루션을 연계해 제공한다. 상업적 목적뿐만 아니라 고객 경험 향상을 위해 생성형 AI를 사용하는 사례도 있다. 예를 들어, 카카오톡의 AI 기능은 읽지 않은 메시지가 많이 쌓였을 때 이를 한 번에 요약해 핵심만 간략히 알려주고, 사용자의 말을 다양한 어투로 변환해 표현하기도 한다.

| 안 읽고 쌓인 카카오톡 메시지를 요약해주고, 말투도 변환하는 카카오톡 AI 기능

생성형 AI는 음성비서 스피커 서비스에 새로운 활력을 불어넣었다. 기존 음성비서가 단답형 대답만 가능해 사용자와의 상호작용이 제한적이었고, 이로 인해 마이크로소프트가 코타나 서비스를 종료하는 등 관심에서 멀어지기도 했다. 하지만 생성형 AI 기술의 적용으로 이 분야는 화려하게 부활했다. 예를 들어, 아마존 알렉사의 렛츠 챗(Let's chat) 기능은 이야기 들려주기, 요리 레시피 제공, 데이트 아이디어 제시, 최신 게임 추천, 시 낭송 등 생성형 AI 챗봇이 수행할 수 있는 다양한 업무를 처리할 수 있다. 심지어 숨진 가족의 목소리 샘플을 학습하여 생성된 목소리로 동화책을 읽어주는 등의 기능을 제공하기도 해서 논란이 되기도 했다.

종전에도 음성 비서와 스마트홈을 연동할 수 있었지만 짧고 단순하며 직접적인 명령만 가능했다. 그러나 생성형 AI가 탑재되면서 직접적인 명령 없이도 바닥이 더럽다는 말에 로봇 청소기가 작동하는 식으로 음성으로 기계와 소통할 수 있게 되었다. 알렉사와 구글 어시스턴트, 애플의 시리도 마찬가지로 거대 언어 모델과 통합을 통한 방향성을 모색하고 있다.

◆ 사람과 교류하듯 AI와 정서적 대화를 나누는 사람들

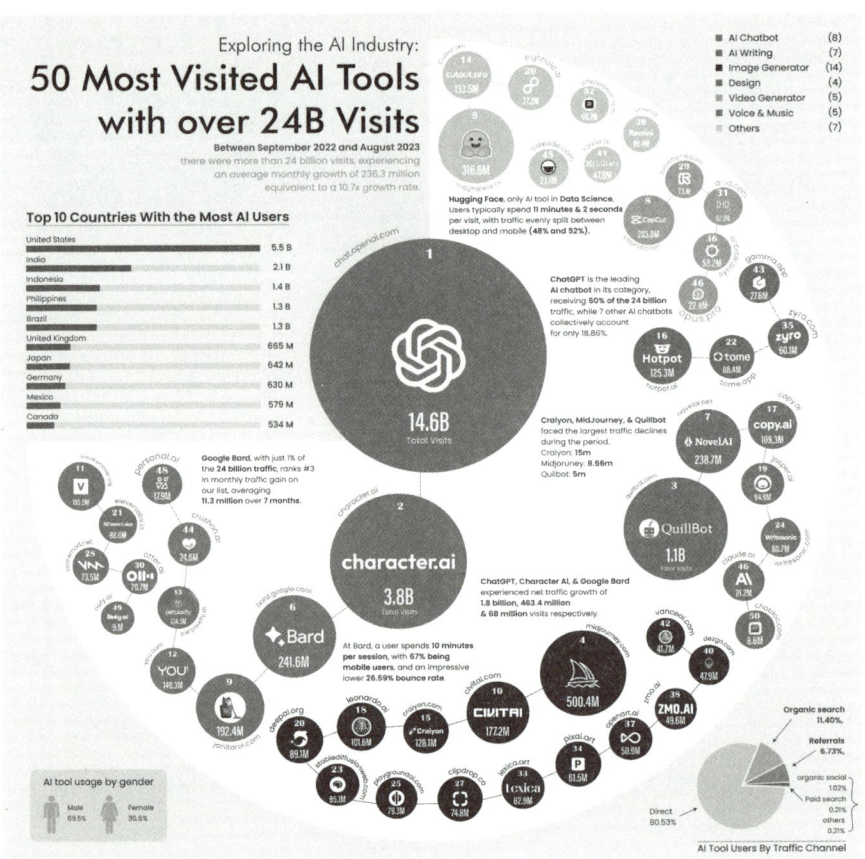

| Writerbuddy, AI 트래픽 조사 결과

생성형 AI로 챗봇이나 가상 어시스턴트가 자연스럽게 말하고 대화할 수 있게 되면 사람들은 주로 어떤 말을 하고 싶어할까? 드라이브 스루의 AI 직원에게는 주문을, 자동차 운전 비서에게는 목적지를, 쇼핑 도우미에게는 필요한 물품과 고려해야 할 사항을 말할 것이다. 특별한 목적이 있는 대화이니까. 그러나 AI와의 대화가 일상화될수록 대화는 감성적으로 흐른다. 생성형 AI에 대한 관심이 폭증한 2022년 9월부터 이듬해 8월까지 Writerbuddy가 집계한 AI 도구 트래픽을 보자. GPT와 제미나이, 미드저니, 허깅페이스 등 AI에 관심이 있다면 한 번쯤 들어봤을 서비스가 주로 눈에 띈다.

구글의 제미나이보다 더 많은 사람이 방문한 character.ai나 personal, crushon 등은 무엇일까? 통산 40억 명 이상이 방문한 이 웹사이트들은 생성형 AI를 활용해 만화, 영화, 소설 등에서 내가 좋아하는 캐릭터를 구현하고, 함께 시시껄렁한 일상의 대화를 나누며 정서적으로 교감하는 서비스를 제공한다. 정해진 캐릭터의 성격과 맥락을 이해하며, 캐릭터의 성격이 드러나는 말투로 내가 질릴 때까지 함께 이야기를 나누는 친절한 단짝친구인 챗봇과의 감성 대화가 가장 인기 있는 서비스인 것이다.

이러한 관계 지향형 AI 서비스는 한 번 친숙해지면 잘 바꾸지 않는 특성 때문에 선점이 중요하다. SK텔레콤은 에이닷(A.)을 활용해 A.프렌즈에 길빛나, 육제이, 강하루 등 친근한 이미지의 페르소나를 가진 챗봇을 구현한다. 스캐터랩은 생성형 AI 모델인 루다 젠1을 기반으로 챗봇 앱과 인스타그램에 버추얼 휴먼 강다온을 공개했다. 해외에서는 영혼이 충만한 AI 친구라는 타이틀을 내건 일상 대화 AI 챗봇인 토키(Talkie)가 화제를 모으고 있다.

일상 친구를 넘어 내가 좋아하는 아이돌과의 대화라면 더 신나지 않을까? 넷마블과 카카오엔터테인먼트의 협업으로 탄생한 메이브는 이미 MBC

쇼!음악중심에 출연하고, 인스타그램 팔로워가 16만 명이 넘는 등 인기몰이 중인 버추얼 아이돌 그룹이다. 메이브는 업스테이지의 언어 모델로 구현된 멤버별 고유 말투의 챗봇으로 제공된다. 다정한 목소리로 이용자에게 상황별 칭찬과 격려의 메시지를 전달하며 정서적 교류의 경험을 제공하는 챗봇 서비스는 생성형 AI의 발전과 더불어 더 깊고 빠르게 일상을 파고 들고 있다.

| 업스테이지 페르소나 AI가 챗봇을 제공하는 버추얼 아이돌 메이브의 지상파 TV 출연 장면

다국어 번역 및 원활한 자연어 처리

방대한 양의 각종 텍스트 데이터를 학습한 생성형 AI는 자연어 처리와 다국어 번역에 특히 뛰어나다. 각 언어 간의 미묘한 의미 차이나 문화적인 뉘앙스를 정확하게 포착하고 반영할 수 있다. 물론 뛰어난 인간 통역자라면 문맥에 맞춰 유려하게 번역할 수 있었지만 생성형 AI를 활용하면 누구든 매우 빠른 속도로 실시간 번역이 가능하며 영어 일변도였던 번역의 문이 예전에는 잘 지원되지 않았던 많은 소수 언어에 대해서도 활짝 열리게 되었다. 이는 글로벌 커뮤니케이션의 장벽을 낮추고 다양한 언어와 문화에 대한 이해를 증진시키는 데 중요한 역할을 한다. 한국어처럼 글로벌 비중이 낮은 언어에 호재가 될 수 있다.

◆ 수십 개 언어의 실시간 다국어 통역

글로벌 음원 스트리밍 서비스 기업인 스포티파이는 오픈AI의 음성 인식 모델인 위스퍼(Whisper)를 기반으로 팟캐스트에서 출력되는 음성을 원래 발표자의 목소리와 스타일에 맞춰 다른 언어로 번역하는 음성 번역 기능 서비스를 제공한다. 스포티파이의 팟캐스트에는 흥미로운 콘텐츠가 많지만 원본이 제작된 언어에 익숙한 사람만 해당 팟캐스트를 즐길 수 있었다. 좋은 콘텐츠를 더 많은 청취자가 들을 수 있도록 참가자들의 목소리와 말투를 복제하여 전혀 다른 언어, 예를 들어 스페인어, 프랑스어, 독일어 등으

| Whisper를 기반으로 팟캐스트의 다국어 번역 스트리밍을 지원하는 스포티파이

로 저장할 수 있다.

비동기화 번역인 스포티파이와 달리 실시간 통역 서비스도 속속 등장하고 있다. 호텔 예약을 변경해야 하는데 영어로 말하거나 알아듣기 어렵다면 어떻게 해야 할까? SKT가 개발한 에이닷 통역콜을 쓰면 간단히 해결할 수 있다. 통역이 필요한 언어를 선택하고, 전화를 걸어 한국어로 이야기하면 된다. "예약 일정을 변경하고 싶다"고 한국어로 말하면 상대방에게는 "I'd like to change the reservation schedule"이라고 번역해 들리는 식이다.

이처럼 생성형 AI로 실시간 통번역을 제공하는 서비스는 적지 않다. 그 중에서도 특히 삼성전자는 단순한 앱에서 한 발 더 나아가 스마트폰에서 바로 AI를 구동할 수 있는 온디바이스 AI로 통역을 제공한다. 삼성전자의 생성형 AI 모델인 가우스를 바탕으로 AI 라이브 통역콜 기능을 제공하는 것이다. 별도의 앱을 설치할 필요가 없기 때문에 지연 시간이 적고, 통화 내용이 클라우드 등 외부로 나가지 않기 때문에 보안상 이점이 있다.

| 생성형 AI를 활용한 실시간 통역콜

메타의 심리스M4T(SeamlessM4T)는 폭과 규모를 확 늘려 전 세계 이용자 간 실시간 의사소통을 지원하고자 나섰다. 대다수 언어 모델이 영어, 독일어, 프랑스어, 스페인어의 4개 남짓 언어를 지원하는데 반해 심리스M4T는 전 세계 100개의 언어를 음성에서 텍스트로, 텍스트에서 텍스트로 변환한다. 36개 언어는 음성에서 음성으로, 텍스트에서 음성으로 바꿀 수 있다. 중요한 점은 이러한 변환이 약 2초만에 거의 실시간으로, 동시에 여러 언어에 대해 적용된다는 것이다. 심리스M4T는 메타의 개방형 AI 생태계 조성 기조에 따라 비상업적인 용도로 대중이 이용할 수 있도록 오픈소스로 제공되며, 경량 모델로서 헤드셋, 스마트 워치 등 다양한 웨어러블 기기에 탑재되어 널리 활용될 것으로 기대된다.

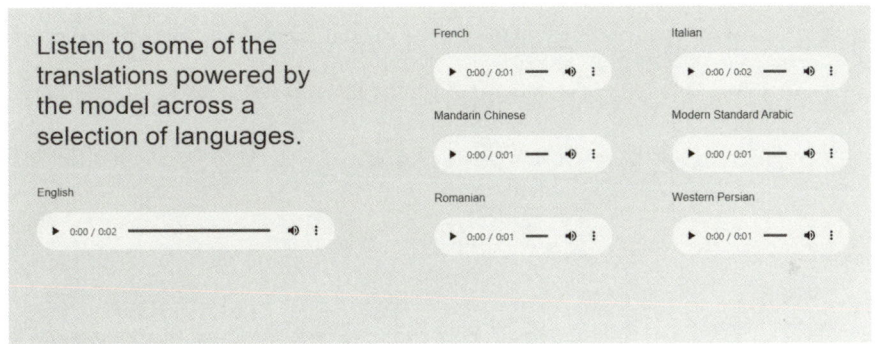

| 36개 언어의 실시간 다중 번역을 지원하는 메타의 심리스M4T

◆ 교육 패러다임을 바꾼 생성형 AI

생성형 AI는 특히 자연어 처리 능력이 뛰어나므로 이를 활용한 서비스도 다양하다. 문장이 정확한지 검토하고 적절한 대안을 찾아 주는 그래머리(Grammarly)라든지 생성형 AI를 활용해 사용자가 자연어로 표현한 질문에 대한 답을 여러 소스에서 얻은 정보를 활용해 답변하는 네이버 큐(CUE:) 등이 있다. 챗봇 스타일로 자연어 질문에 답하면서 특정 주제에 대한 추가 인사이트를 위해 연속된 추가 질문을 던지고 대화 세션의 맥락에 따라 적절하게 답변 및 정보 출처를 제시해주는 퍼플렉시티(perplexity.ai), 사용자가 스크랩해둔 자료를 바탕으로 종합 분석 보고서를 자동 생성하는 구버(goover.ai) 등도 인기리에 사용되고 있다.

자연어의 인식과 생성, 평가, 교정 능력이 가장 각광받는 곳은 교육 분야이다. 예를 들어 글로벌 온라인 공개수업(MOOC) 플랫폼인 코세라를 보자. 코세라는 수강생을 위한 AI 학습 지원 도구인 코세라 코치와 교수자를 위한 인공지능 강의 구성 도우미를 지원한다. 코세라 코치는 수강생이 코세라 강의를 듣다가 질문이 생길 때 맞춤형 피드백을 제공한다. 어려운 개념을 설명해주고, 동영상 강의의 주요 내용을 요약해주며, 질문에 답변하고, 강의 내용을 기반으로 하는 문제를 생성하기도 한다. 학습 중인 내용에 대해 심화 지식을 배우고 싶으면 주제와 관련된 비슷한 영상을 추천해 효율적인 학습

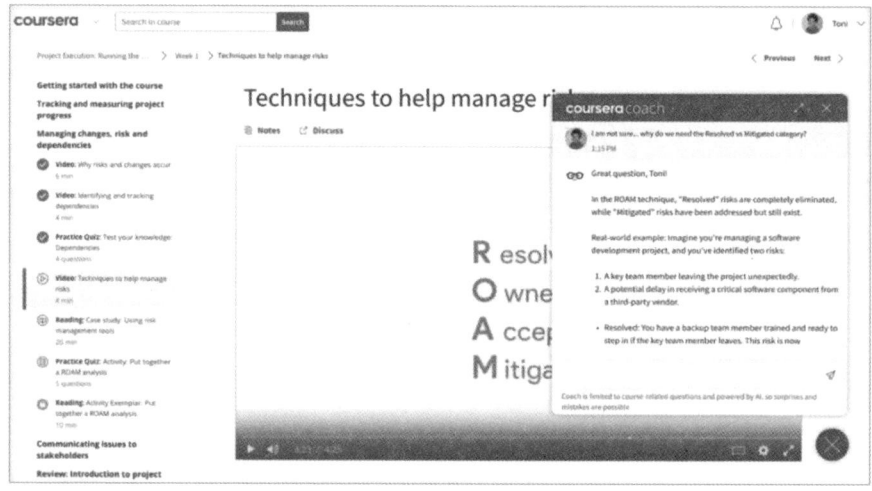

| 코세라의 AI 학습 지원 도구인 코세라 코치

을 가능하게 한다. 교수자를 위한 AI 강의 구성 도우미는 강의에 대한 간단한 내용 입력만으로 강의의 주요 커리큘럼과 해설, 용어, 과제, 관련 콘텐츠 등을 생성해준다. 생성형 AI가 수강생에게는 맞춤형 학습 경험을 제공하고, 교수자의 콘텐츠 생성 수고를 덜어주는 것이다.

교육 분야의 학습자를 위한 생성형 AI 활용은 크게 두 가지로 구별된다. 첫째는 학습자의 학습 과정 자체를 돕는 것이다. 예를 들어 외국어 학습 플랫폼인 듀오링고, 스픽 등은 학습자가 언어를 연습할 수 있는 다양한 상황과 시나리오를 생성해 GPT와 외국어 회화를 연습할 수 있게 한다. 문제풀이를 제공하는 콴다는 학습자가 찍어 올리는 문제를 광학 문자 판독 기술(OCR)로 읽어 들인 후 GPT를 접목해 마치 실제로 선생님이 옆에서 설명해주듯 풀이 과정을 해설해준다. 동영상 강의 위주로 진행되는 유다시티나 에드엑스 등은 AI를 활용해 강의를 요약하고, 질문에 대답해주며, 심화 내용을 학습할 수 있도록 보충 자료를 제시한다.

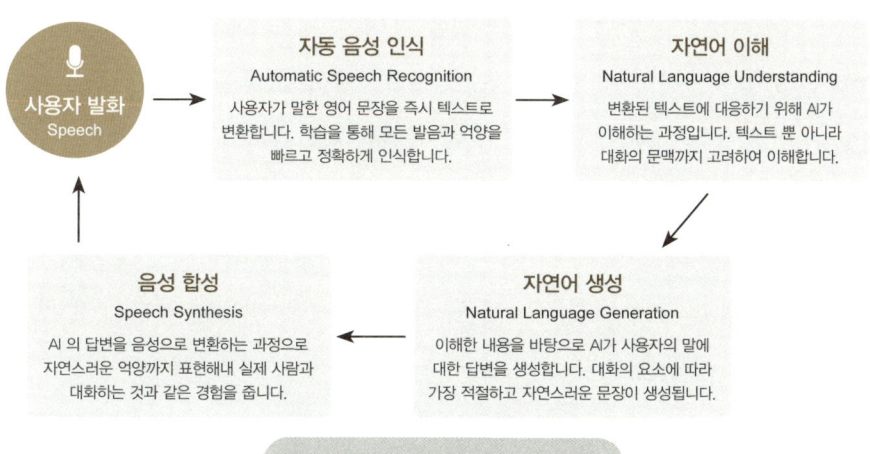

| 스픽의 AI를 활용한 영어 학습 시스템 흐름도

교육 분야가 생성형 AI를 활용하는 두 번째 방향은 학업 성취도를 평가하기 위한 다양한 문제 구성과 학습자의 실력 진단 및 개인 맞춤형 피드백이다. CB인사이트가 발표한 AI 100[12]에 이름을 올렸던 뤼이드를 보자. 뤼이드는 오픈AI 서비스와 애저 코그니티브 서비스 등을 접목하여 동영상 학습 콘텐츠에서 중요한 정보를 식별하고, 학습자의 이해도를 체크할 수 있는 문제를 자동 생성하는 퀴지움, 파워포인트나 워드 파일 속 콘텐츠에서 교육 문제를 만들어 주는 타이달, 학습자와 대화하면서 공부를 도와주는 대화형 AI인 R에디, 토익 학습을 도와주는 산타챗 등을 선보이고 있다. 특히 브라질 공교육에도 공식 도입된 퀴지움은 교육자료 원문을 학습자 수준에 맞게 보정하고, 학습자의 지식 기반에 맞는 난이도의 문제 지문과 보기를 생성하는 AI 시스템으로서, 유튜브 동영상 등 기존의 방대한 영상 콘텐츠를 교육 자료로 활용할 수 있는 길을 열었다.

비단 뤼이드뿐만 아니라 대다수 교육 기업이 생성형 AI의 자연어 처리 능력을 학습에 접목시키려 노력하고 있다. 기업 가치가 15조원에 달하는 인도의 바이주스는 학습자가 어려워할 개념을 AI가 사전 예측하는 서비스를 제공한다. 중국의 Squirrel AI, 수학 및 과학 교육 플랫폼인 Carnegie Learning, 직업 교육의 베터업 등도 비슷하게 학습자의 학습 패턴과 성과를 분석해 맞춤형 학습 계획을 수립하고, 개인별 학습 진도에 맞춰 동기 부여를 위한 격려 메시지와 피드백을 제공한다. 영국의 교육 출판기업 피어슨은 AI에 기반한 자동 채점 시스템을, 듀오링고는 난이도별 연습 문제 생성에 AI를 접목해 학습자 맞춤형 AI 프로그램을 적용하기도 했다.

---

12. AI 100은 글로벌 시장 조사업체 CB인사이트가 매년 전 세계 AI 기술 기업 중 특허 활동과 기술 우수성, 투자 역량, 관련 뉴스 분석, 시장 잠재력, 파트너십, 경쟁 환경 및 인력 구조 등을 기준으로 가장 유망한 100개 기업을 선정해 발표된다. 2015년 이후 대한민국에서 뤼이드(2021)와 마키나락스(2023)가 AI 100에 이름을 올렸다.

국내 기업도 이러한 노력을 기울이고 있다. 웅진씽크빅은 매쓰피드, 교원은 아이캔두, 대교는 써밋, 천재교육은 닥터매쓰라는 이름으로 학습자의 학습 태도를 확인하고 학습 성과를 확인해 보완점을 일러주는 AI 기반 가상 교사를 도입했다. 교과서 개발 경험이 있지만 자체 기술력은 상대적으로 낮은 교육 출판 기업들은 엘리스, 뤼이드, 비트루브, 코더블 등 AI 기반 진단 평가 기술을 보유한 업체와 협업을 통해 생성형 AI를 서비스에 접목시켰다.

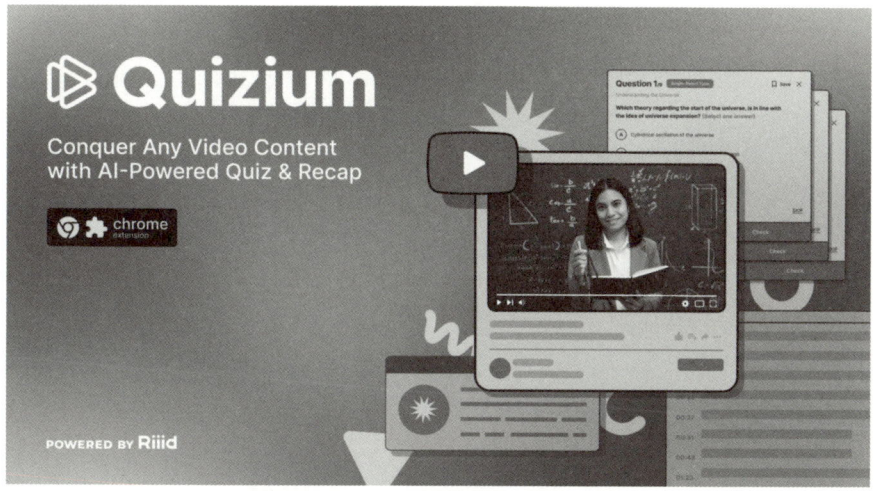

| AI의 개입으로 동영상 시청자의 학습 효과를 높이는 뤼이드의 퀴지움

◆ **자연어를 컴퓨터 언어로 입력 변환**

생성형 AI의 자연어 처리 능력은 단순히 통역이나 학습에만 유용한 것이 아니다. 이미지 생성 모델로 그림을 그리거나 코드 모델로 코딩을 하는 과정에서 우리는 자연스러운 사람의 말을 통해 원하는 그림과 원하는 코드를 이야기한다. 이것은 모두 언어 모델의 자연어 처리 능력에 기인한다.

예를 들어 데이터베이스에서 필요한 정보를 추출하는 상황을 생각해보자. 데이터베이스에 저장된 기업의 주요 정보를 효과적으로 끌어내려면 SQL(Structured Query Language)과 관련 프로그램을 능숙하게 사용해야 한다. IT 지식이 적은 일반 사용자는 데이터 접근에 어려움을 겪을 수 있다. 데이터베이스 정보를 잘 모르는 일반 사용자는 원하는 정보를 찾기 위해 여러 번 시도해야 하며, 매번 개발자에게 SQL 쿼리 작성을 요청해야 하는 번거로움이 있다. 이런 상황에서 사용자가 자연어로 요청하면 자동으로 SQL 쿼리를 생성해 필요한 정보를 추출할 수 있다면 편리할 것이다. SKT, 아마존, 구글, 마이크로소프트 등의 기업이 개발한 생성 모델이 이 기능을 제공한다.

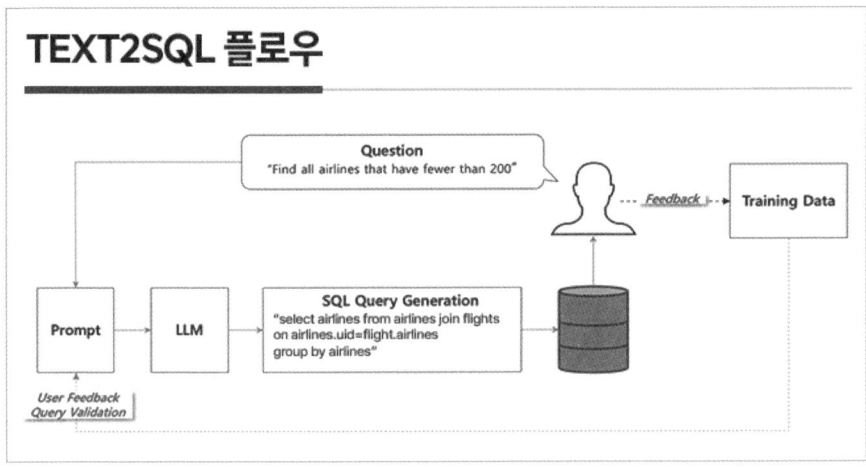

| 자연어 처리 기술과 데이터베이스 관리 시스템을 연결하는 SKT의 TEXT2SQL 개념도

◆ **사회적 약자의 접근성 강화**

생성형 AI는 장애인의 접근성 문제 해결과 포용성 향상에 기여한다. 생성형 AI 모델은 동영상에 자동 자막을 추가하거나 텍스트에 음성을 입히는 기능을 제공한다. 구글은 유튜브에서 1,000개 언어의 자막 생성과 음성 인식을 가능하게 하는 유니버설 스피치 모델을 개발 중이다. 네이버웹툰은 AI를 사용해 만화 말풍선의 대사를 읽어주는 배리어프리 웹툰 서비스를 제공한다. KT는 청각장애인을 위해 AI를 활용한 목소리 찾기 프로젝트를 진행했다. SKT는 시각장애인이나 저시력자가 스마트폰으로 촬영한 사물, 사람, 색상, 글자 등을 음성으로 인식하게 해주는 설리번플러스와 다양한 문서를 음성으로 읽거나 요약해주는 설리번A 서비스를 선보였다.

생성형 AI는 시각, 청각, 언어 장애를 가진 사람들이 의사소통을 더 쉽게 할 수 있도록 돕는다. 이 기술은 영상이나 웹툰뿐만 아니라 인터넷 웹사이트 탐색이나 서류 양식 읽기와 같은 더 복잡한 작업에도 적용된다. 생성형 AI는 웹사이트 정보를 인식하고 복잡한 명령에 응답하는 능력을 갖추고 있다. 특히 시각 장애인은 생성형 AI의 자연어 처리 능력으로 큰 혜택을 받으며, 이는 장애가 있는 사람들에게도 공평한 기회를 제공하는 긍정적인 영향을 미친다.

| 웹툰을 음성으로 읽어주는 네이버웹툰의 배리어프리 웹툰 서비스

혁신적인 제품 개발과 아이디어의 실체화

혁신을 지속하고 변화하는 고객 요구를 만족시키는 것은 비즈니스 성공에 중요하다. 신제품 아이디어 회의에서 누군가가 상상하기 어려운 아이디어를 제시한다고 가정해보자. 예를 들어 "치킨 냄새를 빨리 제거할 수 있는 공기청정기를 그릇 형태로 제작하자" 또는 "알람 시계를 로봇 청소기에 장착해 여러 방을 돌며 사람들을 깨우게 하자"와 같은 아이디어다. 이러한 제품은 어떤 모습일까? 제안자는 어떤 디자인을 상상하고 있을까? 과거에는 특별한 스케치 능력이 없다면 이와 같은 독특한 생각을 다른 사람이 이해할 수 있도록 공유하는 것이 어려웠다.

◆ 참신한 아이디어의 발굴과 시각화

혁신적인 제품과 서비스의 초기 아이디어는 종종 엉성하고 막연할 수 있으며, 개발 참여자들 사이에서 다양한 해석이 나타날 수 있다. 원활한 커뮤니케이션과 협업을 위해서는 제품의 시안이나 개념의 시각화가 필요하다. 그러나 모든 이가 시각적 드래프트를 잘 만드는 것은 아니다. LG전자는 이 문제를 생성형 AI를 사용하여 해결했다. Z세대 대학생으로 구성된 LG크루는 320:1의 경쟁률을 뚫고 선발되어 일상의 네 가지 영역에서 좋은 경험을 찾고 창의적인 아이디어를 제안하는 미션을 수행했다. SNS에 어울리는 조명이 있는 식탁, 로봇 청소기 발이 달린 알람 시계, 테이블 형태의 공기청정기 등 다양한 아이디어는 이미지 생성 AI 프로그램인 미드저니(Midjourney)로 시안이 제작되었다.

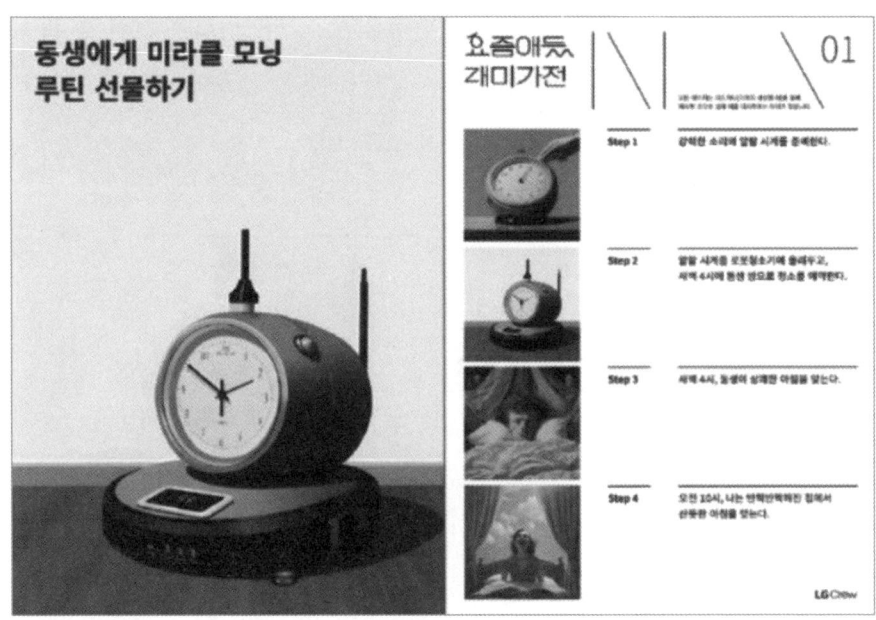

| 이미지 생성형 AI 미드저니로 그린 대학생 LG크루 아이디어 시안

　단순한 아이디어 표현뿐만 아니라 혁신적인 아이디어 발굴에도 생성형 AI를 활용할 수 있다. 예를 들어 음료업계를 살펴보면, 생성형 AI를 비즈니스에 적극적으로 도입한 코카콜라는 레시피와 캔 디자인에 AI를 활용한 신제품 Y3000을 출시했다. 이 제품은 기존 콜라에 다양한 맛을 소량 첨가해 독특한 맛을 낸 한정판 음료 시리즈 중 하나로, 이전에는 바닐라, 딸기, 수박 맛 등을 추가했다. Y3000은 콜라의 85 ~ 90%에 AI가 제안한 첨가물을 10 ~ 15% 혼합해 새로운 맛을 냈다. 포장 디자인도 AI가 담당해 "핑크와 파란색을 활용한 펑키한 거품 표현과 픽셀화된 코카콜라 로고로 Y2K 미학을 담은" 캔을 디자인했다. 제품 하단에는 AI와의 공동 개발을 표시하는 문구도 추가했다. 국내 AI 스타트업 업스테이지가 주류 제조사 부루구루와 협력해 생성형 AI를 활용하여 개발한 아숙업레몬스파클하이볼도 있다. 이 제품

은 맛, 알코올 도수, 레시피, 캔 디자인, 상품명, 가격 등 제품 기획 전 과정에 GPT 기반 챗봇 서비스 아숙업(AskUp)을 사용했다. 음료에 국한되지 않고 다양한 독창적인 제품 기획에 AI를 활용할 수 있다.

| 생성형 AI를 활용해 개발된 코카콜라 Y3000(좌)과 아숙업 스파클 하이볼(우)

◆ 이미지 모델이 패션 업계에 끼친 영향

패션과 같이 시각적인 제품을 다루는 분야는 이미지 생성 모델(Generative Image Model)의 영향을 많이 받고 있다. 마블과 DC코믹스가 나이키와 협력하여 히어로를 모티브로 한 운동화를 출시한다면 어떤 모습일까? 디자이너 파울 파슨스가 미드저니를 사용해 나이키 운동화 시안을 공개하며 큰 호응을 얻었다.

단순히 스케치나 컨셉 보드를 넘어 생성형 AI는 패션계의 작업 방식에 영향을 주기 시작했다. 전통적으로 패션 위크에서는 주최측이 시간대별로 브랜드를 지정하고 디자이너가 옷을 제작한 후 런웨이를 준비했으나, 메종 메타가 주최한 2023 AI 패션 위크는 반대로 진행됐다. 참가자들은 먼저 미드저니 등 생성형 AI를 이용해 의상 컬렉션 이미지를 제출하고, 이를 투표에 부쳐 상위 10위 안에 든 디자이너에게 런웨이 시간대를 할당했다. AIFW에는 패션업계 관계자뿐만 아니라 변호사, 엔지니어, AI 개발자 등 다양한 직업을 가진 18세에서 68세까지의 일반인도 참여했다. 생성형 AI는 패션 교육을 받지 않았거나 봉제 기술이 뛰어나지 않은 사람들도 패션 창작에 참여할 수 있는 기회를 제공했다. 이는 디자이너가 다양한 샘플을 제작하는 데 필요한 자원과 노력을 크게 줄이고, 그 과정을 배우는 데 걸리는 시간을 절약할 수 있음을 의미한다.

| 메종 메타가 주관한 2023 AI 패션 위크 출품작

◆ 복잡한 옵션의 3D 구조 설계에 활용

생성형 AI를 활용한 제품 개발은 음료, 운동화, 패션 디자인에만 국한되지 않는다. 예를 들어, 쿠라스 건축설계소(Coorlas Architects)의 인공지능과 건축에 관한 고찰(Speculations on AI and Architecture) 프로젝트는 미드저니로 생성된 2D 이미지와 3D 렌더링 생성 도구를 이용해 현대식 콘크리트 구조물을 설계했다. 이 방식은 시공 방법, 기타 세부 사항 등을 텍스트로 입력하여 건축 도면을 생성한다.

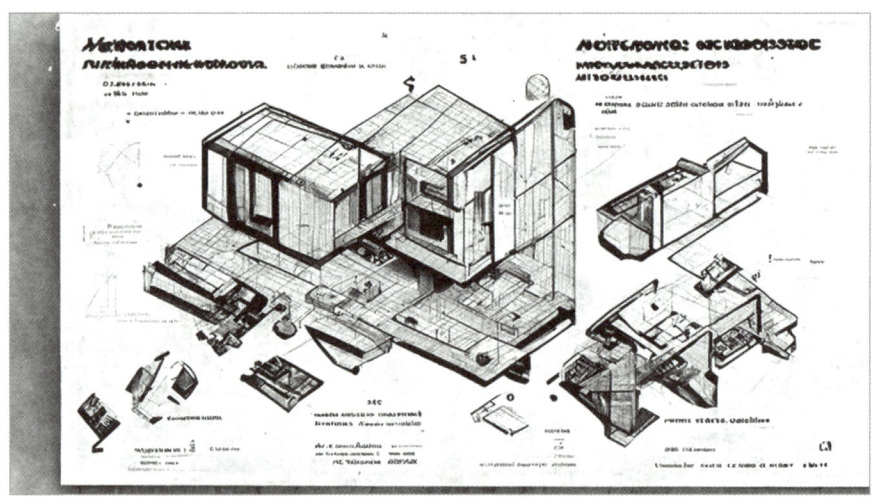

| 쿠라스 프로젝트로 만들어진 조립 건물 도면 예시

2023년 세계적인 디자인 포털 사이트인 디자인 붐(Design Boom)이 선정한 생성형 AI가 만들어낸 올해 가장 아름다운 디자인 톱 10에는 나사(NASA)의 우주 프로젝트 아르테미스를 위해 설계한 인공지능 로봇 애완동물 디자인 라이카(Laika) 등 창의적인 상상력을 지닌 작품이 다수 포함되었다. 달리나 미드저니, 챗GPT와 같은 생성 인공지능은 건축가에게 미래형 구조물이 어떻

게 건축된 풍경을 향상시킬 수 있는지 탐구하게 하고, 예술가에게 즐거운 감상을 위한 초자연적인 생각을 하도록 하는 등 창의적인 표현을 위한 새로운 방법을 제시했다.

| 아르테미스 우주비행사를 위한 반려로봇 Laika

생성형 AI는 혁신적 제품의 창의적인 컨셉을 넘어 구체적인 사물 제작에 적용되기도 한다. 전기 엔지니어링 기업인 지멘스의 NX 시스템은 고급 3D 설계, 엔지니어링 분석, 시뮬레이션, 제조 과정을 통합 관리하는 소프트웨어이다. 주어진 제약 조건과 목표를 충족하는 복잡한 설계 옵션을 빠르게 만들고자 지멘스는 생성형 AI 디자인 모델을 사용하고 있다. 예를 들어 특정 무게와 강도를 유지하면서 정해진 재료를 사용해야 하는 까다로운 조건을 준수하는 부품 설계를 담당한다. 지멘스는 생성형 AI 기능을 NX 시스템에 통합하여 제품 개발의 효율성을 높이고, 제품 설계 및 제조 과정에서의 시간과 비용을 절감하며, 제품의 품질과 성능 향상에도 기여함으로써 더 혁신적인 제품을 빠르게 시장에 출시할 수 있도록 돕고 있다.

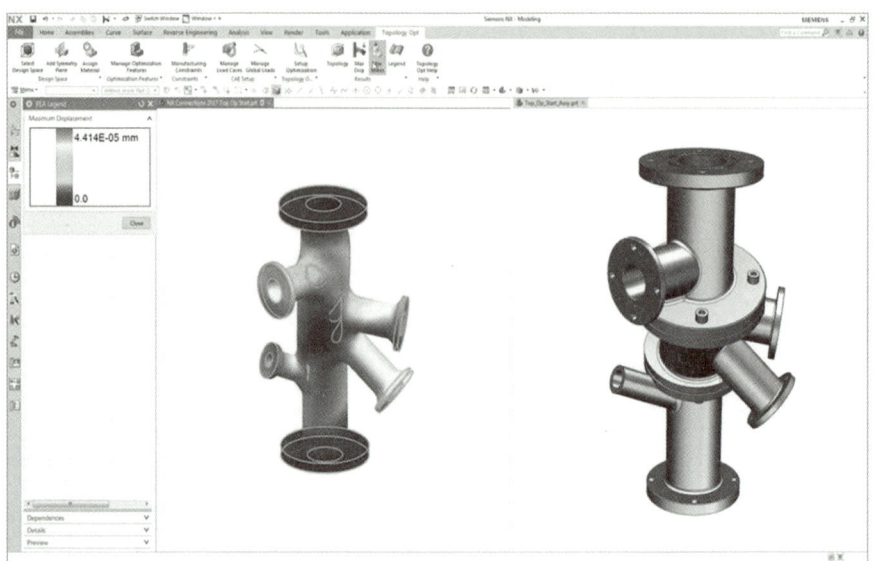

| 지멘스 NX 시스템의 생성형 AI 설계 디자인

가속화되는 로봇과 비즈니스 프로세스의 지능형 자동화

기업이 신뢰할 수 있는 자동 지원을 제공하면 업무의 효율성이 향상되고 작업 수명이 개선되며 운영 비용이 절감된다. 크게는 제조와 물류 작업의 로봇 자동화부터 작게는 반복되는 IT 작업을 자동화하여 직원 경험이나 고객과의 상호 작용을 향상시킬 수 있다. 맥킨지 보고서[13]에 따르면 2045년까지 현재 업무 활동의 절반가량이 자동화될 것으로 전망된다.

---

13. McKinsey Digital, 「The economic potential of generative AI: The next productivity frontier」(2023)

◆ 로봇 개발 과정을 지원

생성형 AI는 로봇 프로세스 자동화(RPA)와 비즈니스 프로세스의 지능형 자동화(Intelligence Automation)에 큰 영향을 미친다. AI 없는 자동화는 두뇌 없는 몸과 같으며, AI는 상황의 맥락을 파악하고 적절한 시점에 액션을 취할 수 있도록 지원하는 자동화 플랫폼을 필요로 한다. 생성형 AI를 활용함으로써 자동화 플랫폼은 표준 규칙 기반 자동화를 넘어서, 비정형 데이터를 처리하고 정보에 기반한 결정을 내리며 복잡한 과제를 수행할 수 있다.

드론 조종을 생각해보자. 엔지니어는 먼저 드론의 움직임을 담은 코드를 작성해 적용한 후 실제로 드론이 어떻게 움직이는지 관찰하면서 잘못된 동작을 교정해야 한다. 개선안은 드론의 로봇 시스템에 적용할 수 있는 코드로 작성되어야 하기 때문에 지금까지는 로봇공학 전문가가 저수준의 코드를 뜯어 고치는 작업을 오랫동안 반복해야 했다. 굉장히 비효율적이다. 이에 마이크로소프트 연구팀은 생성형 AI를 활용해 로봇 프로그래밍 과정을 바꾸는 방안을 제시했다.[14]

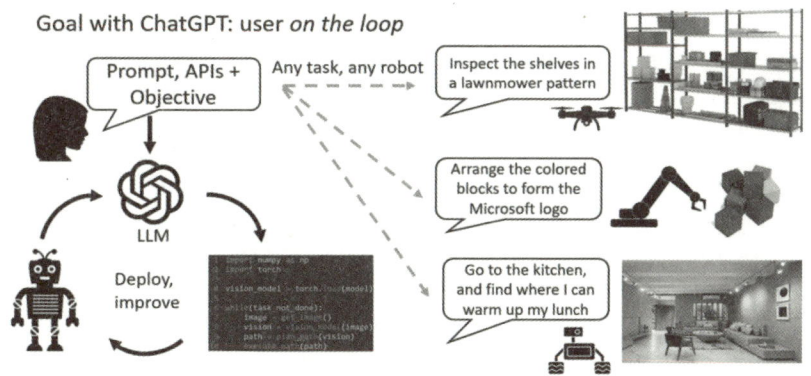

| 마이크로소프트 연구팀이 제안한 로봇 프로그래밍 개념도

---

14. https://github.com/microsoft/PromptCraft-Robotics

드론의 제어 프로그램 라이브러리들이 GPT가 충분히 기능을 짐작할 수 있을 만한 이름을 가졌고 로봇 제어 스택이 저수준 구현으로 가능하다면, 꼭 로봇공학 전문 엔지니어가 아니어도 드론의 움직임을 관찰하고 자연어로 GPT를 통해 잘못된 동작을 바로잡을 수 있다. 사용자는 코드를 직접 생성할 필요 없이 GPT가 만든 코드를 평가만 하면 된다. 평가 방법도 매우 간단하다. 시뮬레이터에 해당 코드를 반영했을 때 드론이 올바르게 움직이면 잘 수정된 것이며, 엉뚱한 동작을 보인다면 다시 자연어로 GPT에게 알리고 코드 변경을 요청하면 된다. 아이언맨을 돕는 자비스가 그리 멀지 않다.

| [마이크로소프트 연구팀의 GPT를 활용한 드론 제어 프로그래밍 시연]

◆ **생성형 AI, 로봇 자동화의 두뇌가 되다**

생성형 AI를 두뇌로 삼아 지능적이고 자율적으로 작동하는 로봇 자동화는 어떨까? 엔비디아의 젯슨은 고성능 저전력에 작고 가벼워 로봇 공학, 자율주행 차량, 드론 등 다양한 자동화 분야에서 널리 사용되는 소형 컴퓨터 모둘이다. 영상 인식과 처리, 머신러닝 애플리케이션에 최적화된 고성능 컴퓨터로서 로봇이 환경을 인식하고, 데이터를 처리하며, 복잡한 결정을 내릴 수 있도록 지원한다. 젯슨 플랫폼은 GPT의 음성 인식 기능인 Whisper와 메타의 Audiobox, 그리고 GPT4 및 스테이블 디퓨전 등 생성형 AI를 활용한 로봇의 기능 확장을 지원할 준비를 마쳤다.

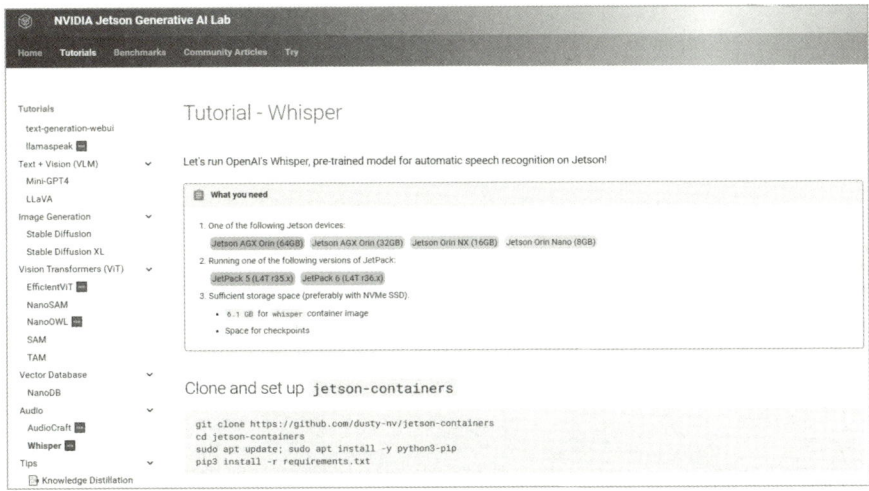

| 엔비디아 젯슨 플랫폼의 GPT 음성 인식 기능인 Whisper 사용 가이드

◆ 비즈니스 프로세스의 지능형 자동화

비즈니스 업무 수행 전반에서의 지능형 자동화를 위한 생성형 AI 모델의 경쟁도 치열하다. 스스로 결과물을 수정하는 자율 반복 기능을 구현한 오토GPT가 그 시작을 알렸다. 오토GPT(AutoGPT)[15]는 목표를 입력하면 GPT4 기

---

15. https://github.com/Significant-Gravitas

반의 에이전트가 자동으로 목표 달성을 위한 작업을 도출하여 수행하는 오픈소스 애플리케이션이다.

삼성전자는 회사 내 업무 혁신과 소비자의 일상을 업그레이드하기 위해 자사 제품에 언어, 코드, 이미지의 3가지 생성형 AI 모델로 구성된 삼성 가우스를 자체 개발해 탑재한다. 예를 들어 "휴가", "일정" 등 몇 개의 한국어 단어만 입력해도 휴가로 부재중임을 알리는 업무 협조 메일을 영어, 프랑스어, 스페인어, 중국어, 일본어 등으로 순식간에 작성하거나, 자연어 명령으로 코드를 만들고 AI에게 작성된 코드를 설명하게 할 수도 있다. 간단한 텍스트로 이미지를 생성, 편집, 변환하는 것도 가능하다.

| 지능형 자동화를 위해 삼성전자가 자체 개발한 생성형 AI, 가우스

삼성전자처럼 자체 개발하지 않더라도 LG CNS의 DAP GenAI, 유니패스의 오토파일럿(Auto Pilot), 구글의 버텍스 AI(Vertex AI), 아마존웹서비스의 아마존 베드록(Amazon Bedrock), 네이버의 뉴로클라우드 포 하이퍼클로바X(Neurocloud for HyperCLOVA X) 등 기업용 생성형 AI 서비스를 활용해 비즈니스 업무 자동화를 꾀할 수 있다. 기술은 전례 없는 속도로 발전하고 있으며 기업들은 경쟁

우위를 유지하기 위해 혁신적인 방법을 모색하면서 비즈니스 프로세스의 지능형 자동화 속도는 더 빨라지고 있다.

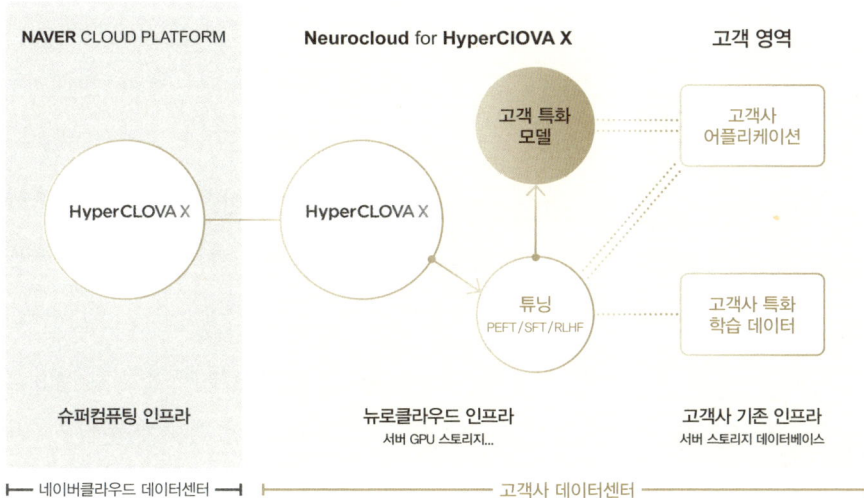

| 네이버의 뉴로클라우드 포 하이퍼클로바 X 서비스 구성도

효율적이고 효과적인 데이터 분석과 예측

정확한 예측은 효과적인 의사 결정과 운영 효율성 제고에 필수적이다. 생성형 AI는 데이터 분석과 예측에 뛰어난 성과를 보인다. 대량의 데이터를 분석하고 이를 바탕으로 새로운 정보를 생성할 수 있기 때문이다. 생성형 AI는 복잡한 패턴과 상관관계를 파악하여 더 정확한 예측을 가능하게 한다. 예를 들어, 시장 동향, 소비자 행동, 기후 변화 등을 예측하고, 공급망 관리, 재고 예측 및 수요 계획을 최적화할 수 있다. 또한, 생성형 AI는 자연어 처리, 이미지 분석, 음성 인식 등 다양한 형태의 데이터를 처리할 수 있어 분석 범위가 넓다. 이런 특성들 덕분에 생성형 AI는 비즈니스 의사결정, 과학적 연구, 기술 개발 등 다양한 분야에서 효율적이고 효과적인 데이터 분석과 예측 도구로 활용되고 있다.

일기예보 패러다임의 지각 변동

우리 모두에게 큰 영향을 끼치는 날씨예보는 어떻게 만들어질까? 현재의 기상예보는 복잡한 과정을 통해 이뤄진다. 각국 기상청은 위성, 레이더, 기상 관측소 등에서 대기 상태, 온도, 습도, 풍향, 풍속 등의 데이터를 수집한 후 세계기상기구를 통해 다른 나라의 기상청 및 연구 기관들과 관측 데이터를 교환한다. 전세계 기상 데이터를 공유해야 기상예보의 정확도를 높이고, 기후 변화 연구 및 극단적 기상 변화에 대한 대응력도 좋아지기 때문이다. 이렇게 수집된 방대한 데이터는 날씨 수치 예보 모델로 대기의 물리적, 화학적 상호작용을 시뮬레이션 한다. NWP 모델은 복잡하고 다양한 변수를 사용하는 고차 방정식들로 이뤄진 수치 예보 알고리즘이기 때문에 고성능 슈퍼컴퓨터로 계산할 수밖에 없었다. 더 정확한 예보를 위해서는 더 많은 데이터를 더 자주 수집하고, 더 좋은 슈퍼컴퓨터로 연산해야 하므로 막대한 비용이 든다.

구글 딥마인드가 생성형 AI 신경망을 이용해 단 1분 만에 10일 동안의 날씨를 예보할 수 있는 그래프캐스트를 개발하면서 일기예보의 기존 패러다임이 크게 변화했다. 그래프캐스트는 유럽 중기 예보 센터로부터 1979년부터 2017년까지 39년간의 기상 데이터를 받아 학습한 AI 모델이다. 6시간 전의 기상 정보와 현재의 기상 정보만 있으면 6시간 후의 대기 상태를 예측할 수 있다. 이는 AI가 방대한 과거 기상 정보를 학습하며 날씨 변화 패턴을 스스로 파악했기 때문이다. 6시간 후의 미래를 예측한 후에는 현재와 6시간 후의 기상 정보를 바탕으로 다음 6시간 후를 다시 예측할 수 있다. 이런 방식으로 1분 만에 10일치 날씨를 예보한다. 그래프캐스트는 국지적 날씨 예측보다는 허리케인의 움직임이나 태풍의 상륙 장소 및 시기, 극심한 이상 기온 예측 등 1,380개 검증 항목 중 90% 항목에서, 현재 가장 정확한 기상 예보 모델인 HRES를 능가했다. 슈퍼컴퓨터로 몇 시간 걸리던 일이 단일 컴퓨터에서 1분 만에 가능해졌다.

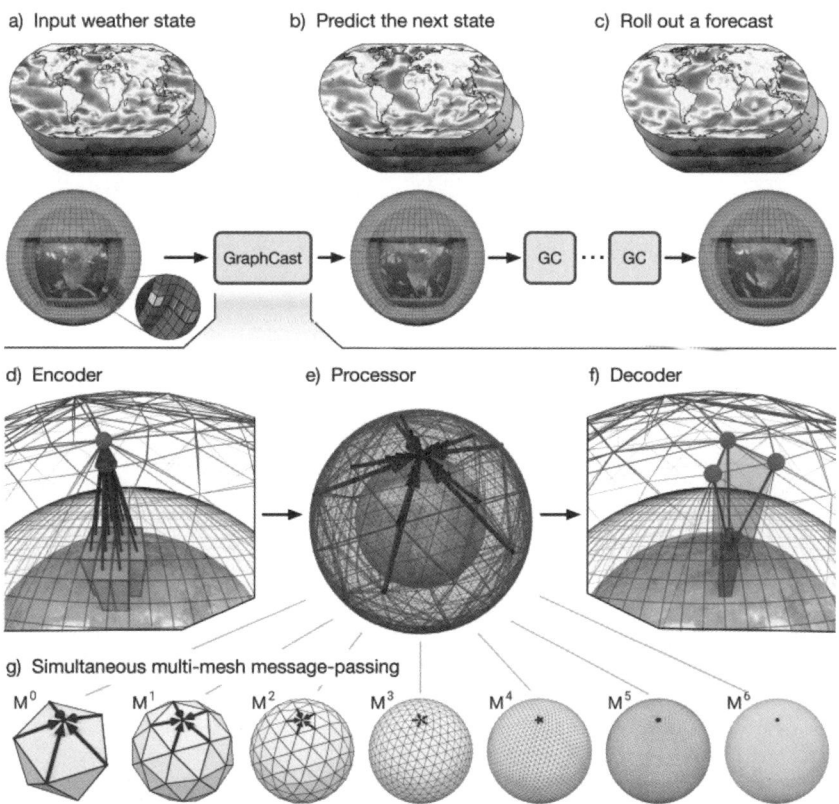

| 일기예보 모델 그래프캐스트의 작동 과정(구글 딥마인드, 2023)

◆ 언제 도와달라고 해야 할지 아는 로봇

수천 억 개의 파라미터를 가진 거대 인공지능 모델의 데이터 분석과 예측 능력은 이전까지 불가능하다 여겨졌던 많은 과제에 뛰어들게 한다. 예를 들어, 화학계는 35억 년 전 지구에서 어떤 원리로 물과 메탄 같은 생명력 없는 화학물질들이 결합해 복합적인 구조를 이루며 살아 있는 세포가 만들어졌는지와 같이 실험 변수가 무한대에 가까운 문제를 인공신경망을 활용해 도전하고 있다. 생성형 AI의 데이터 분석 능력을 논하는 데 생명의 기원 탐구라는 사례가 너무 심오한가? 그렇다면 다른 질문을 해보자. 로봇이 메타인지를 가질 수 있을까? 즉, 어떤 문제를 해결할 때 어려움에 부딪히면 스스로 해결할 수 없다는 것을 깨닫고 도움을 요청할 수 있을까?

사람에게 "시원한 콜라 한 캔 주세요"라고 요청하면 자연스럽게 주방으로 가 냉장고 문을 열고 콜라를 찾아 가져올 것이다. 하지만 로봇이 콜라를 가져오려면 먼저 주방에 가서 냉장고를 찾고 냉장고 문을 열어 콜라를 볼 수

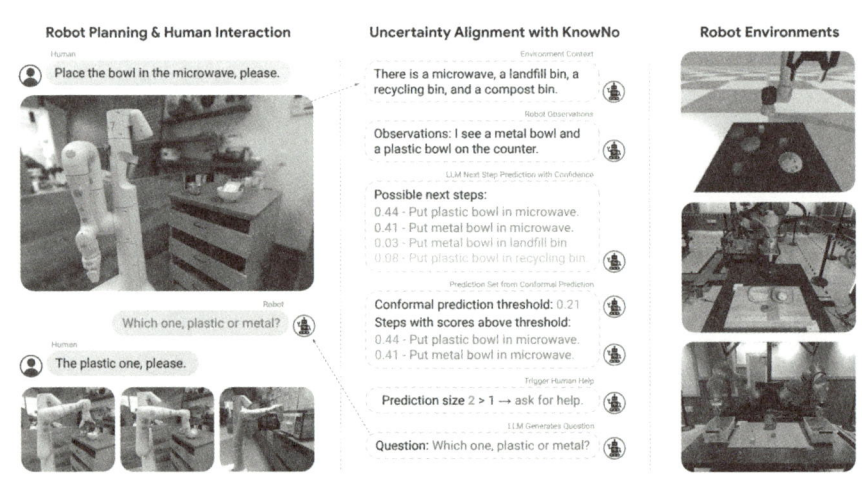

로봇이 LLM을 이용해 판단하고 도움 요청하는 과정(프린스턴 대학/구글 딥마인드., 2023)

있음을 이해해야 한다. 이 모든 실행 단계를 매우 세심하게 완벽하게 프로그래밍하지 않으면 콜라를 가져올 수 없다.

여기 탁자 위에 플라스틱 그릇과 금속 그릇이 두 개 놓여 있다. 로봇에게 "탁자 위의 그릇을 집어 전자레인지에 넣어줘"라고 요청한다면, 어떤 그릇을 가져가야 하는지에 대한 중요한 정보가 빠진 불완전한 프로그래밍 상태가 발생한다. 이런 상황에서 로봇은 작업을 제대로 마치지 못할 가능성이 크다. 사람이라면 모호한 상황에서 "여기 그릇이 두 개 있는데, 어느 것을 넣어야 하나요?"라고 물어본 후에 다음 단계를 진행할 것이다. 로봇에게는 단지 오류일 뿐이며, 과제를 수행하기 위한 상황 이해와 적절한 행동을 수행하기가 어렵다.

로봇이 이런 작업을 완수하려면 도움이 필요한 순간을 인지하고 명령자에게 적절한 질문을 해야 한다는 판단이 필요하다. 프린스턴 대학교와 구글 딥마인드는 거대 언어 모델에 신뢰도 점수를 결합한 노노(KnowNo) 학습 모델을 통해 로봇이 불확실성을 인식하고 도움을 요청할 수 있도록 만들었다. 이제 우리가 다소 부정확한 명령을 내려도 로봇이 상황을 파악하고 "금속 그릇과 플라스틱 그릇 중 어떤 것을 집어야 하나요?"라고 질문하는 지능을 기대할 수 있게 되었다.

AI 에이전트가 사용자와 적극적으로 소통하며 필요한 정보를 수집해 작업을 수행하는 자율 지능형 AI에 대한 연구는 여러 기업에서 활발하게 진행되고 있다. 예를 들어, LG AI 연구원은 사용자의 상세한 취향을 질문하며 제품 추천을 수행하는 방식으로 생활 가전 등에 적용 가능한 AI 에이전트를 개발했다.

◆ 복잡한 센싱 데이터의 예방 탐지

인공신경망의 데이터 분석은 기상 예보나 로봇 공학 외에도 복잡한 계산이 필요한 비즈니스의 다양한 상황에서 활용된다. 석유 및 가스 산업을 예로 들면, 이 분야는 고가의 장비를 사용하고, 고장 발생 시 시추 작업 중단으로 인한 큰 손실을 피하기 위해 장비의 예방적 유지보수와 공급망 최적화가 중요하다.

아람코는 쿠라이스 유전에서 약 40,000개의 센서를 통해 500여 개 유정을 모니터링하며 얻은 데이터로 진보된 프로세스 제어 시스템(APC)을 구축했다. 스마트 센서와 로봇 공학, AI 신경망을 이용한 빅데이터 분석으로 보일러의 연료 가스 소비를 최적화하고, 누출 감지를 위한 파이프라인 관리 시스템을 도입함으로써 쿠라이스 유전의 석유 생산량을 15% 증가시키고, 전력 소비를 18% 줄이며, 유지보수 비용을 30% 절감하고, 점검 시간을 약 40% 단축했다.

아람코만이 아니다. GE Predix는 석유, 가스, 발전소, 항공우주 등 대규모 산업 시설의 센서 데이터를 기반으로 장비의 성능 저하나 설비 문제를 예측한다. GE Predix는 AI 기반 예측 시스템을 도입해 예방 정비를 위해 시설을 주기적으로 점검하던 기존 방식에서 탈피했다. AI가 실시간으로 모니터링함으로써 자산의 고장 시기와 유지보수 또는 교체 일정을 예측할 수 있게 되었다. 이를 통해 필요할 때만 유지보수를 실시함으로써 비정기적 유지보수 비용을 20% 줄이고, 장비 고장으로 인한 생산 지연을 방지하며, 설비 수명을 연장하는 효과를 얻었다.

스마트 센서와 지능형 신경망으로 관리되는 쿠라이스 유전(아람코, 2023)

◆ **비즈니스 성과 창출을 위한 빅데이터 분석**

기계적 센싱 데이터 외에 텍스트 분석의 중요성도 점점 커지고 있다. 소셜 미디어 사용 시간이 늘어남에 따라 다양한 제품에 대한 고객 설문조사와 소셜 미디어 피드백의 감정 분석은 기업에 중요한 통찰력을 제공한다. 이를 통해 고객의 관심사와 요구 사항을 파악하고 고객을 더 잘 이해할 수 있다. 하지만 자연어 처리의 어려움, 숙련된 인력 부족 등으로 분석에 나서기 어려운 경우도 많다. 풀무원은 인공지능 고객 경험 분석 시스템(AIRS)을 활용해 소비자 의견을 수집하고 고객 경험 데이터를 과학적이고 체계적으로 분석해 인사이트를 도출하며 제품 개선 및 개발에 반영한다. 예를 들어, 풀무원다논의 그릭 시그니처는 소셜 미디어 상의 소비자 의견을 반영해 더 진하고 꾸덕한 질감으로 출시되었다.

AI 신경망을 활용한 데이터 분석은 최적화 결정에도 유용하다. 예를 들어, IBM 왓슨 공급망 인사이트는 단순한 공급망 관리를 넘어서 위험 관리와 기회 포착을 위한 통찰력을 제공한다. 인공지능 신경망을 이용해 전체 공급망의 데이터를 분석하고 잠재적인 위험 요소를 찾아내며 적절한 대응 전략을 제안함으로써 공급망을 원활하게 유지하고 재고 비용을 줄일 수 있다.

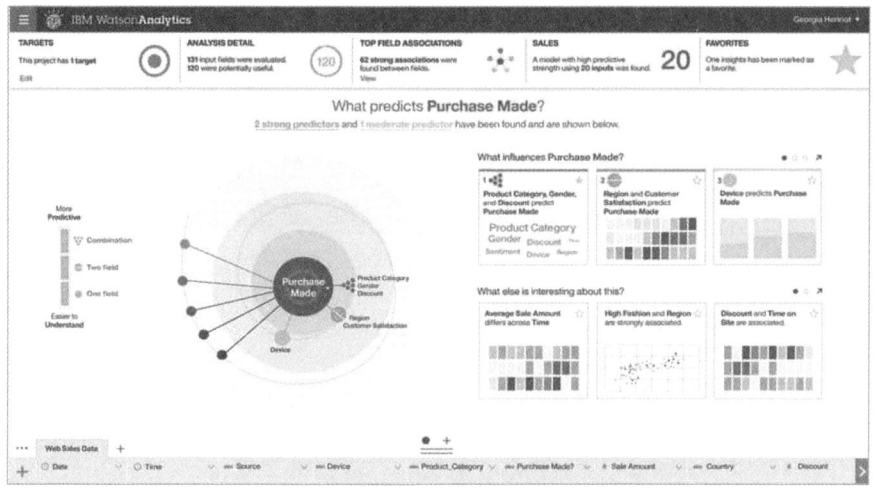

| 비즈니스 데이터를 통합하고 인사이트를 발굴하는 IBM 왓슨 애널리틱스(IBM, 2023)

금융권에서 생성형 AI를 활용해 투자 포트폴리오를 자동으로 관리하고 최적화하는 로봇 어드바이저(Robo-Advisor)와 AI가 개별 주식으로 구성된 개인 맞춤형 포트폴리오를 제공하는 다이렉트 인덱싱(Direct Indexing) 서비스가 등장했다. 또한, 전통적인 신용 평가 모델을 넘어서 더 포괄적인 정보를 활용해 개인 및 기업의 신용도를 평가하고, 다양한 시장 상황에서 은행의 재무 안정성을 평가하는 스트레스 테스트에도 생성형 AI가 적극적으로 사용되고 있다.

시장 주도 기술 분석 분야에서 거대 언어모델의 사용이 활발하다. 리튬이온 배터리를 예로 들면, 이 배터리는 가볍고 에너지 밀도가 높으며 충전 수명이 긴 특징을 가지고 있다. 1990년대부터 리튬이온 배터리 관련 특허가 증가하기 시작했고, 2000년대에 들어서는 휴대폰이나 노트북 같은 휴대용 전자기기에 널리 사용되기 시작했다. 2000년대 중반, 전기차 시장의 급성장과 함께 리튬이온 배터리는 더욱 주목받기 시작했다. 만약 1990년대에 리튬이온 배터리 관련 특허의 급증 추세를 미리 파악했다면, 많은 기업들이 전기차 시장에 더욱 빠르게 대응하고 준비할 수 있었을 것이다. 하지만 실제로 전 세계의 수많은 특허 출원 서류를 검토하고 평가하는 일은 쉽지 않다.

겟포커스의 포커스AI는 전 세계 특허청에서 출원 및 등록되는 1억 5천만 건 이상의 특허 관련 문서를 거대 언어 모델을 활용해 실시간으로 분석한다. 이를 통해 현재의 특허 트렌드를 바탕으로 앞으로 10년 후 시장을 주도할 기술이 무엇인지를 판단하고, 해당 기술이 가져올 사회경제적 변화를 예측하여 시장을 분석한다. 포커스AI는 이 기술로 CES 2024에서 최고 혁신상을 수상했다.

| 현재의 특허 트렌드로 10년 후 세상을 예측하는 포커스AI

다양한 마케팅 도구들이 기업의 수익 창출에 직접 기여할 수 있는 현명한 인공지능 서비스를 제공하기 위해 노력한다. 생성형 AI 모델이 비즈니스에 구체적인 성과를 가져오기 위해서는 수익 증대나 업무 방식의 혁신이 필요하다. 기업들은 AI가 고객 이해를 깊게 하고, 구매 가능성을 분석해 전환률을 향상시키는 효과적인 방법을 제공하기를 기대한다. 그러나 AI 성능은 사용되는 데이터의 양과 질에 따라 달라진다. 많은 파라미터를 가진 거대한 AI 모델만으로 우수한 예측을 하는 것은 아니다. 생성형 AI의 분석 성능을 결정하는 것은 파라미터뿐만 아니라 학습 데이터의 유형과 양이다. 그러나 고객 데이터와 같이 기업 비즈니스 성과 향상에 필요한 데이터는 보안 문제 등으로 인해 학습에 쉽게 활용되지 않는다. 세일즈포스, SAP, 오라클, 어도비, 허브스팟 같은 CRM 기업들이 수천 개 기업의 영업, 서비스, 마케팅, 상거래 및 IT 데이터를 관리하며 경쟁에서 우위를 차지하는 이유다.

세일즈포스의 아인슈타인 GPT는 세일즈포스 클라우드의 CRM 데이터를 분석해 예상 매출, 고객의 잠재적 이탈, 다음 분기 성과 예측 등 다양한 인사이트를 제공한다. 이를 통해 고객과의 관계를 분석하여 적절한 이메일 작성, 제품 추천, 맞춤형 서비스 제공 및 고객 문의 응대 업무의 자동화를 지원한다. 충분한 CRM 데이터가 기반이 되기 때문에 가능한 일이다. 실제로 세일즈포스는 아인슈타인 GPT의 가장 큰 강점을 데이터 보안과 신뢰성을 보장하는 안전망 확보에 두고 있다. 거대 언어모델을 활용하여 생성형 AI의 장점을 최대한 활용하면서도 기업의 민감한 데이터를 거대 언어모델로부터 분리해 관리한다. 생성형 AI가 발전함에 따라 양질의 데이터를 다량 보유한 기업일수록 생성형 AI의 우수한 분석 및 예측 능력을 충분히 활용할 수 있을 것으로 보인다.

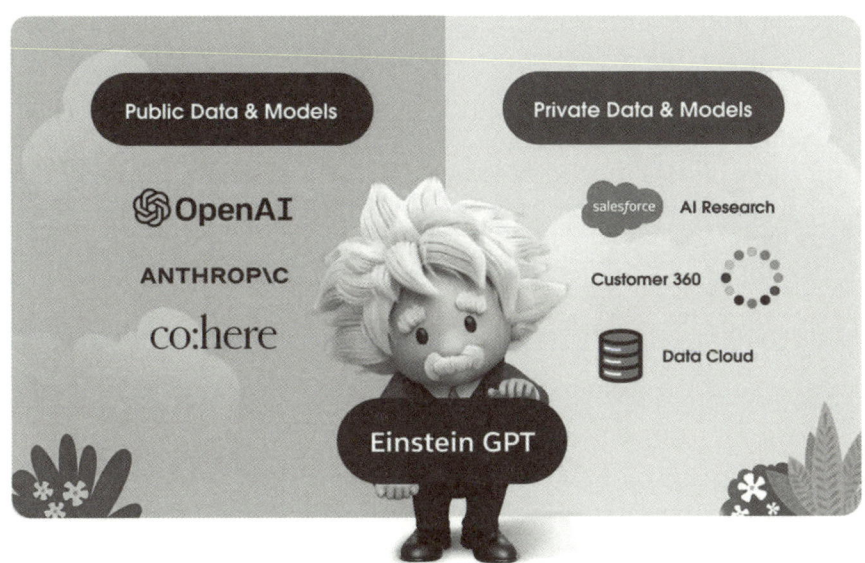

| 민감한 정보는 거대 언어모델로부터 분리하는 아인슈타인 GPT(세일즈포스, 2023)

이상 탐지 및 사이버 보안 강화

많은 양의 데이터를 빠르고 일관되게 실시간으로 모니터링하고 위험을 감지하는 것은 대규모 데이터를 처리하는 인공지능에게 매우 적합한 과제다. 생성형 AI 모델은 대규모 데이터셋에서 패턴과 이상을 분석하여 문제를 탐지하고 예방하며, 민감한 정보와 디지털 자산을 보호하는 데 사용될 수 있다. 이는 모든 기업에 공통적인 요구사항이지만, 특히 금융 분야에서 매우 중요한 주제다.

◆ 불법과 사기성 거래, 보안망 이상 탐지

지금까지 금융 섹터의 이상거래 탐지(FDS), 자금세탁 방지 등은 주로 규칙 기반 방식으로 진행되었다. 이 방식은 유용하지만, 금융 범죄의 빠른 증가와 복잡성으로 인해 사건 조사와 관리 감독의 부담이 커지고 있다. 탐지 및 모니터링 시스템이 발전했음에도 불구하고 처리해야 할 데이터의 양이 방대하고 사기 기법도 점점 더 교묘해지고 있다. 또한, 기업 내에서 각 부서가 리스크를 독립적으로 관리함으로써 전체적인 위험 관리에 어려움을 겪는 경우도 있다. 하지만 AI를 활용하면 금융 네트워크에서 발생하는 방대한 데이터를 효과적으로 학습하고 고객 행동과 복잡한 거래 패턴을 이해함으로써 규칙에만 의존하지 않고 비정상적인 활동을 탐지하고 의심스러운 거래를 식별하는 데 도움을 줄 수 있다.

생성형 AI는 합성 데이터를 생성할 수 있다. 이 기술은 실제 데이터의 특성을 모방해 새로운 가상의 데이터를 생성함으로써, 사기 탐지 시스템이나 보안 프로토콜을 테스트하고 훈련하는 데 사용된다. 합성 데이터는 사기 탐지 모델을 훈련시키는 데 필요한 데이터 레코드의 양을 늘리고, 예제의 다양성과 정교함을 향상시켜 시스템이 사기범들이 사용하는 최신 기법을 인식하도록 교육할 수 있다. 실제로 스웨덴 은행(Swedbank AB)은 생성적 적대적 네트워크[16]를 훈련하여 사기 및 자금 세탁 방지로 연간 1억 5천만 달러를 절약했고, 페이팔(PayPal)은 AI를 활용해 실시간 사기 탐지를 10% 향상시키고 서버

---

16. 생성적 적대적 네트워크 (Generative Adversarial Networks, GANs)는 생성기 (generator)와 판별기(discriminator)라는 두 개의 신경망이 서로 경쟁하며 학습하는 딥러닝 모델이다. 생성기는 실제와 유사한 가짜 데이터를 생성하고, 판별기는 이 데이터가 진짜인지 가짜인지 판별한다. 이 과정을 통해 생성기는 점점 더 실제와 유사한 데이터를 만들어내게 되고, 판별기는 진위를 더 정확하게 구별하게 된다. GANs는 이미지 생성, 음성 합성, 스타일 변환 등 다양한 분야에 활용된다.

용량을 8배 줄임으로써 서비스 수준을 높였다. 아메리칸 익스프레스와 뉴욕 멜론 은행도 AI 도입으로 사기 탐지의 정확도를 높였다.

하나은행은 인공지능 언어 모델인 다크버트(Dark BERT)를 운용하는 S2W와 협력하여 사이버 보안 위협에 대응하고 있다. BERT는 GPT와 함께 대표적인 트랜스포머 모델 중 하나이다. GPT가 새로운 텍스트 생성이나 창의적 작업에 강점을 보인다면, BERT는 자연어 이해와 특정 정보 추출, 문장 의미 분석에 뛰어나다. 다크웹의 콘텐츠를 전문적으로 학습한 다크버트를 활용함으로써 다크웹에서 랜섬웨어 정보와 같은 사이버 범죄 관련 콘텐츠를 찾아내고, 주목해야 할 악성 스레드와 키워드를 탐지할 수 있다.

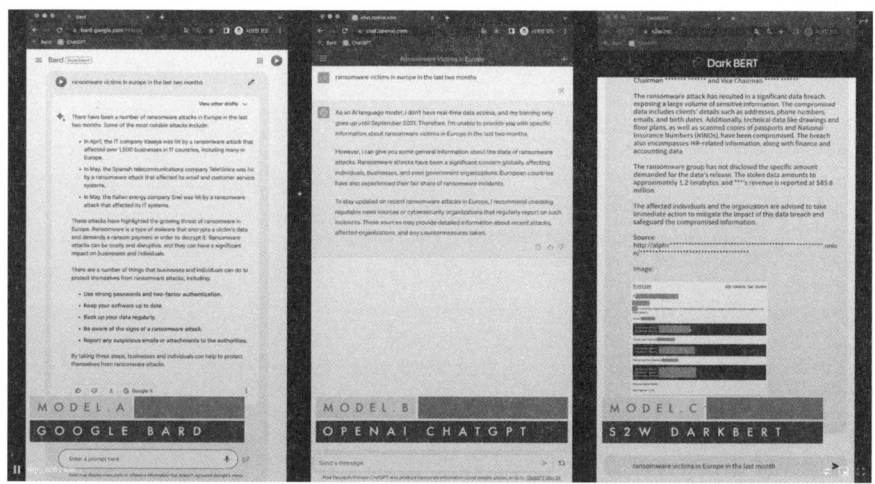

| 구글 제미나이와 chatGPT, Dark BERT의 랜섬웨어 관련 쿼리 응답 비교(S2W,2023)

신한투자증권은 마인즈앤컴퍼니와 협력하여 이상금융거래 탐지시스템(FDS)에 AI 모델을 도입함으로써 기존 규칙 기반 시스템에서 탐지하지 못했던 새로운 유형의 이상 거래를 탐지할 수 있게 되었다. 모든 금융기업이 AI

신경망을 활용하여 신용 평가, 사기 방지, 외환 및 자본 시장 거래의 취약점을 보완하고 위협에 대비하기 위한 시스템 구축에 주력하고 있다. 사기꾼들이 정교한 기술을 사용하는 상황에서 복잡한 거래 사슬을 생성할 경우 기존 규칙 기반 시스템이 패턴을 놓치고 탐지에 실패할 가능성이 있다. 그러나 인공신경망 기반 시스템은 수십억 개의 기록을 검토하고 이전에 알려지지 않은 활동 패턴을 식별해 과거에 어떤 계정이 의심스러운 거래를 보냈는지에 대한 상관관계를 파악하여 의심스러운 활동을 탐지할 수 있다.

사기성 거래와 계약은 소매 유통업을 포함한 일반 결제 과정에서도 중요한 문제다. 신용카드 사기, 신원 도용, 지불 거절, 정보 탈취를 위한 피싱과 같은 다양한 위협이 존재한다. 금융, 법무, 유통 업계에서는 신원 확인을 위해 AI 언어모델과 컴퓨터 비전 같은 딥러닝 기반의 인공지능 애플리케이션을 활용한다. 컴퓨터 비전은 운전면허증이나 여권과 같은 사진 문서를 분석해 위조 여부를 판별하고, 자연어 처리 언어 모델은 문서를 읽고 문서 내 데이터의 진위 여부를 검증한다. 대량의 정보를 학습한 AI는 문서를 분석해 비정상적인 부분이나 사기성 기록을 찾아낸다.

법무팀은 대량의 계약서를 검토하며 문제가 될 수 있는 약관이나 조항을 찾는 데 많은 시간과 자원을 소모한다. 생성형 AI를 활용해 자연어 질문을 통해 계약서 및 기타 문서에서 주의해야 할 사항을 쉽게 발견하고 관련 내용을 요약한 문서 초안을 신속하게 생성할 수 있다면 작업이 훨씬 수월해질 것이다. 키라 시스템(Kira System)과 주로(Juro)와 같은 법률 문서와 계약 검토 서비스를 제공하는 선두 기업들도 특화된 생성형 AI 모델 서비스를 제공하고 있다. 이러한 언어 모델의 도움을 받아 백엔드에서 문서를 검토하는 직원들은 조사 작업을 줄이고 규정 위반의 위험을 감소시키며 더 신속하고 정확한 보고서를 작성할 수 있다.

| 세계적인 인공지능 법률 서비스 Kira의 생성형 AI 서비스 안내

◆ 질서 유지와 응급 구조를 위한 행동 이상 탐지

인공신경망을 활용한 이상 탐지는 금융, 사이버 보안, 법무 분야뿐만 아니라 다양한 분야에서 유용하다. 이미지 생성 모델에서는 비전 트랜스포머(Vision Transformer, ViT) 방식을 주로 사용하여 이미지를 인식한다. 이전의 방식이 이미지의 작은 부분을 차례로 보며 학습하는 데 반해, ViT는 이미지 전체를 한 번에 보고 이해하는 방식이다. 이를 통해 모델은 이미지의 전체적인 모습과 세부적인 부분을 동시에 파악할 수 있게 되며, 이러한 능력은 사물을 인식하는 것을 넘어 움직임을 이해하고 위기 상황을 감지하는 데 효과적이다.

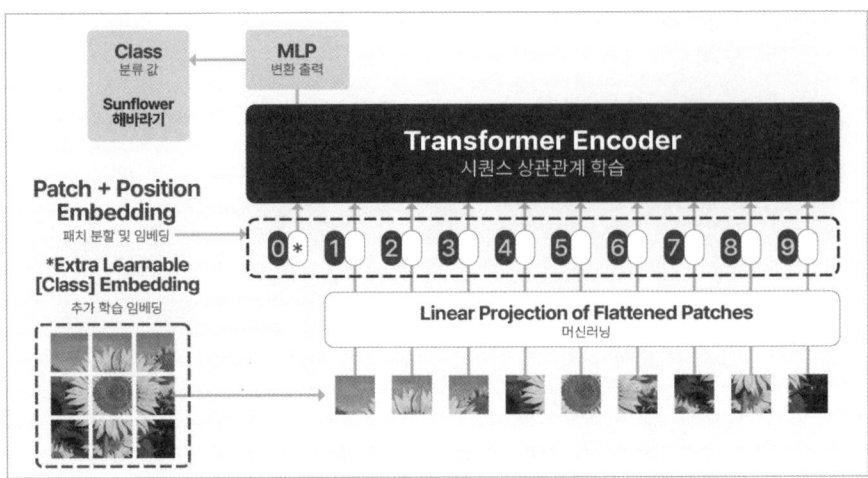

| 컴퓨터 비전 트랜스포머의 이미지 인식 방식(구글리서치, 2020)

    미국의 여러 도시에서는 총격 사건에 신속하게 대응하고 범죄를 예방하기 위해 샷스폿터(Shot Spotter) 시스템을 사용하고 있다. 샷스폿터는 총격 사건의 위치를 삼각 측량하여 총소리를 포착하면 그 위치를 정확히 파악해 실시간으로 경찰에 알리는 역할을 한다. 2020년 5월 시카고에서 발생한 25세 남성 사파리안 헤링의 총격 사망 사건에서, 경찰은 샷스폿터가 경보한 위치에 있던 65세의 마이클 윌리엄스를 용의자로 지목했다. 유일한 증거는 총소리가 없는 보안 카메라 영상과 샷스폿터의 경보였다. 초기에 샷스폿터는 해당 소리를 폭죽 소리로 판단했음에도 불구하고, 이를 총소리로 간주해 윌리엄스를 체포했다. 윌리엄스는 거의 1년을 감옥에서 보냈으나, 증거 부족으로 사건이 기각되었다. 이 사건은 샷스폿터 시스템에 대한 신뢰를 손상시켰다.

    샷스폿터는 완벽하지는 않지만 매우 유용한 시스템이다. 예를 들어 남아프리카공화국의 크루거 국립공원은 밀렵꾼 때문에 어려움을 겪었으나 2018

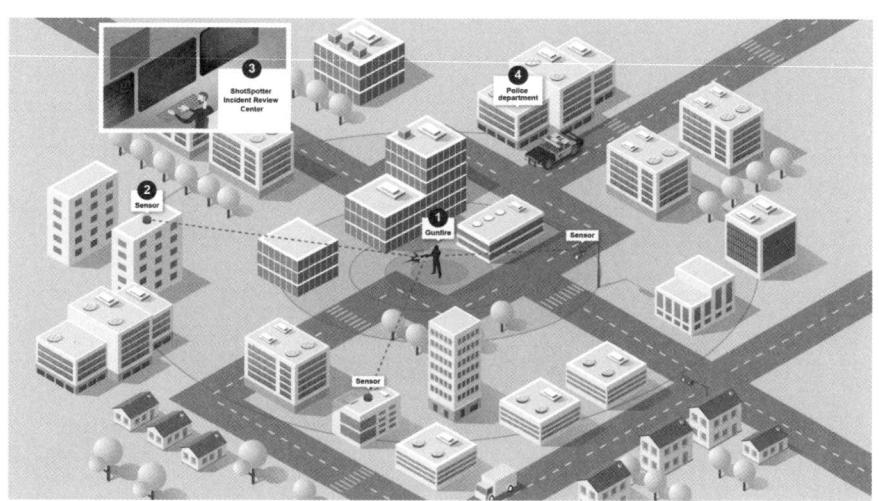

| 센서의 감지 결과를 삼각측량해 발포 위치를 찾는 샷스폿터 개념도

년부터 샷스폿터를 설치해 밀렵꾼을 추적하며 코뿔소가 죽는 비율을 60% 줄였다. 샷스폿터가 소리를 감지하면 상황을 빠르게 판단하는 행동 인식 AI의 도움이 필요하다. 윌리엄스 사건에서 보안 카메라는 상황을 인식하지 못했다. 이를 해결하기 위해 도시의 가로등이나 CCTV, 야생동물 보호구역을 감시하는 드론 등에 AI 기술을 접목하여 신속한 상황 판단을 돕는 방안이 시도되고 있다. 카메라가 눈이라면, 이제 그 눈에 AI라는 두뇌를 추가하는 것이다.

보쉬의 세이퍼(SAFER)는 학교 총기 사고 방지를 위한 보안 시스템으로, CES 2024에서 AI 혁신상을 수상했다. 이 시스템은 샷스폿터와 유사하게 오디오 삼각 측량 데이터와 스마트 카메라의 영상 데이터를 판별한 메타 데이터를 엣지 컴퓨팅[17]을 통해 분석한다. 사고 발생 후 대응하는 것이 아니

---

17. 엣지 컴퓨팅은 민감한 정보를 기기 자체에서 처리하고, 복잡한 연산은 클라우드에서 분담하여 처리하는 방식이다.

라, 학교 주변에서 의심스러운 활동이 감지되면 해당 영상과 오디오 데이터를 기반으로 상황의 맥락을 파악한다. 보쉬의 AI 모델은 대량의 비디오 영상 학습을 통해 선제적으로 이상을 탐지할 수 있으며, Human Security for All 부문에서 혁신상을 받았다.

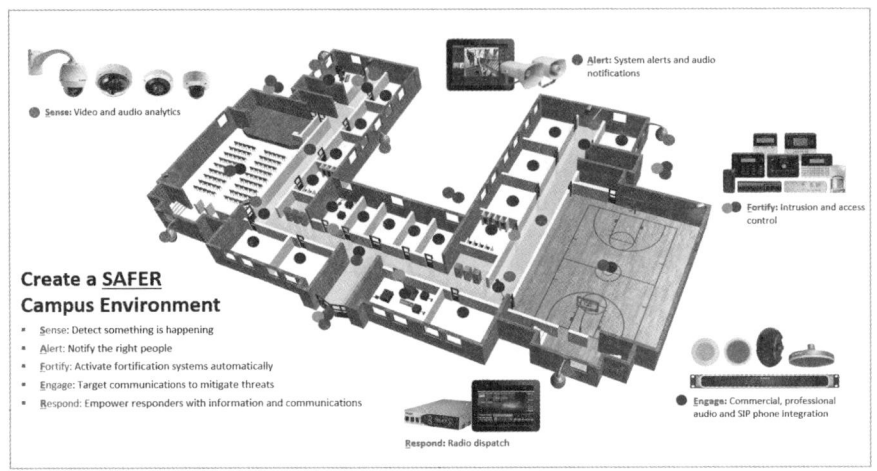

| 보쉬 세이퍼 시스템의 설치 개념도

후지쯔는 AI 기반 행동 분석 기술인 액트라이저를 통해 복잡한 행동을 신속하게 인식하고 의심스러운 행동을 분석해 감지한다. 예를 들어, 자물쇠 따는 행동이나 은행 송금 사기 대상이 되는 행동 등을 식별할 수 있다. 중국의 힉비전은 딥러닝을 활용해 차량 번호판과 얼굴을 인식하고 의심스러운 행동을 감지한다. 한국의 한국전자통신연구원(ETRI)도 과거 범죄 통계와 CCTV 영상을 분석해 범죄 위험 수준을 예측하는 기술을 개발했다.

AI는 데이터 분석, 패턴 인식, 행동 분석 등을 통해 범죄 예방뿐만 아니라 다양한 분야에 크게 기여한다. 예를 들어, AI 기반 CCTV 시스템은 공공 장소에서 군중의 밀집도와 이동 패턴을 분석해 사람들의 흐름을 조절하고 위험 지역을 식별하는 데 사용될 수 있다. 폐기물 무단 투기, 방화와 같은 위험한 행동이나 불꽃, 연기를 감지하여 환경과 도시의 안전을 보호할 수 있으며, AI가 탑재된 카메라나 센서는 노약자나 환자의 위급 상황을 인지하고 신속하게 대처하는 데 중요한 역할을 한다.

◆ 공정 로봇 모니터링과 최적화

AI의 이상 탐지 기능은 로봇 기술에도 활용되며, 마키나락스[18] 같은 기업용 인공지능 솔루션 기업은 제조 현장에서 활동하는 로봇의 정상 작동 여부를 감시하는 역할을 인공지능에 맡길 수 있는 플랫폼을 제공한다. 마키나락스의 MRX 시리즈는 AI를 통해 공장 로봇의 이상을 탐지하고 로봇의 운용 데이터를 분석하여 더 효과적인 모니터링 방법을 개발한다.

자동차 공장의 용접 로봇을 예로 들면, 한 대의 자동차를 생산하기 위해 약 2,000개의 용접 타점을 처리해야 하고, 이 작업을 약 300대의 로봇이 나눠서 수행한다. 사람이 이 300대의 로봇이 처리해야 할 타점을 계산하고 분배하는 데는 몇 달이 걸릴 수 있지만, 인공지능 모델을 사용하면 이 작업을 48시간 안에 완료할 수 있다. 하지만 문제는 이후에 발생한다. 소수의 로봇이라면 사람이 직접 관찰하여 제대로 동작하는지 확인할 수 있지만, 300대나 되는 로봇의 움직임을 사람이 24시간 내내 감시하는 것은 현실적으로 불가능하다. 멈추거나 잘못된 동작을 하는 로봇, 혹은 비효율적으로 움직이는

---

18. 2015년 이후 CB인사이트의 AI 100에 이름을 올린 기업 중 마키나막스(2023)와 뤼이드(2018)가 포함되어 있다. 마키나막스는 제조 분야에서 인공지능 운영체제인 MLops(머신 러닝 오퍼레이션)를 전문으로 하는 기업이다.

로봇을 식별하고 최적화하는 관리 및 감독 작업이 필수적이다. 이제 로봇의 이상을 탐지하고 감시하는 업무는 AI가 담당하게 되었다.

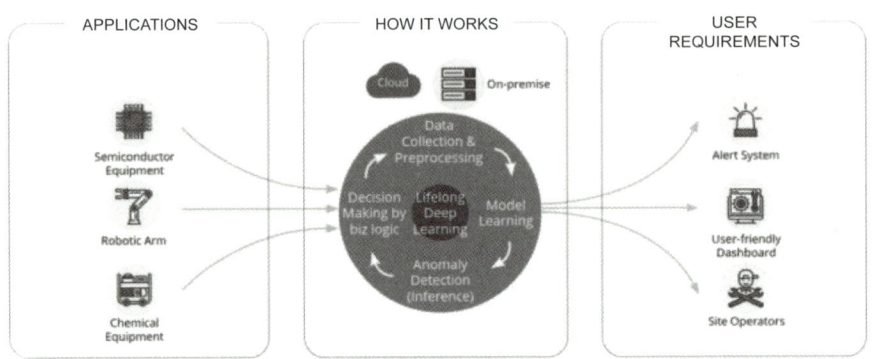

| 마키나막스의 제조 분야 이상 탐지(ADS) 시스템 개요

의료 연구 및 진단 프로세스 최적화

건강한 삶은 모두의 관심사다. 질병을 신속하게 진단하고 치료하면 쉽게 호전될 수 있으며, 현재 치료하기 어려운 병이라도 연구가 진척되어 신약이 개발될 수 있다. 생성형 AI 알고리즘은 환자의 증상과 의료 기록을 분석하여 시의 적절하게 정확한 진단을 내릴 수 있으며, 수천 개의 문서에서 키워드를 몇 초 만에 검색해 연구원이 생성 모델을 활용하여 의학적 자료를 분석하고 이상을 감지하며 새로운 치료법을 개발하는 과정을 지원할 수 있다.

◆ 의학적 진단 프로세스 효율화

그렇다면 생성형 AI의 관련 능력은 어느 정도일까? 앞서 GPT를 활용해 지방 척수수막류를 찾아낸 7살 알렉스의 일화를 소개했다. 물론 의학적 최종 판단은 전문적 식견을 갖춘 의료인의 소관이지만, GPT4의 이미지 인식과 건강에 대한 간단한 조언이 신뢰할 만한지 궁금하다면 마이크로소프트 연구진의 실험 결과를 보는 것이 좋다. 사람의 뇌를 찍은 MRI 사진을 제시하며 "전문 방사선사로서 방사선 보고서를 작성하시오"라고 요청했을 때 GPT4는 다음과 같이 답했다.

보고서:

날짜: 2021년 1월 1일

촬영장비: 자기 공명 영상 (MRI)

신체부위: 뇌

기법: 축 방향 T1 강조

관찰결과: 뇌 MRI 검사에서 좌측 두정엽에 큰 뇌축 내 종양이 나타납니다. 주변에 부종이 있으며, 종양은 신호 강도가 불균일하고, 높은 신호와 낮은 신호 부위가 있습니다. 뚜렷한 종양 병변과 중앙선이 오른쪽으로 이동했으며, 뇌실이 압박되어 있고 수두증의 증거가 있습니다. 다른 중요한 이상 소견은 관찰되지 않았습니다.

소견: 왼쪽 두정엽의 큰 뇌축 내 종양과 주변 부종, 뚜렷한 종양 효과가 있습니다. 고등급 교모세포종일 가능성이 있습니다. 추가 영상 검사와 임상적 상관관계 평가가 권장됩니다.

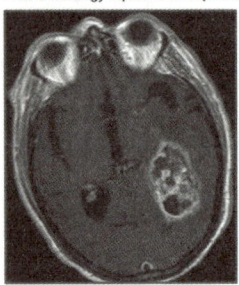

Prompt:
Write a radiology report as an expert radiologist for the following case.

GPT-4V:
Report:
Date: 01/01/2021
Modality: Magnetic Resonance Imaging (MRI)
Body Part: Brain
Technique: Axial T1-weighted
Findings: The MRI of the brain demonstrates a large intra-axial mass in the left parietal lobe with surrounding edema. The mass appears to be heterogeneous in signal intensity with areas of high and low signal intensity. There is a significant mass effect with midline shift to the right. The ventricles appear to be compressed and there is evidence of hydrocephalus. No other significant abnormalities are noted.
Impression: Large intra-axial mass in the left parietal lobe with surrounding edema and significant mass effect. Likely high-grade glioma. Further imaging and clinical correlation are recommended.

Evaluation from Professionals:
Correct study identification, correct mass description and location, correct diagnosis

| GPT4의 의학적 진단 능력에 대한 실험 결과(마이크로소프트, 2023)

전문가는 GPT의 답변이 검사 식별, 종양의 상태와 위치 설명, 적절한 진단에서 정확하다고 평가했다. AI의 이 능력은 의료 영상 데이터의 품질과 해상도를 향상시켜 방사선 전문의의 식별을 돕고, 병변을 분류하며 진단을 제안하는 데 도움을 줄 수 있다. 영상 데이터에 특화된 모델은 이상 현상을 감지하고 강조하여 전문가의 판단 실수를 줄여준다. 생성형 AI의 패턴 인식 기능과 의료 분야 전문 지식의 결합은 제약 R&D와 영상 진단에서 강점을 보이고 있다.

◆ **신약과 치료법 개발 프로세스 효율화**

다양한 AI 모델이 생명과학 및 의료 분야의 연구와 개발에 활용되어 왔다. 구글 딥마인드의 알파폴드는 단백질의 3차원 구조를 예측하는 데 혁신적인 기여를 했으며, IBM의 왓슨은 의료 데이터 분석에 사용되어 치료 계획을 개선하고 환자 맞춤형 치료를 지원한다. 생성형 AI 모델은 치료제 개발에 필요한 연구 검토와 실험 횟수를 줄이는 데 기여한다.

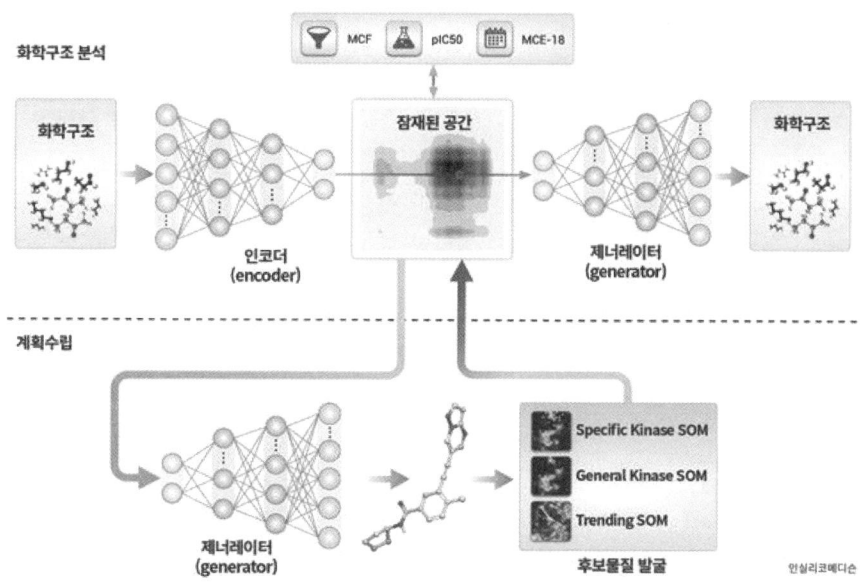

| 생성형 AI를 활용해 신약 후보물질 화합물 구조 생성 예(인실리코메디슨, 2020)

의학과 생명과학 분야에서 중요하지만 시간과 비용이 많이 드는 주제는 신약 개발과 치료법 발견이다. 신약 개발은 타겟 발굴부터 전임상 후보물질 선정까지 통계적으로 4.5년 정도 소요되며, 이후 비임상, 임상 개발을 거쳐 신약 판매허가를 받을 때까지 약 10년의 개발 기간이 필요하다고 알려져 있다. 일반적으로 비임상부터 임상 시험 완료 후 제품 발매까지 개발 기간을 단축하는 것은 용이하지 않다. 따라서 신약 개발 기간과 비용을 줄일 가능성이 큰 단계는 전임상 후보물질 발굴 단계 전까지이므로, 이 단계에서 AI를 적용할 경우 연구 기간 단축과 비용 절감에 크게 기여할 수 있을

것으로 기대된다.

엔비디아와 아스트라제네카가 공동 개발한 메가몰바트(MegaMolBART)를 보자. 이 모델은 아스트라제네카의 몰바트(MolBART) 트랜스포머 모델을 기반으로 하며 엔비디아의 메가트론(Megatron) 프레임워크로 화학적 합성물 데이터베이스(ZINC)의 방대한 데이터를 학습했다. 메가몰바트를 활용하면 여러 화합물이 인체 내에서 어떤 화학적 상호작용을 일으킬지 미리 예측할 수 있고, 새로운 분자 구조와 단백질을 설계하는 데 필요한 시간과 자원을 절약할 수 있다. 생성형 AI 모델은 수십억 개의 새로운 분자 구조를 생성하고 분석하여 결과를 예측할 수 있으며, 이러한 생화학적 데이터 세트를 기반으로 특정 질병에 맞는 신약 후보 물질을 빠르게 검토함으로써 신약 개발을 가속화한다.

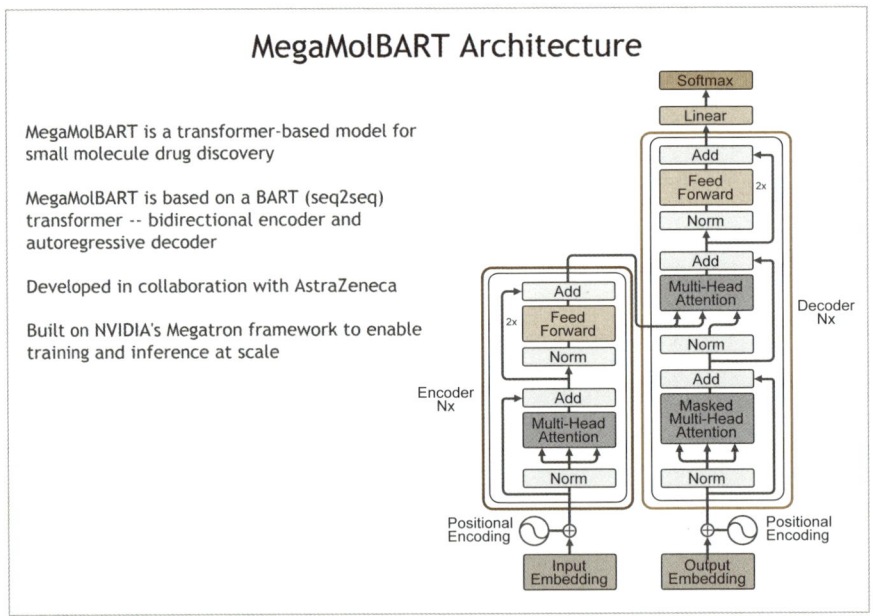

| 엔비디아와 아스트라제네카가 공동 개발한 MegaMolBART의 아키텍처 개요

◆ **거대 언어모델의 수명 예측 프로젝트**

의사에게 우리가 던질 수 있는 여러 질문 중 가장 무거운 질문은 아마 "제가 언제까지 살 수 있을까요"일 것이다. 보험업계도 누군가의 수명 예측에 많은 관심을 가지고 있으며, 지금까지 다양한 수치형 예측 모델이 개발되어 왔다. 그런데 인공지능으로 몇 살까지 살지 예측할 수 있다면 어떨까? 덴마크 공과대학(DTU), 코펜하겐 대학교, 국제전기통신연합(ITU), 미국 노스이스턴 대학교의 연구진이 거대 언어 모델을 활용해 사람들의 생활 패턴을 분석하고 사망 시점을 예측한 실험 결과[19]를 보자. 연구진은 이 모델을 라이프투벡(Life2vec)이라 부른다.

라이프투벡은 누군가에 대한 매우 구체적인 데이터를 제시했을 때 그 사람의 삶과 행동 결과, 얼마나 일찍 사망할 가능성이 있는지 등을 예측하는 모델이다. 덴마크 주민등록부에 등재된 600만 명에 대해 2008년부터 2016년까지 8년 동안의 교육, 건강, 소득, 직업 등 삶의 중요한 이벤트와 정보를 학습했다. 예를 들어 "2012년 9월 프란시스코는 엘시노레의 성에서 경비원으로 근무하며 2만 크로네의 급여를 받았다", "중학교 3학년이었던 2009년에 헤르미온느는 기숙사 생활을 하며 5개의 선택 과목을 이수했다" 같은 방식으로 생애 이벤트를 입력한 데이터베이스를 자연어 처리 기술을 적용해 거대 언어 모델인 라이프투벡이 학습한 것이다.

연구진은 라이프투벡의 성능을 테스트하기 위해 2016년 이후 4년간의 생존률을 추론했다. 검증 대상인 10만 명 중 절반은 2020년까지 생존했으며, 절반은 이 기간 중 사망했다. 연구진은 2016년 이후 누가 살아있고 누가 숨

---

[19]. Sune Lehmann ET AL., 「Using Sequences of Life-events to Predict Human Lives」 (2023)

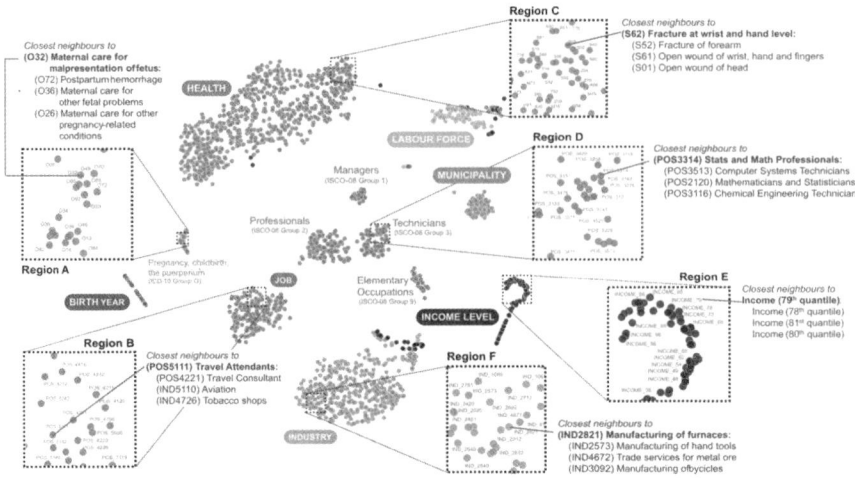

| 라이프투벡이 학습한 이벤트 어휘 토큰을 PaCMAP으로 2차원 시각화한 개념도

을 거뒀는지 알고 있지만 라이프투벡은 전혀 알 수 없다. 라이프투벡이 10만 명 개개인의 2016년 이후 4년간의 생존 여부를 얼마나 정확히 맞췄을까? 결과는 78%의 예측 정확도를 보였으며, 이것은 기존의 다른 사망률 예측 모델보다 약 11% 높은 수준이다. 개인별 모델의 예측 결과는 사회과학 분야의 앞선 연구 결과와 일치한다. 예를 들어 동일한 조건에서 소득과 지위가 높은 사람의 생존률이 더 높고, 우울증 등 정신 건강 문제를 안고 있는 사람의 생존률이 더 낮아지는 식이다.

이 모델은 아직 보완할 점이 많다. 무작위 실험으로 볼 때 미흡한 점이 있고, 8년 치 데이터만으로 학습했으며, 국가별로 사회 경제적 차이가 많이 발생할 수 있기 때문이다. 그러나 라이프투벡은 인공지능 모델로 삶을 예측하고 수명을 연장하려면 무엇을 해야 하는지 알고 싶은 사람들의 바람을 보여준다.

조용한 기술, 보이지 않는 AI의 역설

생성형 AI가 등장하기 전 전통적인 인공지능은 주로 고급 분석, 기계 학습 알고리즘에 기반했다. 이러한 AI는 숫자 처리, 구조화된 데이터 최적화 같은 작업에 뛰어나며 특정한 작업을 효율적으로 수행할 수 있으므로 여러 산업 분야에서 다양한 형태로 기여해왔다. 그러나 전통적인 AI는 IF-Then의 구조로 이루어진 규칙 기반 시스템, 사전에 정의된 지식에 의존하는 전문가 시스템 등이었기 때문에 새로운 상황이나 비구조화된 데이터에 대한 유연한 대응에 어려움이 있었다.

생성형 AI는 전통적 AI의 약점을 보완하며 인공지능 기술의 적용 범위를 확대하고 있다. 이 기술은 자연어 처리와 인지적 추론에서 강점을 보여 기존 기술의 한계를 넘어선 발전을 가능하게 한다. 생성형 AI는 자연어 이해를 바탕으로 사용자의 아이디어를 명확히 파악하고 복잡한 인지 작업을 수행할 수 있다. 기술이 발전함에 따라 창의적이고 혁신적인 결과를 도출할 수 있다. 단순한 정보 검색, 그림 그리기, 코딩을 넘어서 사용자의 의도를 파악하고 필요한 정보를 질문하는 자가 발전의 새로운 지평을 열었다. 이런 능력은 특정 작업에 특화된 전통적 AI와 결합하여 마치 마법의 문을 여는 듯한 새로운 세계를 제시한다.

이제 기업은 생성형 AI를 활용해 의사결정, 협업, 고객 경험 향상 등의 부문에서 필요한 비용을 절감하고 생산성을 크게 향상시킬 수 있다. 앞서 공유한 맥킨지 보고서에 따르면 생성형 AI는 기업의 직무별 생산성을 크게 향상시켜 연간 2.6조에서 4.4조 달러 규모의 가치를 창출할 수 있는 잠재력이 있다. 이는 2021년 영국의 GDP 3.1조 달러와 맞먹는 규모다. 본질적으로 자연어 처리와 인지적 추론에 강력하게 설계된 생성형 AI는 지식근로자의 업무에 큰 영향을 미치며 자동화하기 어려웠던 의사결정 및 협업의 생산성 증대에 크게 기여한다. 이를 통해 기업의 업무 프로세스를 간소화하고 고객 경험을 향상시키며 혁신을 주도해 기업의 효율성, 수익성, 경쟁력을 높이는 등 향후 비즈니스 환경에서 중요한 역할을 할 것으로 예상된다.

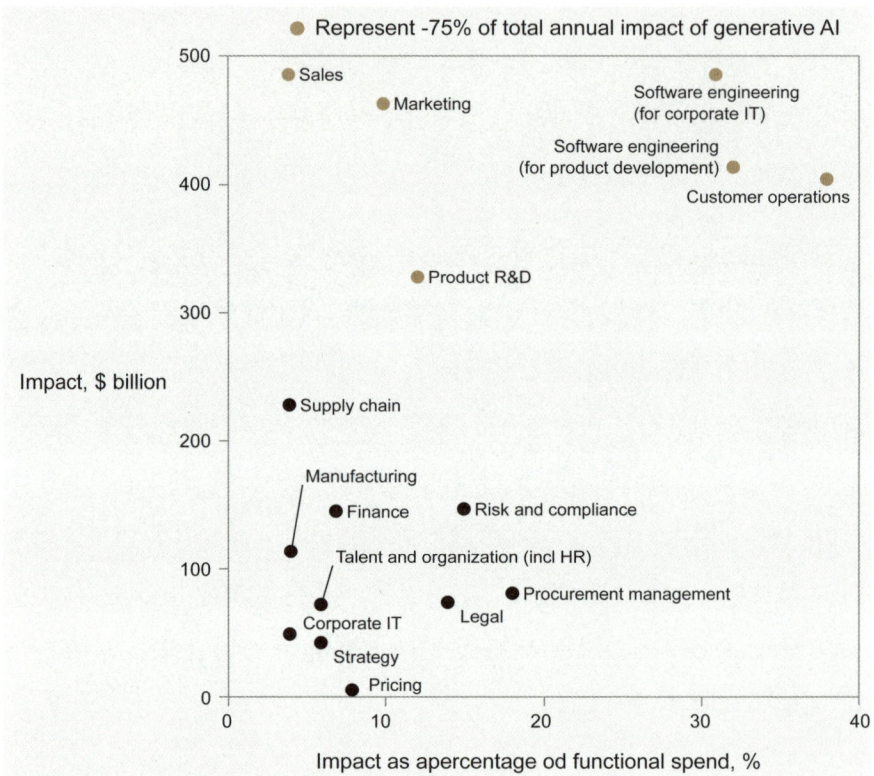

| 생성형 AI의 발전에 따른 직무별 영향도

◆ 생성형 AI, 캄 테크가 되다

이 책의 주제는 생성형 AI이지만, 시간이 지나면서 생성형 AI라는 용어는 점차 사용되지 않고 사라질 것이다. 이는 생성형 AI 기술이 정체되거나 중요성이 줄어드는 것이 아니라, 너무 널리 채택되어 일상에 스며들어 더 이상 강조할 필요가 없어지기 때문이다. 이를 AI의 역설이라 한다. 포브스는 2027년경 생성형 AI가 모든 분야에 침투해 결국 눈에 띄지 않게 될 것으로 전망했다. 시설 관리를 예로 들면, 생성형 AI 기술이 발전하면 상업용 건물에서 탄소 배출 관리, 온수 시스템 운영, 전기 흐름 제어뿐만 아니라 실험실, 레스토랑, 공장의 예측 유지보수 등 현재 사람이 직접 주의를 기울여야 하는 시스템이 결국 AI에 의해 자동으로 모니터링되고 관리될 것이다. 물리적 공간만 해당하는 것이 아니다. 이미 CRM, 광고, 고객 응대, 시스템 이상 탐지 등 기업 활동은 물론 일상의 모든 것이 AI로 인해 개선되고 있다.

미국 인구조사국이 200,000개 기업을 대상으로 2023년 11월에 실시한 흥미로운 조사 결과를 보면, "지난 2주 동안 제품을 생산하거나 서비스를 제공할 때 AI를 사용했는가?"라는 질문에 극히 일부만 사용했다고 대답했으며, 앞으로 사용할 것 같다는 응답이 훨씬 높았다.

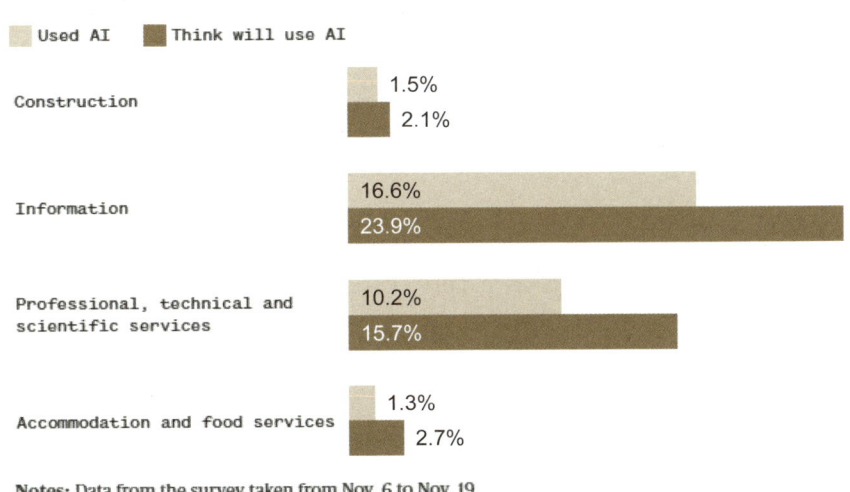

| 미국 인구조사국의 20만 개 기업 설문 조사 결과(NBC News, 2023)

그러나 사실 대다수 기업은 이미 많은 인공지능을 사용하고 있다. 그저 알아채지 못할 뿐이다. 이메일 스팸 필터, 스트리밍 서비스, 스마트폰의 문장 완성 기능, 문서 작성 프로그램의 텍스트 자동 수정, 신용 점수 평가, 은행의 사기 탐지, 개인화된 광고 시스템, 음성 인식 네비게이션, 동작 이상을 탐지하는 CCTV 등 수많은 시스템에 이미 인공지능이 탑재되어 있다. 여기에 생성형 AI가 더해져 기존의 인공지능 시스템을 자연어로 더 편리하고 쉽게 사용할 수 있는 경험(User Experience, UX)을 제공한다. 전문가들은 과거 획기적인 기술의 등장 때 그랬듯, 생성형 AI도 비중이 늘어남과 동시에 기술 자체를 강조하는 현상은 줄어들 것이라고 분석했다. 결국 AI가 적용된 서비스에 초점을 맞추게 된다는 의미다.

사실상 뛰어난 기술일수록 모든 곳에 녹아들어 최종 사용자가 특별히 해당 기술을 염두에 두지 않고 자세히 알지 못하더라도, 부지불식간에 일상에서 쉽게 사용하게 된다. 이런 걸 캄 테크(Calm-Tech)라 한다. 캄 테크는 조용하다(calm)와 기술(technology)의 합성어다. 일상생활 속 사물, 즉 스마트폰, 센서와 컴퓨터, 네트워크 장비, 모니터링 시스템, 사무용 소프트웨어, 가전제품, 교통수단 등 곳곳에 보이지 않게 내장되어 사람들이 알아채지 못하는 사이에 조용히 각종 편의를 제공하는 기술을 가리킨다. 예를 들어 밤에 현관에 들어서면 자동으로 켜지는 센서등을 생각해보자. 존재가 기억나지 않던 등이 밝게 켜지며 우리 앞을 밝혀준다. 이처럼 조용한 기술은 평소에는 존재를 드러내지 않고 정보를 모으고 분석하다가 필요한 순간에 나타나 사용자에게 적절한 맞춤 혜택을 준다.

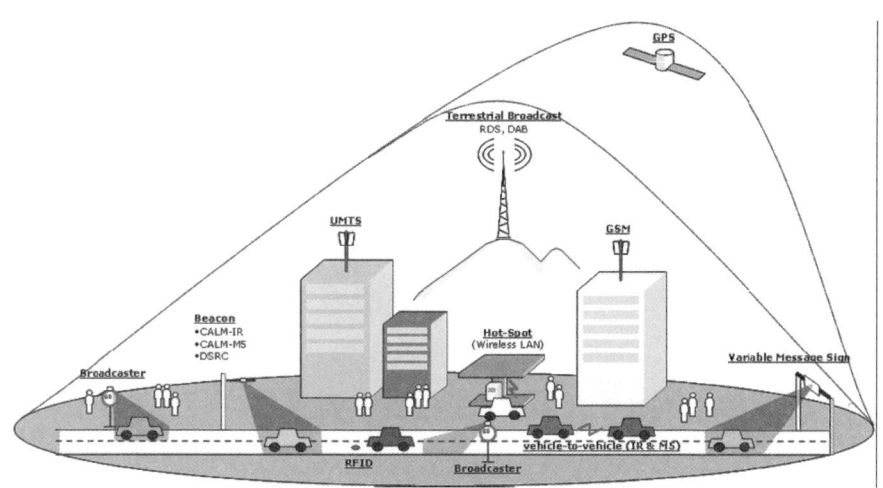

| 캄 테크는 일상에 자연스럽게 녹아들어 폭넓게 쓰이는 기술을 말한다

물론 우리는 현관 센서등을 캄 테크라 하지 않는다. 어떤 기술을 캄 테크라 일컬을 때는 일반적으로 무자각성, 확장성, 융합가능성의 세 가지 조건을 만족해야 한다. 무자각성은 사람의 의식적인 개입 없이 기술이 독립적으로 작동하는 능력을 말하며, 확장성은 작업량이 커짐에 따라 효율적으로 증산할 수 있는 기술적 특징을 말한다. 융합가능성은 다른 기술이나 구성 요소들과 쉽게 결합될 수 있는 속성을 의미한다. 생성형 AI는 이러한 요건에 부합한다. 일단 훈련되면 인간의 지속적인 감독 없이 독립적으로 작동하며, 데이터의 양과 종류가 늘어남에 따라 더 많은 정보와 시나리오에 적응하며 성능을 향상시킬 수 있다. 또한 자연어 처리가 가능한 언어 모델이 추천 시스템, 가상 비서, 데이터 분석 도구 등과 결합하여 다양한 산업 분야에 적용될 수 있다.

◆ 온디바이스 AI, 스마트폰으로 들어가는 A

생성형 AI가 최종 사용자의 과도한 관심을 끌지 않으면서 사용자의 무의식적인 행동과 습관을 기반으로 도움을 주려면, 늘 가까이 있으면서 필요할 때 바로 접할 수 있는 일상의 매개체에 스며드는 것이 가장 유리하다. 손을 뻗으면 닿을 곳에 있는 스마트폰, 자동차 주행 시스템, 웨어러블 기기 등에 마치 아이언맨의 자비스처럼 조용히 함께 하는 것이다. 이렇게 인공지능이 디바이스에 탑재되는 것을 온디바이스 AI라 부른다.

스마트폰 잠금 해제할 때 얼굴 인식이나 지문 인식을 사용하거나, 카메라로 외국어 간판을 찍어 실시간 번역하거나, 스마트폰으로 인물 사진을 찍을 때 사람의 얼굴에 초점을 맞추고 장면을 최적화하며, 빛이 적은 상황에

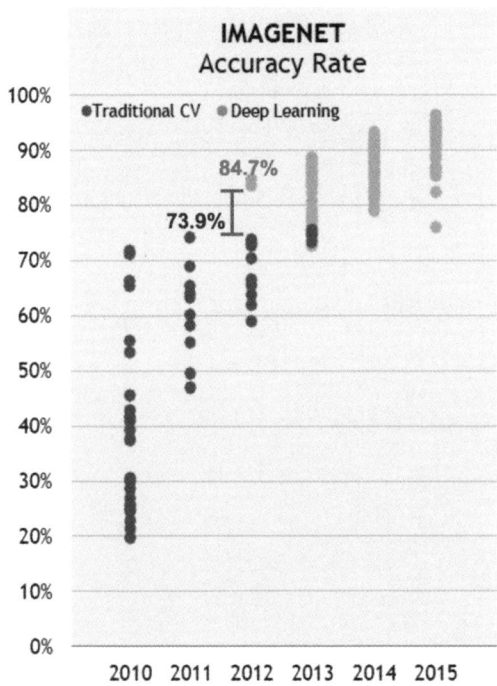

| 스마트폰의 각종 기능은 2012년 딥러닝 기술이 조용한 기술로 자리잡은 결과이다

서도 사진 촬영이 가능해지는 등은 모두 2012년 ImageNet에서 선보인 딥러닝 기술이 스마트폰에 탑재되었기 때문에 가능하다. 이런 기능을 사용할 때 AI라는 단어를 떠올린 적 있는가? 이처럼 뛰어난 기술일수록 일상의 디바이스에 융합되고, 일단 작동하기 시작하면 잘 보이지 않는 조용한 기술로 자리 잡아 세상을 빠르게 변화시킨다.

거대한 인공신경망을 사용하는 생성형 AI를 스마트폰에서 바로 구동할 수 있는 온디바이스 AI로 정착시키기 위해 삼성전자, 애플 등이 각고의 노력을 기울이고 있다. GPT, 제미나이, 클로바 X, 베드록, 클로드 등 내로라하는 생성형 AI 모델은 수천 억 파라미터를 가진 거대한 모델이다. 이러한 거대 모델은 천문학적인 양의 컴퓨팅 자원을 소비하기 때문에 GPU 처리 능력, 메모리, 스토리지 등을 확보하기 위해 중앙의 클라우드에서 대규모 연산을 통해 답을 도출한다. 이 방식은 개인정보 보호에 취약하고, 클라우드 비용 또한 계속해서 비싸지는 한계점에 도달했다.

하지만 온디바이스 AI는 중앙 클라우드 서버를 거치지 않고 개별 기기에 AI 신경망 칩(NPU)을 탑재해 기기에서 직접 연산을 처리한다. 말 그대로 기기 안에 AI가 탑재되는 것이기 때문에 정보 처리 속도가 더 빨라지고, 보안성도 크게 높일 수 있다. 물론 온디바이스 AI와 클라우드에서 운용되는 GPT 같은 거대 언어 모델이 똑같지는 않다. 현실적으로 우리가 가진 스마트폰 배터리로는 거대 언어 모델에 필요한 전력 소모량을 결코 감당할 수 없다. 클라우드에 있는 거대한 생성형 AI 모델을 스마트폰 같은 단말기로 직접 이동시키기는 어렵다.

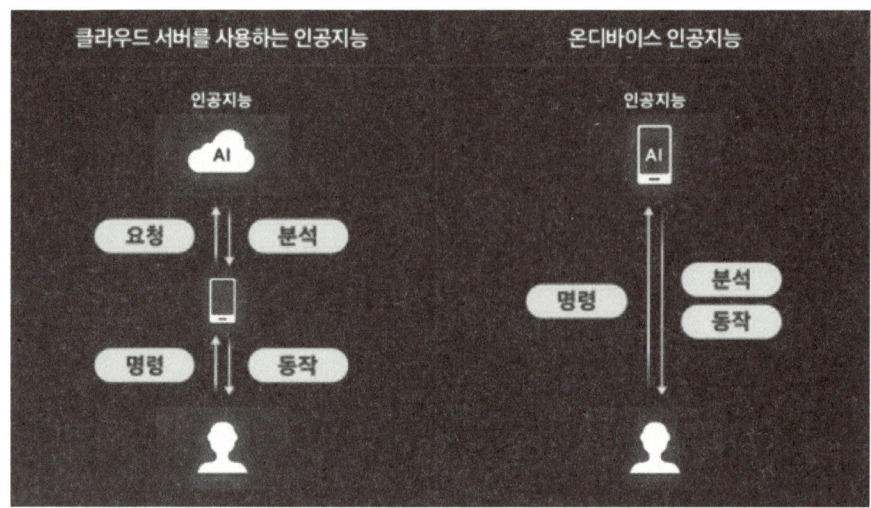
| 클라우드 호스팅 AI와 온디바이스 AI의 차이

◆ 클라우드와 디바이스의 협업, 엣지 AI

그대로 옮겨올 수 없다면 온디바이스 AI는 어떻게 가능할까? 첫 번째 방법은 스마트폰으로 거대 언어 모델이 있는 클라우드 서버에 접속해 원격으로 활용하는 것이다. 사용자의 스마트폰은 요청을 보내고 클라우드가 처리한 결과를 받아오는 역할만 한다. 일부 과정이 생략될 뿐, 스마트폰으로 GPT에 접속해 질문하고 답변을 받는 것과 비슷하므로 "내 손 안의 AI"를 추구하는 온디바이스 AI의 기본 개념과는 상당히 대치된다.

두 번째 방법은 거대한 생성형 AI 모델을 스마트폰에서도 동작할 수 있도록 단순화하거나 특정 작업만 잘 수행하도록 최적화하는 것이다. 거대 AI 모델의 전체 기능을 제공하지 못하지만, 특정 응용 프로그램에 충분할 수 있다.

마지막 방법은 엣지 AI로, 엣지 컴퓨팅 기술을 활용한 인공지능을 말한다. AI 모델의 일부 기능은 스마트폰 등의 기기에서 수행하고, 더 복잡한 처리는 클라우드에 있는 거대 인공지능 모델로 위임하는 하이브리드 접근 방식이다. 마이크로소프트 코파일럿 스튜디오 등을 이용해 대형 AI 모델이 자체 복제를 통해 소형 AI 모델을 개발할 수 있게 되면서 주목받고 있으며, 반응 시간을 개선하고 네트워크 대역폭 사용을 줄이는 장점이 있다.

예를 들어 삼성전자 갤럭시 스마트폰에 탑재된 온디바이스 AI는 인터넷 접속 없이 단말기에서 바로 연산과 추론을 처리하지만, 모델의 성능 향상을 위한 학습과 과부하가 예상되는 복잡한 처리는 클라우드 AI 서버에 선별적으로 요청을 보내는 엣지 AI에 해당한다. 이러한 방식은 주된 작업 처리를 디바이스에서 독립적으로 실행하기 때문에 클라우드와의 접속이 끊어져도 문제가 없으며, 정보 보안에도 유리하다. 인텔, 퀄컴, 애플, 삼성전자, 메타, 구글 등 글로벌 빅테크 기업들은 휴대폰, 노트북, 안경, 냉장고, 옷에 부착하는 뱃지 등 다양한 형태로 온디바이스 AI를 구현하여 제품화하고 있다.

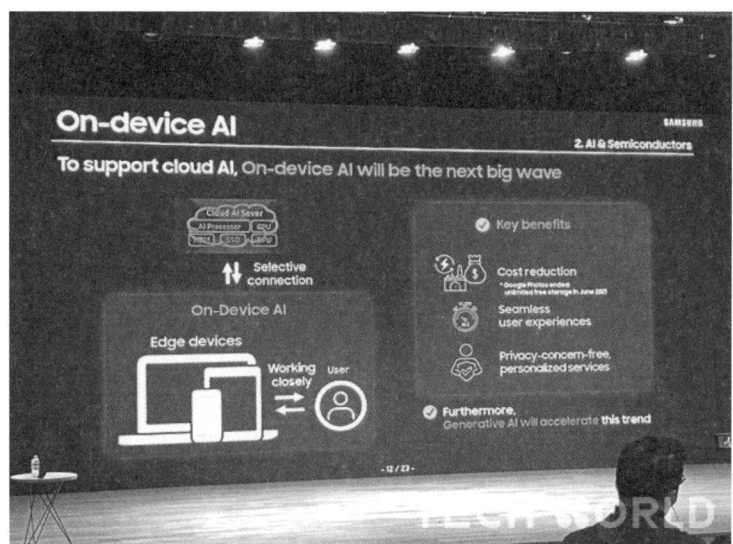

| 클라우드 호스팅 AI와 온디바이스 AI의 차이

◆ 기업이 생성형 AI의 흐름에 올라타는 3가지 모습

매끄럽게 자연어를 처리하는 GPT가 등장한 순간부터 생성형 AI는 빛의 속도로 발전하고 있다. 하룻밤 자고 일어나면 또 다른 SF 판타지가 현실이 되는 장면을 목격한다. 과거에도 비슷한 상황이 있었다. 모바일 통신 기술이 발전하자 스마트폰이 등장하고, 이와 관련된 제품 시장이 형성되었으며, 스마트폰에서 구동되는 모바일 앱 생태계가 열렸다. 그 결과 사람들을 끌어모으는 소셜미디어 플랫폼들이 성장하고, SNS 플랫폼에서 다양한 콘텐츠와 커머스 모델을 만들어 부를 축적하는 사람들이 등장했다.

자동차가 등장했을 때도 마찬가지였다. 자동차 관련 사업체가 성장하고, 도로망이 정비되면서 부동산으로 돈을 버는 사람이 생겼으며, 주유소가 좋은 사업 아이템이 되었다. 도로를 따라 유명 맛집도 생기고, 가볼 만한 곳을 여행하며 소개하는 여행잡지와 작가가 새로운 직업이 되었으며, 사람들이 여행을 기념하기 위해 사진기를 구매하고 사진 현상업도 함께 발전했다. 무척 기시감이 들지 않는가?

세상을 바꾸는 기술은 결코 혼자가 아니다. 삶의 전반에 스며들어 보이지 않게 되면서 그 어떤 것보다 강한 힘으로 모든 사람의 일상을 바꿔 놓는다. 판이 바뀌면 새로운 게이머가 등장하는 것이 당연하다. 생성형 AI가 촉발한 변화도 마찬가지다. 이 흐름에 올라타기 위한 여러 기업의 대응은 크게 세 가지로 압축된다.

첫째는 오픈AI, 구글, 네이버, 메타, 앤스로픽, 스태빌리티 AI, 미드저니 Inc 등과 같이 기업이 직접 생성형 AI 모델을 개발하는 것이다. 생성형 AI 모델 개발과 운영에는 대규모 컴퓨터 자원이 투입되므로 자금력이 부족한 기업은 경쟁에 참여하기 어렵다. 오픈AI나 앤스로픽 같은 거대 언어 모델 개발에 경험과 노하우가 풍부한 스타트업은 대규모 자금을 유치해 발전할 시도하고 있으며, 구글이나 메타 같은 막대한 자금력과 기술력을 보유한 빅테크 기업과 치열하게 경쟁하는 영역이다.

둘째는 마이크로소프트, 아마존, 어도비, 세일즈포스 같은 이미 시장에서 기반을 다진 B2B SaaS 회사들이 주력 제품에 생성형 AI 기능을 추가하여 성능을 향상시키고 사업을 확장하는 비즈니스 모델을 추진하는 경우다. 이러한 기업에게 거대 언어 모델은 상품 자체가 아닌 하나의 추가 기능, 유용한 플러그인 또는 편리한 사용자 인터페이스로 활용된다.

남은 하나의 비즈니스 모델은 오픈AI 등 시중의 생성형 AI 모델을 활용해 새로운 서비스를 개발하는 것이다. GPT와 같은 기술을 이용해 마케터를 위한 콘텐츠를 생성하는 재스퍼나 유닷컴 처럼 많은 기업이 이 방식을 채택하고 있다. 상대적으로 규모가 작은 스타트업은 시장에 대한 통찰력과 민첩성을 바탕으로 시장에 도전할 수 있다.

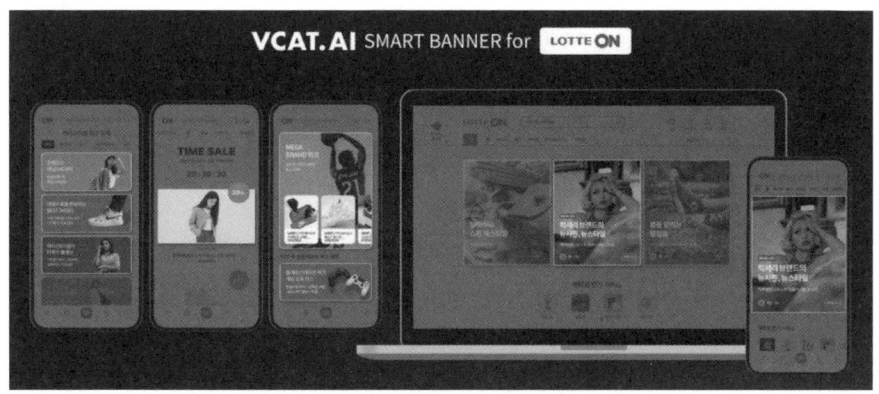

| 이미지 모델 스테이블 디퓨전을 활용해 제품 이미지 대량 제작을 지원하는 브이캣

예를 들어 AI 기반 제품 영상 및 이미지 자동제작 솔루션 브이캣(Vcat)을

운영하는 파이온코퍼레이션은 스테이블 디퓨전과 챗GPT 같은 스태빌리티 AI가 개발한 이미지 생성 모델을 활용해 최적화된 마케팅 콘텐츠를 자동으로 대량 제작한다. 대형 쇼핑몰이 하루에 수백 개의 제품 이미지를 내부 디자이너나 비용이 높은 외주업체를 통해 제작하는 것에 주목해 생성형 AI 기술을 고객사의 비용 절감과 대량 제작의 자동화에 활용하는 서비스를 제공한다. 자동차 산업이 발전하면서 주유소와 맛있는 식당, 여행작가, 사진 현상소가 함께 성장한 것처럼, 시장의 니즈와 생성형 AI 기술을 결합한 비즈니스 모델도 성장하고 있다.

생성형 AI는 이미 일상생활과 다양한 비즈니스에 스며들고 있으며, 발 빠른 기업들이 이를 활용한 다양한 비즈니스 모델의 개발에 도전하고 있다. 지금은 기업 간 대결이 주를 이루지만, 시간이 지남에 따라 마치 컴퓨터 활용 능력처럼 AI를 다루는 역량이 점점 더 중요해질 것이다. 생성형 AI를 효과적으로 활용하면 어느 분야에서든 준전문가 수준의 결과를 신속하게 만들어낼 수 있다.

| 누구든 생성형 AI를 다룰 수 있고 아이디어가 있다면 기회는 열려 있다

생성형 AI 시대에 적응하는 것은 마치 다른 나라로 이민 가는 것과 같다. 잘 모르는 타국에서 잘 정착하려면 그 나라의 언어와 생활방식, 전통, 문화적 특징, 금기 사항 등을 이해해야 한다. 물론 살다 보면 여러 상황에 부딪히면서 저절로 체감되겠지만, 이민 가기 전에 굵직한 가닥을 잡는 것이 좋다. 아무것도 모르고 온몸으로 부딪히다 보면 치명적인 실수를 하거나 여러 기회를 놓쳐 낭패를 볼 수도 있다.

생성형 AI 시대에 적응하는 것도 마찬가지다. 이 책의 개략적인 가이드를 숙지한 뒤 직접 경험하면서 하나씩 터득해 가면 쉽게 적응할 수 있다. 이미 우리 주변에는 생성형 AI 역량을 간단한 아이디어에 접목해 큰 이익을 얻는 사람들이 많다. 예를 들어, 사람들의 사랑스러운 반려견 사진을 기반으로 다양한 설정 사진을 만들어 달라고 이미지 모델에 명령하는 것은 어떨까? 이미 이런 비즈니스 모델로 수익을 실현한 기업이 적지 않다. 우리가 직접 생성형 인공지능 모델을 개발할 필요 없이 가져와 사용하면 된다. 세상은 넓고 시장의 니즈는 다양하다. 새로운 세상에 적응하면 새로운 비즈니스 기회가 보일 것이다.

CHAPTER

08

생성형 인공지능을 다룰 때 유의할 점

― CHAPTER ―
08

생성형 인공지능을 다룰 때 유의할 점

우리 삶 구석구석에 생성형 인공지능이 들어와 조용히 자리 잡았다. 생성형 AI는 글을 쓰고, 아이디어를 정리하고, 그림을 그리고, 음악을 만들며, 코드를 짜고, 데이터를 분석하고, 로봇을 움직인다. 지능화된 기능이 필요하지만 사람이 직접 하기 힘든 많은 일들을 맡아서 하면서 어느새 생성형 AI라고 별도로 부르는 것이 무색할 정도로 기반 기술이 되었다.

그러나 AI는 완벽하지 않다. 모든 도구에는 주의사항이 있다.

0.000000000…1%의 환각은 남는다

1980년대 인공지능 철학자였던 존 서얼(John Searle)은 AI가 정말 지능인지 생각해볼 흥미로운 실험을 제시했다. 태어나서 성인이 될 때까지 영어만 알던 사람이 사방이 꽉 막힌 방에 갇혀 있다. 이 방을 중국어 방(Chinese Room)이라고 한다.

| 영어밖에 모르는 남자가 밀폐된 상자, 중국어의 방에 갇혔다

외부와 단절된 중국어 방 안에는 영어에서 중국어로, 중국어에서 영어로 번역하는 복잡한 규칙이 적힌 종이가 가득 들어 있다. 중국어 방에는 종이 한 장 겨우 통과할 수 있는 구멍이 하나 있다. 방에 갇힌 남자는 밖의 사람들과 전혀 이야기를 나눌 수 없다. 방 밖의 사람들은 오로지 중국어만 할 수 있다.

바깥 사람들은 종이에 중국어로 여러 가지 질문을 적어 구멍으로 방 안에 집어넣었다. 방 안의 남자는 중국어 쪽지를 영어로 바꿔야 이해할 수 있다. 방에 가득 쌓인 언어 번역 규칙을 이용해 중국어를 영어로 번역해 이해한 뒤, 영어로 답변을 적었다. 바깥 사람들이 이해할 수 있도록 남자는 영어 답변을 다시 중국어로 바꿔 구멍을 통해 밖으로 내보냈다.

| 영어 밖에 못하는 방 안의 남자는 규칙을 활용해 영어와 중국어를 번역한다

중국어로 적힌 답변 쪽지를 본 바깥 사람들은 말한다. "와… 이 방 안에 있는 사람이 중국어를 정말 잘하는구나!" 그들은 중국어 방 안에 어떤 규칙이 있고, 방 안의 남자가 어떻게 중국어와 영어를 바꿔서 내보낸 건지 잘 모른다. 그저 남자가 중국어를 잘한다고 여긴다.

실제로 방 안의 남자는 중국어를 전혀 모른다. 그저 쌓여 있는 규칙을 보며 기계적으로 답변을 만들어낼 뿐이다. 생성형 인공지능이 방 안의 남자라면, 우리는 바깥의 사람들이다. 우리가 요청하는 프롬프트(방 안으로 보내는 쪽지)를 인공지능(방 안의 남자)이 어떤 규칙으로(심층 신경망의 파라미터 가중치) 처리해 결과물(방 밖에 나온 답변 쪽지)을 내놓는지 알 수 없다. 그저 AI가 자연어를 잘 이해하고 똑똑하다고 감탄할 뿐이다. 그러나 사실 인공지능은 복잡하게 정의된 규칙에 따라 처리할 뿐이다.

세상에 완벽한 규칙은 없다. 과학에 100% 참도 100% 거짓도 없다. 아무리 확실한 참도 0.0000……1%의 사라질 수 없는 희박한 거짓의 확률을 갖는다. 대규모 언어 모델은 상상하기 어려운 복잡한 규칙에 따라 빔(beam)을 뻗어 나가며 다음 토큰을 순차적으로 선택한다. 인공지능이 학습한 자료에서 사람들이 자주 붙여 쓴 단어가 다음 단어로 선택될 확률이 높고, 조합을 발견하기 어려운 단어는 선택될 확률이 낮다. 그러나 어떤 경우든 100%는 없다.

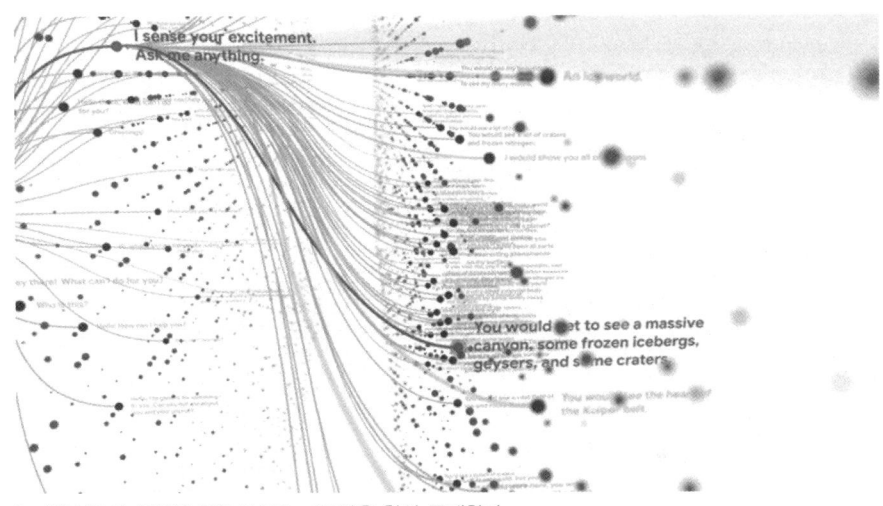

| 거짓이라도 선택될 확률 0.000…1%만은 항상 존재한다

한 번 잘못된 단어가 선택되면, 이 선택은 태풍을 일으키는 나비의 날갯짓처럼 퍼져 나간다. 트랜스포머의 자기 주목(Self-Attention) 메커니즘은 이미 선택된 단어에 주목하게 하고, 나쁜 선택은 점점 더 나쁜 결과로 이어진다. 이 현상을 환각(Hallucination Effect)이라 부른다. 때로는 편향된 데이터의 문제로 드러나기도 한다.

인공지능 기술이 발전할수록 환각이 나타날 확률은 줄어들겠지만, 환각의 근원은 인공지능이 학습한 데이터 속에 숨어 있는 오류에서 비롯될 수 있다. 인공지능이 완전무결한 데이터로만 학습하지 않는 이상 환각은 완

전혀 사라지지 않는다. 다양한 기술적 보완에 의해 거의 나타나지 않을 뿐이다.

인공지능이 당신을 대체하는 것은 아닙니다

2023년 12월, 영국 대법원은 숙고 끝에 중요한 판결을 내렸다. "우리는 발명가가 자연인이어야 한다는 결론에 도달했다. 인간만이 발명을 할 수 있다." 제품의 개발이나 발명에 참여한 인공지능은 특허에 대한 권리를 가질 수 없다고 못을 박았다. 이로써 인공지능 다부스(DABUS)는 장장 5년여간의 재판 끝에 발명품에 대한 권리를 상실했다.

| 영국 대법원은 5년의 장고 끝에 다부스의 특허권을 인정하지 않았다

다부스는 미국 인공신경망 연구 기업인 이미지네이션 엔진스(Imagination Engines)의 설립자이자 컴퓨터 과학자인 스테판 탈러(Stephan Thaler)가 만든 발

명 전문 인공신경망 시스템이다. 정보를 차곡차곡 모으고 다양한 주제를 연결해 참신한 아이디어를 발굴한다. 2018년 다부스는 로봇 연구에 사용되는 프랙탈 디자인의 식품용기와 실종자 수색용 탐지 강화 조명을 발명했다.

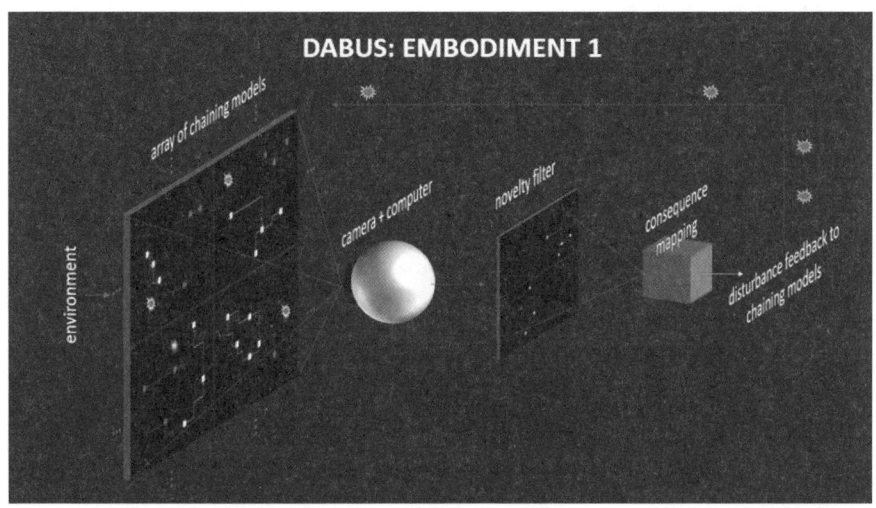

| 다부스는 아이디어 생성형 AI로서 상용화된 2개 제품을 발명했다

다부스의 개발자 스테판은 미국, 유럽, 이스라엘 등 많은 국가에서 다부스를 발명자로 특허 출원했지만 거절당했다. 우여곡절 끝에 2023년 남아프리카 공화국과 호주 법원이 드디어 다부스를 발명가로 인정했다. 다만 특허권 소유자로는 인정되지 않았다. 세계 각국 특허청과의 힘겨루기 끝에 영국 대법원이 최종 부결을 선고를 했다.

다부스 사건은 인공지능이 도구인지 권리 주체인지에 대한 논쟁을 불러일으켰다. 이 책은 그 논란에 굳이 끼어들지 않으려 한다. 그러나 이 소란스러운 5년 동안 우리는 사람들이 인공지능을 신기하고 유용하게 여기면서도 동시에 자신을 대체할지 두려워하는, 모순되고 혼란스러운 감정을 느끼고 있음을 재확인할 수 있었다.

마음을 가라앉히고 눈앞의 사실을 보자. 이미 생성형 인공지능이 산업 전반에 스며들고, 한 번 구르기 시작한 바위는 점점 속도가 붙어 멈출 수 없다. 두 눈을 가린다고 숨을 수는 없다. 우리는 세상과 발맞춰 걸어야 한다. 피할 수 없다면 현명하게 대응해야 하지 않을까?

| 두 눈을 가려도 세상의 흐름에서 숨을 수는 없다

1969년 아폴로 11호를 달로 쏘아 올린 NASA의 컴퓨터가 40년 후인 2009년 출시된 아이폰 3GS보다 성능이 낮았다는 사실을 아는가? "NASA가 아폴로 11호를 쐈을 때보다 좋은 폰으로 사람들은 앵그리버드를 쏘고 있다"는 뼈 있는 농담은 오늘날에도 많은 것을 시사한다. 도구의 능력보다 그 도구를 사용하는 사람의 능력이 훨씬 중요하다는 진실 말이다.

| 도구는 사용하는 사람의 능력만큼 가치를 창출한다

    이미지 생성형 AI를 가장 잘 활용하는 사람은 원래 이미지를 다루던 사람이다. 코드 생성 모델은 원래 코드를 다루던 개발자가 잘 사용한다. 거대 언어 모델로 새로운 비즈니스 가치를 만드는 사람은 원래 비즈니스 가치 창출을 위해 고민하던 사람이다. 생성형 인공지능으로 성과를 창출하는 최선의 방법은 AI를 활용할 사람의 역량을 키우는 것이다.

자, 이제 남은 것은…

지금까지 생성형 인공지능의 개념과 다양한 모델의 이해, 트랜스포머의 작동 원리와 챗GPT를 실제 업무에 활용하는 방법, 현실 기업들이 생성형 AI를 비즈니스에 접목하는 형태와 현황, 복잡한 생성형 인공지능에 대한 자료를 쉽게 읽을 수 있는 용어와 현실에 구현된 다양한 상품, 프롬프트 엔지니어링과 튜닝, 심층 인공신경망을 잘 다루기 위한 기술 원칙 등 생성형 인공지능의 주요 주제들을 현실의 비즈니스 사례와 결합해 배워 보았다. 책 한 권에서 이런 융복합 지식을 얻는 것은 매우 드문 일이다.

이 책은 현실적인 상황을 최대한 반영해, 독자들이 현실에서 직접 볼 수 있는 다양한 기업의 생성형 AI 활용 사례를 벤치마킹하며, 실제 생성형 AI 사용에 이 책에서 배운 내용을 적용해 해결할 수 있도록 노력했다. 물론 책의 내용을 완전히 이해하고 숙달하기 위해서는 앞으로도 많은 연습이 필요할 것이다. 챗GPT 외에도 코파일럿, 제미나이, 미드저니 등 다양한 생성형 AI 도구들이 있으며, 이러한 도구들을 활용하면 챗GPT만으로는 다루기 어려운 특화된 기능과 비즈니스 도메인 전용 생성형 AI를 자유롭게 사용할 수 있을 것이다.

하지만 모든 도구는 상황에 따라 적절하게 사용할 수 있는 종류가 다르므로, 이 책에서는 일반 사용자가 쉽고 간단하게 업무에 활용할 수 있는 현실을 반영해 대표적인 대규모 언어 모델인 챗GPT 사용법을 중심으로 내용을 구성했다. 이 책에서 배운 기본 기술과 다양한 기법들을 연마해 실무에 효율적으로 활용할 수 있기를 온 마음으로 바란다.

저자의 말

이 책을 집필하며 마주한 여정은 단순히 글을 쓰는 과정을 넘어서는, 깊은 학습과 성찰의 시간이었습니다. 이 길에서 저를 지지하고 격려해 준 모든 분들께 진심으로 감사드립니다.

이번 작업은 특히나 공동 저자와의 연대감이 돋보였습니다. '디지털 마케팅'부터 '데이터 사이언스'에 이르기까지, 여러 작업을 함께 해온 최정아 이사님과의 협업을 통해 이 책은 세상에 나올 수 있었습니다. 그녀와 함께 글을 나누고 아이디어를 모으며, 책을 읽는 독자 모두가 생성형 인공지능 활용 역량을 갖출 수 있는 더 나은 미래를 꿈꾸었습니다. 최정아 이사님에게는 깊은 감사와 존경을 표합니다.

가장 중요한 것은, 변화하는 세상 속에서도 변함없는 사랑과 지지를 보내준 가족입니다. 특히, 내 삶의 동반자이자 최고의 지지자인 아내와, 우리의 소중한 아들 찬우와 민준에게 끝없는 사랑과 감사를 전합니다. 여러분이 있기에 저는 매일 더 나은 내일을 꿈꿀 수 있습니다.

이 책이 여러분에게 생성형 인공지능의 놀라운 세계를 탐험하는 데 작은 등불이 되길 바랍니다. 그리고 이 책이 끝나는 지점에서 여러분 각자가 새로운 시작을 발견하길 기대합니다.

— 한국 송도에서 김진

챗GPT가 몰고 온 파도가 세상을 덮치고 있습니다. 챗봇 하나로 왜 이렇게 시끄러운가, 이게 비즈니스에 무슨 도움이 되나 궁금할 많은 분들을 위해 정성을 다해 집필했습니다. 읽는 모든 분께 큰 도움이 되리라 굳게 믿습니다.

길었던 집필 기간동안 온마음을 다해 지지해준 남편과 아들 동균이에게 진심으로 고맙고 사랑한다는 말을 전합니다.

— 최정아

주요 참고자료

- Ashish Vaswani ET AL, 「Attention Is All You Need」(2017)
- Homma, Y. ET AL, 「Detecting duplicate questions with deep learning」(2016)
- Brown, T. ET AL, 「Language models are few-shot learners. Advances in Neural Information」(2020)
- 한국전자통신연구원, 「엣지 AI 기반 인공지능 모델 최적화 및 경량화 기술개발 최종보고서」(2020)
- Michelle L. Gill, 「Exploring Molecular Space and Accelerating Drug Discovery with Clara Discovery and MegaMolBART」(2021)
- World Economic Forum, 「Future of Jobs Report 2022」(2022)
- Oppenlaender, J. ET AL, 「A taxonomy of prompt modifiers for Text-To-Image」(2022)
- Qiao, S. ET AL, 「Reasoning with language model prompting: a survey」(2022)
- Gao, T. ET AL, 「Making pre-trained language models better few-shot learners」(2022)
- Ouyang, L. ET AL, 「Training language models to follow instructions with human feedback」(2022)

- McKinsey Digital, 「The economic potential of generative AI: The next productivity frontier」(2023)
- Microsoft Corporation, 「The Dawn of LMMs: Preliminary Explorations with GPT-4V(ision)」(2023)
- Joon Sung Park ET AL, 「Generative Agents: Interactive Simulacra of Human Behavior」(2023)
- Sune Lehmann ET AL., 「Using Sequences of Life-events to Predict Human Lives」(2023)
- Allen Z. Ren ET AL, 「Robots That Ask For Help: Uncertainty Alignment for Large Language Model Planners」(2023)
- Remi Lam ET AL, 「GraphCast: Learning skillful medium-range global weather forecasting」(2023)
- Liu, P. ET AL, 「Pre-train, Prompt, and Predict」(2023)
- JAMA, 10.1001/jamainternmed.2023.1838
- 코스콤, 「생성형 AI 시대와 금융권의 AI 동향」(2023)
- 하이투자증권, 「챗GPT, AI 시대의 게임 체인저」(2023)
- 한국직업능력연구원, 「데이터 기반 미래 숙련 전망 체계 구축」(2023)
- https://deepmind.google/
- https://ai.meta.com/
- https://www.nvidia.com/
- https://copilot.microsoft.com/
- https://aws.amazon.com/
- https://clova.ai/hyperclova
- https://www.lgcns.com/

- https://www.samsungsds.com/
- https://www.gartner.com/
- https://www.goldmansachs.com/
- https://www.cbinsights.com/
- https://www.nature.com/
- https://github.com/microsoft/
- https://github.com/Significant-Gravitas
- https://news.sktelecom.com/
- https://medium.com/
- https://learn.microsoft.com/
- https://www.microsoft.com/en-us/research/
- https://platform.openai.com/docs/

MASO CAMPUS

생성형 AI로 추월하는 부의 비법 :
프롬프트 엔지니어링, 챗GPT, 미드저니 그리고 그 너머

초판 발행 2024년 4월 30일
지은이 김진/최정아
표지 디자인 이윤선/노지혜
본문 디자인 노지혜
도서 제작 지원 이현탁/이주연
펴낸 곳 마소캠퍼스
주소 (06621) 서울시 서초구 강남대로 53길 8, 10-31호(서초동, 스타크 강남빌딩)
전자우편 book@masocampus.com
ISBN 979-11-92040-07-3 (13000)

이 문서 내용의 일부 또는 전부를 재사용하려면 반드시 마소캠퍼스의 동의를 얻어야 한다.
이 문서는 저작권법에 의하여 보호를 받는 저작물이므로 무단전재와 배포, 무단복제 및 허가 받지 않은 2차 저작을 금한다.